Petra Kempf

**(K)ein Ort Nirgends –
Der Transitraum im urbanen Netzwerk**

(K)ein Ort Nirgends –
Der Transitraum im urbanen Netzwerk

von
Petra Kempf

Dissertation, Universität Karlsruhe (TH)
Fakultät für Architektur, 2008
Referenten: Prof. Alex Wall, Prof. Wim van den Bergh

Impressum

Karlsruher Institut für Technologie (KIT)
KIT Scientific Publishing
Straße am Forum 2
D-76131 Karlsruhe
www.ksp.kit.edu

KIT – Universität des Landes Baden-Württemberg und nationales
Forschungszentrum in der Helmholtz-Gemeinschaft

KIT Scientific Publishing 2010
Print on Demand

ISBN 978-3-86644-495-9

(K)ein Ort Nirgends
Der Transitraum im urbanen Netzwerk

Zur Erlangung des akademischen Grades eines
DOKTOR-INGENIEURS

an der Fakultät für Architektur
der
Universität Karlsruhe
(Technische Hochschule)

genehmigte

DISSERTATION

vorgelegt von:
Dipl.-Ing. Petra Kempf
aus New York, NY.

Tag der Disputation: 29.02.2008

Referent: Prof. Alex Wall
Korreferent: Prof. Wim van den Bergh

Vorwort

Der Titel dieser Publikation spielt mit den Begriffen und deren Bedeutung Kein, Ein und Ort – damit erinnert er an Thomas Morus` UTOPIA, das der englische Humanist 1516 veröffentlichte. Seinem als philosophischer Dialog in lateinischer Sprache verfasstem Werk wird mit dem aus griechischen Begriffen konstruierten Titel UTOPIA ein Wortspiel vorangestellt: όύ - τόπος = kein / nicht Ort hat Klangverwandschaft mit: έύ - τόέύ τόος = guter/ schöner, glücklicher Ort. Mit diesen so gegensätzlichen Bedeutungsassoziationen reflektiert er schon im Vorhinein das ephemere Konstrukt des beschrieben (republikanischen) Idealstaates.

"(K)ein Ort Nirgends, der Transitraum im urbanen Netzwerk" spekuliert ebenfalls mit dem Begriff des Ortes und dessen Deutung. Genauer gesagt, geht es um die Auseinandersetzung mit dem Begriff des Ortes selber und seines heutzutage ambivalenten Charakters angesichts einer nur scheinbaren Stabilität innerhalb des urbanen Raumgefüges. Ort wird, wie wir wissen, gesellschaftlich produziert, wird förmlich 'institutionalisiert'. Gleichzeitig ist Ort aber auch das Medium das gesellschaftliche Beziehungen im urbanen Kontext konkret werden lässt; Ort als solcher wird förmlich zum Raum des Geschehens. Der Ort als transitorischer 'Raum des Geschehens' wird so simultan zum Mittel und zum Vermittler von sozio-kulturellen Prozessen und deren fließender Verortung im urbanen Raumgeflecht.

Petra Kempf zeigt hier auf, dass gerade die In-Stabilität des Ortes als eine Chance zu verstehen ist, um den Raum des Urbanen neu zu definieren. Sie tut dies, indem sie ein (zeit-räumliches) Zukunftspotential in den sich fortwährend ändernden 'Ort-Räumen' des menschlichen Wohnens aufdeckt. Denn definiert man das menschliche Wohnen als die fortwährende Suche des Menschen nach einem komfortablen Gleichgewicht seines Seins in Raum und Zeit – also als ein 'In-der-Welt-Sein', das nicht bloß 'Ist', sondern als ein Sein, das ständig neu produziert werden muss, das immer in einem Zustand des Werdens begriffen ist – dann ist auch das heutige Wohnen nur scheinbar in eine neue Phase übergegangen.

Wim van den Bergh

1. EINLEITUNG

2. DAS URBANE NETZWERK- EINE GESCHICHTETE LANDSCHAFT IM TRANSIT

3. VON DER MACHT, DEN GRENZEN UND DEN GRENZ(ÜBER)GÄNGERN

4. VON DEN FELDERN, DEN BRÜCHEN UND DEM KRITISCHEN PUNKT DER (ORTS)-VERSCHIEBUNG

1. Einleitung

EINFÜHRUNG IN DIE MATERIE

Raum ist der Informationsträger einer jeden Gesellschaft. Er unterliegt einem fortwährenden Prozess der Veränderung, an der man den Entwicklungsstand einer gesellschaftlichen Epoche ablesen kann. Der jeweilige technologische Wissensstand, die wirtschaftlichen Interessen und die politische Positionierung haben dabei immer wieder den Rahmen gesetzt, wie der Raum überwunden und vernetzt wird. Da sich also die Rahmenbedingungen der Raumstruktur aufgrund technischer Innovationen und kultureller Entwicklungen immer wieder transformieren, ist auch die Art und Weise der Raumvernetzung von einer fortwährenden Veränderung und Instabilität gekennzeichnet. Solch eine Raumordnung weist weder stabile noch in sich abgeschlossene Strukturen auf: Viemehr zeichnet sie sich durch unterschiedliche Strömungen aus, die den Raum durchdringen und verändern.[1] Somit ist nicht mehr ein statischer Zustand relevant, sondern die stetige Neu-Verkettung von Moment-Zuständen.

Ein solches Verständnis von Raum ist in der vorliegenden Arbeit auf den urbanen Raum übertragen worden. Auch er konfiguriert sich aufgrund von unterschiedlichen Kapital, Informations-, Migrations-, Technologie- und/oder Verkehrsströmen immer wieder neu. Das urbane Raumgefüge fungiert somit als eine Art Organisationsfeld, auf dem sich für einen bestimmten Zeitraum "...Inseln für verschiedene Gemeinschaften [...] bilden..."[2] können.

So gesehen kann das gegenwärtige urbane Raumgefüge als ein transitorisches Konstrukt simultan funktionierender Relais- oder auch Durchlaufstationen verstanden werden, das durch ein vielschichtiges und hochtechnisiertes Netzwerk die anfallenden Verkehrs-, Menschen-, Informations- oder Warenströme immer wieder neu aufnimmt, verteilt und weiterleitet. Es besteht aus einer von einzelnen Zellen und Zonen dominierten Struktur, die sich aus Territorien unterschiedlichsten Ursprungs zusammensetzt. Dazu Foucault: Wir befinden uns in einer Epoche "...des Simultanen [...] der Juxtaposition [...] des Nahen und Fernen, des Nebeneinander, des Auseinander, [...] wo sich die Welt [...] als ein Netz, das seine Punkte verknüpft..."[3] erfährt. Der zeitgenössische urbane Raum ist somit nicht als ein einheitliches Gesamtgefüge zu verstehen:

Er ist ein offenes System, das sich aus unterschiedlichen Netzwerken zusammensetzt, deren Zentren sich über den ganzen Globus ausgebreitet haben.

Dabei hat sich die Art und Weise wie die Menschen mit der Zeit, dem Raum und damit auch mit dem Ort in Beziehung stehen, verändert. Solange sich die Menschen nur zu Fuß fortbeweg(t)en, haben sie den Raum in all seinen Qualitäten mit allen Sinnen wahrgenommen. Mit der Erfindung des Rades, des Schiffes, der mechanisch angetriebenen Uhr, mit dem Bau von Eisenbahnen und Automobilen setzt eine erste Manipulation der Raumqualität ein, die sich bis heute fortsetzt: Wo man sich jeweils befindet, erkennt man nicht mehr unbedingt an der Landschaft, sondern an den Schildern und Zeichen am Wegesrand. Und wer in ein Flugzeug steigt, löst sich vollständig vom topographischen Raum des Lebens: Der Raum wird abstrakt und die Distanz zwischen Abfahrt und Ankunft wird mit der mechanischen Zeit gemessen. Dabei erscheint der Raum als ein Geflecht, das sich aus den unterschiedlichsten Informations-, Verkehrs- und Technologieströmen zusammensetzt, in dem die Gleichzeitigkeit von Ungleichzeitigem charakteristisch geworden ist.

Die Struktur des urbanen Raumes ist heute also eine andere. Während sich die städtischen Siedlungsstrukturen im Mittelalter noch durch einen in sich geschlossenen 'Ortungsraum' definierten, sind es nun die Ausdehnung, die Überlagerung und die Gleichzeitigkeit von Ungleichzeitigem, die den urbanen Raum ausmachen. Folglich ist in solch einem Raumgefüge dann auch nicht mehr der statisch fixierte Ort von Relevanz, sondern der konvergente Ort, der den Wendepunkt einer ortsverändernden Bewegung darstellt.[4] Der Ort kann damit als ein Punkt in einer Bewegung betrachtet werden, so wie die Ruhe einer Sache die unendlich verlangsamte Bewegung darstellt.[5]

Es ist also zu einer Freigabe des Ortes aus seinen räumlichen Verankerungen gekommen. Eine Freigabe, die jedoch nicht impliziert, daß der Ort nun nicht mehr existent sei. Es hat sich lediglich ein Paradigmenwechsel in der Wahrnehmung vollzogen: Der Ort wurde aus der klassischen Begrifflichkeit eines statisch verankerten Ortes entlassen und in den Bereich einer transitorischen Erfahrung verschoben.

Gegenstand der vorliegenden Untersuchung ist deshalb die Auseinandersetzung mit dem Ort und dessen Positionierung in einem urbanen Raumgeflecht, dessen Charakteristikum sich als transitorisch erweist. Die Arbeit geht der Frage nach: Wie produziert, positioniert und verortet sich der Ort in einem urbanen Raumgefüge, das sich nicht mehr durch Dauerhaftigkeit oder gar Stabilität definiert?

HYPOTHESEN UND FRAGESTELLUNGEN

Ziel der vorliegenden Studie ist es, die Loslösung des physisch verankerten Ortes aus dem urbanen Kontext zu untersuchen; auch wenn er in der tektonischen Praxis noch als ein räumlich verankerter betrachtet und behandelt wird. Dabei gilt es zu klären, wie sich der Ort im urbanen Raumgefüge positioniert und produziert — also verortet. Die Untersuchung nach der Bedeutung des Ortes im Transitraum wirft eine Reihe von Problemstellungen auf, denen im Rahmen dieser Arbeit genauer nachgegangen werden sollen.

Die Aufarbeitung der hier gestellten Fragen gab Anlaß für die Formulierung folgender Hypothesen und Fragestellungen:

Hypothese: Die Ursachen, die zu der Loslösung des Ortes aus dem urbanen Kontext geführt haben, liegen in den technischen Innovationen begründet: Sie haben die Mobilität von Waren, Informatiomen, Bildern und Menschen beschleunigt. Auffällig dabei ist, daß das Phänomen dieses ortlosen Ortes hauptsächlich in den Räumen zum Ausdruck zu kommen scheint, die für den Transport von diesen bestimmt sind—den Transiträumen. Damit sind Flughäfen, Bahnhöfe und die dazugehörigen Transportmittel gemeint, aber auch der Computer oder das mobile Telefon. Um diese Aussage zu überprüfen, ist es notwendig, die Transiträume auf dieses Phänomen hin genauer zu untersuchen. Dabei stellen sich die Fragen: Ist die Loslösung des Ortes aus seinen räumlichen Verankerungen tatsächlich nur in den Transiträumen zu beobachten? Ist dieser ortlose Ort dann überhaupt ein real existierender, d.h. ist er physisch vorhanden? Kann man sich in ihm noch aufhalten?

Hypothese: Marc Augés Essay *Orte und Nicht-Orte, Vorüberlegungen zu einer Ethnologie der Einsamkeit* liefert eine erste Darstellung dafür, wie sich der aus seinen Verankerungen gefallene Ort nun im urbanen Raum möglicherweise platziert. Augé bezeichnet diesen Ort als Nicht-Ort. Er ordnet ihn besonders den Räumen zu, die nicht in das urbane Raumgefüge integriert werden können, die also außerhalb liegen und keine Beziehung zu ihrem unmittelbaren Kontext haben. Sie sind seiner Meinung nach geschichtslos, identitätslos und können nur über eine Zugangsberechtigung (z.B. Kreditkarte, Reisepass oder Ticket) betreten werden. Folgende Fragen ergeben sich: Stehen Nicht-Orte nun wirklich außerhalb des urbanen Kontextes und ohne Relation zu diesem? Inwieweit beschreibt diese geographisch definierte Randständigkeit tatsächlich einen nur marginal lokalisierbaren Ort bzw. Nicht-Ort? Trifft das Charakteristikum dieser Orte nur auf bestimmte Nutzungen zu oder lässt sich deren Erscheinungsbild auf den gesamten urbanen Raum übertragen? Können die Individuen diese Nicht-Orte nur über eine Zugangsberechtigung betreten? Inwieweit erscheinen sie (die Nicht-Orte) als eine Schnittstelle zwischen einem Innen- und Außenbereich? Von welcher Beschaffenheit sind dabei die Grenzen zwischen diesen Nicht-Orten und dem Rest des urbanen Raumes? Zeigen Nicht-Orte eine Unterbrechung und damit eine mögliche Veränderung im urbanen Geflecht an?

Hypothese: In Augés Abhandlung von den Nicht-Orten scheinen die Individuen Teil eines Systems zu sein, dessen Spielregeln sie nicht entkommen können. Sie erscheinen passiv und fremd gesteuert. Es entsteht der Eindruck, daß sie dem Nicht-Ort machtlos ausgeliefert sind. Lassen sich Mechanismen ausfindig machen, die diesen Eindruck entkräften? Können sich die Individuen dem Nicht-Ort entziehen? Wenn ja, welche Möglichkeiten haben sie? Welche Rolle spielen dabei die Handlungen der Individuen? Wie formiert sich die Kommunikation in und an diesen Nicht-Orten? Unterscheidet sich die Art der Verständigung von anderen Nutzungseinrichtungen? Existiert in diesen Räumen eine Form der Lokalität; wenn ja, welche?

Die hier aufgestellten Hypothesen werfen noch weitere Fragen auf, die Themen späterer Artikel und Untersuchungen sein könnten und hier allerdings nur kurz angerissen werden sollen. Ohne eine Systematik anstreben zu wollen, widmet sich die vorliegende Arbeit ersten Antworten auf diese Fragen: Warum wird in der Architektur und im Städtebau, immer noch an dem klassischen Bild eines statisch verankerten Ortes, eines Figur/Grund Verhältnisses festgehalten? – obwohl es in beiden Fachrichtungen eine Vielzahl von Veröffentlichungen gibt, die den Ort als ortlosen Ort beschreiben und damit den Strukturwandel des urbanen Raumes (der von einem abgeschlossenen Raum zu einem offenen, sich im Transit befindenden wird) schon längst anerkannt haben. Kann man tatsächlich seine Heimat und damit auch 'seinen' Ort, mit sich führen? Wie wirkt sich ein Ortsverständnis, das sich durch seinen transitorischen Charakter auszeichnet, auf die Einstellung der Menschen zu Grenzen und Territorien aus?

GLIEDERUNG UND STRUKTUR

Die Belegung der Hypothesen erfolgt in drei Schritten: Der erste Schritt beschäftigt sich mit den Verflechtungen des urbanen Raumgefüges. Dabei wird der urbane Raum historisch auf Mechanismen hin untersucht, die den Paradigmenwechsel von einer ortsgebundenen Raumvorstellung hin zu einer Standort-unabhängigen Form der Raumwahrnehmung vollzogen haben. In diesem Abschnitt wird Marc Augés Abhandlung von den Nicht-Orten als Paradigma herangezogen. Aus diesen Untersuchungen wird dann im zweiten Schritt das Konzept des transitorischen Ortes abgeleitet: Das Denken eines ortlosen und außen liegenden Ortes, die Regularien und Wirkungsweisen von Macht, sowie die Charakteristika der Protagonisten, die an diesem Verortungsprozess aktiv beteiligt sind, bilden die Grundlage. Die sich daraus ergebenen Erkenntnisse werden dann im dritten Schritt mit dem urbanen Raumgefüge in Beziehung gesetzt. Hierzu wird das Bezugssystem des kartesianischen Raumes, das in der Architektur im Vordergrund steht, in die wechselseitige Überlagerung eines metrischen und nicht-metrischen Raumes überführt. Dazu werden Denkansätze der Philosophie und der Sozial- und Naturwissenschaften herangezogen. Anschließend werden die Erkenntnisse aus dem zweiten und dritten Schritt zusammengefasst und evaluiert. Der Schlußteil bietet dann eine über die eigene Stammdisziplin hinausreichende Interpretation eines dynamischen Ortsverständnisses an: Die möglichen Konsequenzen eines transitorischen Ortsverständnisses.

MATERIALLAGE UND VORGEHENSWEISE

Die vorab formulierten Hypothesen und Fragestellungen dienten als Leitfaden für die Materialsuche. Umfangreiche Recherchen in Bibliotheken waren notwendig, um diese zu untermauern. Dabei waren die Avery-, die Butler-, die Science-, die Engineer- und die Lehman Bibliothek an der Columbia Universität in New York City, die New York Public Library in New York City, die Cornell Universität in Ithaca, die Bibliothèque National

France in Paris, sowie die Deutsche Bibliothek in Frankfurt am Main besonders hilfreich. Als erster Anhaltspunkt für die Sammlung des Quellenmaterials wurde zunächst der architektonische und städtebauliche Diskurs der 80er Jahre des 20. Jahrhunderts gewählt. Während der Aufarbeitung dieses Materials stellte sich heraus, daß man sich die Frage nach dem Ort bereits schon in der Antike gestellt hat. Allerdings eher in einem philosophischen und naturwissenschaftlichen Rahmen und weniger in einem architektonischen. Dabei hat sich in wiederkehrenden Zyklen eine Debatte um den Ort entfacht, die in der Gesellschaft, wegen ihres hinzugewonnen Wissens, immer wieder neu aufgenommen worden ist. Es galt diesem Diskurs nachzugehen und ihn aufzuarbeiten. Besonders wichtig waren dabei die Arbeiten von Aristoteles, Platon, Isaac Newton, Galileo Galilei, Renè Descartes, Gottfried Wilhelm Leibniz, Henry Bergson, Albert Einstein, Immanuel Kant, Edmund Husserl, Martin Heidegger, Maurice Merleau Ponty, Michel Foucault, Paul Virilio, Henry Lefèbvre, Gaston Bachelard, Gilles Deleuze, Felix Guattari, Jacques Derrida, Michel de Certeau.

Folgende Beiträge, die sich im Überblick mit der Thematik befaßt haben, sind beschrieben worden, in die Arbeit eingeflossen, aber nicht im einzelnen dargestellt worden: Edward Casey, dessen *Fate of Place* sich ausschließlich mit dem Ort und dessen Erscheinungsbild in der Philosophie und in den Naturwissenschaften befasst; Max Jammer, der in *Das Problem des Raumes* eine umfassende Darstellung des Ort- bzw. Raumproblems unter physikalischen Gesichtspunkten durchleuchtet; Alexander Gosztonyi, der in *Der Raum: Geschichte seiner Probleme in Philosophie und Wissenschaft* zusätzlich zu der Philosophie und den Naturwissenschaften einen Einblick in die Psychologie der Wahrnehmung liefert und Milic Capeks Publikation *Concepts of Space and Time: their Structure and their Development*, in der er Essays zusammengetragen hat, die sich Themen des Raumes und der Zeit sowohl im Altertum als auch in der Neuzeit widmen. Es existieren also eine Anzahl von Veröffentlichungen, die sich mit dem Ort ausführlich und umfassend beschäftigt haben. Besonders hervorzuheben ist dabei eine Gruppe von Denkern, die man der postmodernen Bewegung der 80er Jahre zugeordnet hat. Sie haben sich mit dem Ort aus einem gesamtkulturellen Zusammenhang heraus beschäftigt, wie die Arbeiten von Jacques Derrida, Michel Foucault, Henry Lefèbvre, Michel de Certeau u a. bezeugen.

Auch die Architektur setzt sich aus gesamtkulturellen Komponenten zusammen. Sie ist der materialisierte Ausdruck gesellschaftlicher Verhältnisse, deren Ideologien, Staats- und Regierungsformen. Sie ist die Bühne unseres alltäglichen Lebens, deren Verästelungen zum einen im Ingenieurwesen zu finden sind, zum anderen aber auch ihre Wurzeln in der Philosophie, in den Kunst-, den Natur- und in den Sozialwissenschaften hat. Architektur ist somit in einen interdisziplinären und gesamtkulturellen Diskurs integriert. Sie hat damit sowohl eine wissenschaftlich-theoretische als auch ein lebens-praktische Komponente — eine nicht immer einfach zu handhabende Komplexität, die zusätzlich durch die zwangsläufig im Vordergrund stehende archi-tektonische Praxis oft in den Hintergrund gedrängt wird.

Von diesem interdisziplinären Diskurs soll hier Gebrauch gemacht werden, ohne dabei den Anspruch erheben zu wollen, die Ausgangsfülle der einzelnen (Fremd-) Disziplinen zum vorliegenden Thema vollständig in dieser Arbeit auszuarbeiten und darzulegen. Sie dienen als Hilfsmittel, oder anders ausgedrückt, als eine Art Werkzeug, um ein Phänomen zu beschreiben, das zwar im architektonischen Kontext zum Ausdruck kommt, aber nicht mehr mit dem Handwerkszeug (Vokabular) der Architektur beschrieben werden kann. Aus diesem Grund versucht die vorliegende Arbeit, mit Beiträgen aus der Philosophie und aus den Natur- und Sozialwissenschaften, die Lücke, die in der eigenen Fach-Disziplin entstanden ist, wieder zu füllen.

Eine solche Vorgehensweise birgt jedoch uneinschätzbare Risiken, die weder einfach zu handhaben, noch leicht zu überschauen sind – zumal die eigene Stammdisziplin diesbezüglich keine gültigen Forschungsrichtlinien aufgestellt hat. Diese Offenheit enthält aber auch eine Chance: Man kann sich mit den unterschiedlichsten Methoden auseinandersetzen – eine Möglichkeit, die in den analytischen Wissenschaften nicht ohne weiteres zugelassen wird. Mit dieser Offenheit gilt es hier verantwortungsbewußt umzugehen. Dabei stellen sich folgende Fragen: Welche Bedeutung und Aussagekraft haben die Beiträge anderer Disziplinen, wenn sie aus ihrem ursprünglichen Kontext isoliert und in einen ihnen nicht angestammten Kontext wieder eingefügt werden? Können solche Hilfsmittel, die von einer rein analytischen Wissenschaft her stammen, mit denen einer technisch-angewandten Wissenschaft verglichen werden?

Dazu soll das Konzept der 'bricolage' (Bastelei), das Claude Lévi-Strauss in *Das wilde Denken* ausgearbeitet hat, eingeführt werden. Lévi-Strauss assoziert zu dem Begriff 'bricolage' einen 'Bastler', "...der mit seinen Händen werkelt und dabei Mittel verwendet, die im Vergleich zu denen des Fachmanns abwegig sind."[6] 'Bricolage' steht für den Einsatz eines Werkzeuges außerhalb seines vorgegebenen Verwendungszweckes. Dabei wird der ursprüngliche Verwendungszweck verändert, d.h. die Bedeutung des Werkzeuges verschiebt[7] sich, Werkzeuge werden zur Metapher: Sie sind aus ihrem eigentlichen Bezugsrahmen in einen anderen übertragen worden. Jede Metapher stellt damit "...eine Gesamtheit von konkreten und zugleich möglichen Beziehungen dar; sie sind Werkzeuge..."[8], die einen neuen Bedeutungs-Zusammenhang innerhalb eines bestehenden Kontextes ermöglichen.

Der 'Bastler' ist also bemüht, immer wieder neue Strukturen aus Mitteln (Werkzeugen) zu basteln, die nicht aus dem anvertrauten Fachgebiet stammen. Während sich die Wissenschaft der Gelehrten zwar auch zwischen dem Zufälligen und dem Notwendigem, dem Ereignis und der Struktur bewegt, vertritt der wissenschaftlich tätige Bastler die Auffassung, daß strukturierte "...Gesamtheiten [...] nicht unmittelbar mit Hilfe anderer strukturierter Gesamtheiten..."[9] erfasst werden können, sondern nur und ausschließlich mittels unbekannter Mittel (in dem hier beschriebenen Zusammenhang: Ereignisse). Die Arbeitsweise des 'Bastlers' unterscheidet sich von der des Gelehrten also darin, welche Funktionen er dem Ereignis und der Struktur zuweist. Der Gelehrte "...schafft Ereignisse [...] mittels Strukturen...['Der Bastler']...Strukturen mittels Ereignisse."[10]

Gewöhnlich steht am Anfang einer jeden wissenschaftlichen Arbeit eine These. Diese gilt es in der Antithese zu untermauern und in der Synthese zu beantworten. Diese übliche

Methode wird in der vorliegenden Arbeit nur ansatzweise angewandt: Es steht zwar eine These im Raum, doch ist diese eher für eine Position, ein Standpunkt.[11] Eine derartige Herangehensweise basiert auf der Erkenntnis, daß der Raum einem forwährenden Prozeß der Veränderung ausgesetzt ist und somit nicht durch eine definitive These erfasst werden kann. Dies gilt auch für unsere Ortswahrnehmung. Kein Ort gleicht dem anderen — jeder Ort ist im Transit. Insofern ist auch nicht das Ergebnis maßgeblich, sondern vielmehr der Prozess. Oder anders ausgedrückt: der Prozess ist das Ergebnis. Die Arbeit offeriert damit eine Position, von der aus man sich dem Ort immer wieder neu nähern kann. Sie ermöglicht den Umgang mit dem Ort, der ebenfalls Bestandteil eines transitorischen Raumgefüges ist. Es geht in dieser Studie also nicht um die Verifizierung einer These, sondern um die Untermauerung und Bekräftigung einer Position, die zukünftig ein Fundament darstellt, um der Frage nach dem Ort immer wieder neu begegnen zu können.[12] Die Studie führt damit zu einem offenen Konzept, weil in einem transitorischen Raumgefüge immer wieder neue Orts-Verbindungen eingegangen werden können.

BEGRIFFSBESTIMMUNGEN

Im folgenden Abschnitt sollen die Begriffe 'Transit', 'Raum', 'Ort' und 'Netzwerk' definiert werden. Dabei können die hier dargelegten Begriffserläuterungen nicht den Anspruch einer umfassenden und allen Einzelheiten der Bedeutung gerecht werdenden Darstellung nachkommen. Dies hätte den Hauptteil des Teilabschnittes nicht mehr entsprochen. Die Darstellung der Bedeutung der Begriffe wird eingegrenzt auf die für den vorliegenden Zusammenhang wesentlichen Inhalte.

Auch wenn die Begriffe hier zunächst einmal unabhängig voneinander betrachtet werden, sind ihre Inhalte und Bedeutungen dennoch eng miteinander verwoben. So bildeten zum Beispiel der Ort und der Raum eine Einheit, solange sich die räumliche Dimension des gesellschaftlichen und wirtschaftlichen Lebens weitgehend an ein und demselben Ort abspielte. "Ein »wenn« wurde fast durchweg mit einem »wo« in Zusammenhang gebracht oder durch regelmäßig wiederkehrende Naturereignisse ermittelt."[13] Diesem Zeit-, Raum- und Orts-Kontinuum wird mit der Mechanisierung von Bewegungsabläufen jedoch ein Ende gesetzt. Auslöser dafür war zum Beispiel die Erfindung des Rades, des Schiffes, die Erfindung und Konstruktion der Eisenbahn, die weit entfernt liegende Orte mit einem Netz von Bahnlinien miteinander verbunden hat. Solange die Ortschaften voneinander isoliert waren, spielte es keine Rolle, daß die Uhrzeit in London gegenüber Bridgewater z.B. 15 Minuten vorging. Mit der Vernetzung sollte sich das ändern: Die zeitliche Verkürzung der Strecken konfrontierte "...nicht nur die Orte miteinander, sondern ebenso ihre verschiedenen Lokalzeiten."[14] Diese Zeitdifferenzen, wurden mit Hilfe der mechanisch angetriebenen Uhr und später mit der Standardisierung der Zeit, behoben. Die Zeit konnte nun raumübergreifend koordiniert werden. Ganz anders war es dabei jedoch um den Ort bestellt. Zwar hat sich dieser aufgrund der Massenmobilität ebenfalls von dem Raum und damit auch von der Zeit gelöst, doch hat sich eine Standardisierung nicht vollzogen.

Die Erschließung der Landschaften durch die Kommmunikations- und Transportmittel hat sich dabei ebenfalls auf die Bedeutung des Transits ausgewirkt. War der Weg eines Produktes von Beginn bis zu seiner Fertigstellung ursprünglich noch an ein und den gleichen Ort gebunden, so hat sich mit der raumübergreifenden Beschleunigung der Transport- und Kommunkationsmittel dieses 'hier und jetzt', also das an den Ort gebundene, grundlegend verändert. Die Herstellung von Waren findet in der Regel heute nicht mehr an einem Ort statt, die Produktionsabläufe verteilen sich nun über den ganzen Globus. Diese Produktionsverschiebung über verschiedene Standorte hat mit Hilfe der technischen Weiterentwicklung im Kommunikations- und Transportwesen bis zum heutigen Zeitpunkt keinen Abschluß gefunden. Dabei umschreibt der Transit nicht nur die um den Globus sausenden Einzelteile, sondern auch den Lebensraum der Gesellschaft.

TRANSIT:
Der Begriff Transit, der im 16. Jahrhundert aus dem italienischen Sprachgebrauch in den deutschen aufgenommen wurde, hat seinen Ursprung in dem lateinischen Wort 'transitus' und bedeutet Übergang oder auch Durchgang. Generell meint der Begriff die Durchreise von Personen oder der Transport von Waren oder Informationen. Dazu gehören auch Einrichtungen wie der See- und Flughafen, der Bahnhof aber auch die Autobahnraststätte. Sie sind die Sammel-, Umschlag- und Transfer-Stationen, an denen sich Menschen, Güter und Informationen sammeln und wieder verteilen. Mit dem Begriff sind üblicherweise aber auch die Transitkorridore gemeint, die die Verbindungen zwischen den einzelnen Stationen herstellen. Der Transit ist also mit einem bestimmten Zweck verbunden: Dem Transfer von A nach B. Er beschreibt damit einen gerichteten Bewegungsverlauf, der zweckgebunden und von einer bestimmten Dauer ist—er hat einen Anfang und ein Ende.

Diese Bedeutung wird nicht übernommen: Der Begriff steht hier zwar auch für einen Bewegungsverlauf, doch ist dieser nicht an irgendwelche An- und Abfahrtszeiten gebunden. Somit ist auch die Assoziation mit Einrichtungen des Transports und des Transfers von Personen, Waren oder Informationen nicht gemeint. Der Begriff ist im Rahmen dieser Arbeit herangezogen worden, um den Prozess der Veränderung benennen zu können. Er steht für eine Transformation — ein Vorgang, dem weder das Subjekt noch das Objekt entrinnen kann, der weder angehalten, noch rückgängig gemacht werden kann.

RAUM:
Der Terminus Raum ist ein vielschichtiger Begriff. Für einen detaillierten Überblick soll hier auf die folgenden Publikationen hingewiesen werden: Otto Bollnow's Beitrag *Mensch und Raum*, Alexander Gosztonyis Veröffentlichung *Der Raum, Geschichte seiner Probleme in Philosophie und Wissenschaft*, Max Jammers Publikation *Das Problem des Raumes, Die Entwicklung der Raumtheorien*, Stephan Günzels und Jörg Dünnes *Raumtheorie, Grundlagentexte aus Philosophie und Kulturwissenschaften*, Edward Caseys *Fate of Place, A Philosophical History* und Christian Norberg Schulz, *Genius Loci, Landschaft, Lebensraum, Baukunst*.

Der Begriff kommt ursprünglich aus dem ahd. 'rum'= weit und geräumig, erscheint im mhd. als 'rum'; das nhd. Adjektiv 'raum' wurde später substantiviert. Zu diesem Adjektiv gehört auch das Wort 'geraum', von dem wiederum 'geräumig' herkommt. Im heutigen Sprachgebrauch bezieht sich 'geraum' jedoch nur noch auf zeitliche Bestimmungen, während der Begriff 'geräumig' stets eine örtliche Bedeutung hat. Das gemein-germanische Adjektiv 'rumi' ist mit dem lateinischen 'rus' verwandt, das Land, Feld und Landgut bedeutet. Das daraus hergeleitete Verb 'räumen' bedeutet Platz schaffen und leermachen.

Raum ist ein vielfältig besetzter Begriff, der von der Gesellschaft abhängig von ihrem technologischen Fortschritt und ihrer kulturellen Ansichten immer wieder neu betrachtet und interpretiert wird. Er ist damit als ein kultureller Träger zu verstehen, der nicht einer apriorischen Form der Anschauung entspricht, wie das Immanuel Kant noch angenommen hat, sondern er produziert sich immer wieder neu.

Legt man es aber einmal darauf an, die herumschwirrenden Raumbegriffe einteilen zu wollen, ergeben sich dabei drei Raum-Kategorien.[15] Da ist zunächst einmal die auf Euklid zurückzuführende Vorstellung des Alltagsraumes, der sich aus Gegenständen, Körpern und Atmosphären zusammen setzt. Er definiert sich durch seine Höhe, Breite und Tiefe. Er bezeichnet einen festen und gesicherten Ort, in dem die Dinge ihren Platz im Kosmos haben. Zweitens ist da der Raum der Repräsentation. Er wird von den Physikern, Mathematikern und Philosophen, aber auch von den Künstlern, Architekten, Städtebauern und Planern produziert. Das ist der Raum, der sowohl einen konstruierten als auch einen symbolischen Charakter hat. Die dritte Kategorie ist der elektromagnetische und imaginäre Raum. Er ist von elekrischen Ladungen durchströmt, wie beispielsweise von den Elektronen, Spannungen, Wellen und Kraftlinien. Mit der Entdeckung Faradays und Maxwells stellt sich dieser Raum als ein Kraftfeld dar, dessen Medium zwar nicht sichtbar ist, dessen Effekte aber durchaus wahrnehmbar und spürbar sind, wie zum Beispiel das Hören von Tönen oder das Sehen von Bildern und Zeichen auf diversen Bildschirmen zeigt. In diesem Raum befinden sich auch das weite Feld unserer Gedanken und Träume: Auch sie sind nicht sichtbar aber wirksam. Der Reale und mitunter auch der repräsentative Raum kann von den Menschen bevölkert werden, der imaginäre und elektromagnetische Raum ist allerdings für den Menschen räumlich nicht begehbar wohl aber erlebbar.

Der Raum ist also keineswegs etwas Leeres oder in sich abgeschlossenes. Er ist als eine "...relationale Ordnung..." zu verstehen, in dem sowohl Sichtbares als auch nicht Sichtbares einen "...unauflösbaren Zusammenhang..."[16] bilden. Der Raum ist heterogen. Er ist "...mit Qualitäten aufgeladen [...] vielleicht auch von Phantasmen bevölkert."[17] Der Raum existiert durch seine Mischformen — man kann also nicht exklusiv von dem Realen oder dem Virtuellen Raum sprechen.

Dabei drängt sich die Frage auf, inwieweit sich nun die von den Naturwissenschaften erarbeiteten 'objektiven' Raumbegriffe, auf die Philosophie, die Soziologie, die Psychologie aber auch auf die Architektur und den Städtebau, auswirken. Es ist offensichtlich, daß ein Rückgriff auf die kartesianische Tradition nicht ausreicht, um den Raum angemessen zu beschreiben. Er ist eine kulturell bedingte Konstruktion und steht in einem engen Geflecht von sozialen, politischen, ökonomischen und technischen Beziehungen. Neue Raumstrukturen entstehen dabei nicht nur durch die veränderten Standortentscheidungen von Unternehmen, sondern vor allem durch die veränderten Handlungsmuster der Gesellschaft. Der Raum, den wir als Lebensraum erfahren, muß immer überwunden werden, dient aber auch der Orientierung, Handlung und Kommunikation. Er unterliegt einem steten Veränderungsprozess, der durch die jeweiligen sozialen, ökonomischen und technologischen Interessen immer weiter vorangetrieben wird. Er ist ein permeables Konstrukt, das sich aus unterschiedlichen Wirklichkeiten zusammensetzt.

ORT:

Der Begriff des Ortes meint im althochdeutschen eine (Speer-) Spitze, eine Stelle, oder auch einen Platz. Dabei kann er sich auch auf die Anfangs- oder Endreihe der Ziegeleindeckung von Dächern am Giebel beziehen. Im Bergbau beschreibt der Begriff den Vorgang einer im Vortrieb befindlichen Strecke oder Tunnels – auch Ortsstoß genannt. Der Bergarbeiter arbeitet also 'vor Ort', wenn er sich am vordersten Ende des Stollens in das Gestein hineinarbeitet.[18] "Geographisch...[gesehen]...ist der Ort eine ins Wasser vorspringende Landspitze, so [...] wie beim Ruhrort die Spitze an der Mündung eines Nebenflußes [ist]. Immer bezeichnet das Wort Ort die Spitze."[19] Der Ort ist also punktuell. Er konzentriert sich in einem Zentrum, "...in dem alles Wesentliche des betreffenden Zusammenhangs gefunden werden kann."[20] Der Ort definiert damit ein Territorium, eine Ortsangabe und einen Aufenthaltsort, er ist geographisch bestimmbar.

Mit dem Ort verbindet sich die 'Stelle'. Auch wenn dieser Begriff einen anderen etymologischen Ursprung hat, steht er ebenfalls für die Bezeichnung eines bestimmten Punktes im Raum. Das Wort 'Stelle' kommt von dem westgermanischen Verb 'stellen' und bedeutet so viel wie: 'stehen machen'; das hier von abgeleitete Substantiv meint 'an einen Standort bringen'.[21] Die 'Stelle' ist demnach der festgelegte Standort einer Sache: Wie z.B. die Haltestelle für den Bus. Die 'Stelle' ist der Ort für Etwas. Konkret: Man spricht zwar von einer Unfallstelle; mit ihr kann aber auch ein Tatort gemeint sein. In einem ähnlichen Verhältnis steht die 'Stelle' zum Platz. Man legt etwas an den richtigen Platz oder an die richtige Stelle, ohne daß sich dabei eine Veränderung in der Bedeutung des Satzinhaltes ergibt. Trotzdem unterscheiden sich die beiden Begriffe voneinander.

Der Begriff 'Platz' ist zurückzuführen auf die griechischen Begriffe 'platys'= eben, platt, breit und plateîa= breite Straße. Die Hauptstraße einer Stadt hieß im lateinischen 'platea', "...das neben Straße zugleich zu der Bedeutung Hofraum, Platz hinüberwechselt, woraus dann weiter italienisch 'piazza', französisch 'place' usw. entstehen."[22] Mit dem Begriff 'Platz' ist also eine gewisse Ausdehnung im Raum gemeint. Dies ist auch das grundlegende Merkmal, das den Platz von dem Ort oder der Stelle unterscheidet. Während sich der Ort oder die Stelle auf einen Punkt konzentrieren, kann sich der Platz ausdehnen.

Der Ort wird, wie oben dargelegt wurde, als ein räumlich verankertes Konstrukt wahrgenommen – eine 'vitruvianische firmitas' sozusagen.[23] Er ist an eine bestimmte Stelle gebunden und damit auffindbar: Es ist ihm ein 'Platz' eingeräumt worden, an den die Menschen, dem 'genius' eine sichtbare Gestalt gegeben haben: Indem sie die 'Orts-geister' mit sakralen Bauten überbaut haben. Jedem Ort ist damit eine bestimmte Aura verliehen worden. Man spricht hier auch von dem 'Geist eines Ortes', dem 'genius loci'. Der Begriff 'genius loci' hat seinen Ursprung in der Antike. Er ist ein facettenreicher Be-griff, der im Rahmen dieses Kapitels nur kurz dargelegt werden kann. Das lateinische Substantiv 'genius' hat seinen Ursprung in den Verben 'genere' und 'gignere'= zeugen, erzeugen und bedeutet damit: 'derjenige, der (er)zeugt' oder auch 'dasjenige, was zeu-gungsfähig macht'. Gemeint ist damit ein im Menschen wohnendes göttliches Wesen, das ihm als Schutzgeist zur Seite steht. Der 'genius' stellt für die römische Kultur ein wich-tiges Attribut dar. Es verkörpert das schützende Element, das in jedem Menschen zuge-gen ist – eine Vorstellung, die sich in den mystischen Strömen aller Religionen bis heute findet. Aufgrund des christlichen Geistverständnisses (der Geist ist überall zugegen) ist auch Gott nicht mehr an einen Ort gebunden. Im christlichen Abendland wurden dennoch viele dieser heidnischen 'geistigen Orte' mit eigenen sakralen Gebäuden bebaut: Kirchen, Kapellen und Klöster, in denen Gott, nach christlichem Glauben eher erfahrbar ist.

Zwischen dem 17. und 18. Jahrhundert vollzieht sich dann ein Wandel in dem Umgang mit der Natur. Der Mensch sieht sich verstärkt als Herrscher der Natur, er ord-net sich ihr nicht mehr nur unter: Der 'Naturgeist' wird nun aktiv durch den Menschen geprägt. So ist es dann auch nicht verwunderlich, daß der Mensch vermehrt an der Neugestaltung der ihn umgebenden Landschaft teilnimmt (wie z.B. in der Landschaftsar-chitektur). Mit der Industrialisierung finden die 'genien' dann in Form von Ornamenten auf Stuckaturen der Bürgerhäuser Einzug in die Architektur der Städte. In dieser Epoche rückt—zum Nachteil des Ortes — nun vermehrt die Zeit in den Vordergrund. Gründe für diesen Paradigmenwechsel sind Darwins Evolutionstheorie, die neuen in der Philosophie auftretenden Theorien über die Zeit und die Erfahrung der Gleichzeitigkeit von Ungleich-zeitigem durch die technologischen Entwicklungen im Transport- und Kommunikations-wesen. Der Ort ist zum Standort reduziert worden. Im ausgehenden 20. Jahrhundert taucht die Debatte um den 'genius loci' erneut auf. Zu nennen ist diesbezüglich die gleichnamige Veröffentlichung von Christian Norberg-Schulz. Ungeachtet der bereits im Gang befindlichen Loslösung des Ortes aus seinen räumlichen Verankerungen, be-schreibt er den Prozess der Verortung so: "Der existenzielle Zweck des Bauens ist des-halb aus einer Stelle einen Ort zu machen, das heißt den potentiell in einer gegebenen Umwelt vorhandenen Sinn aufzudecken."[24]

Der 'genius loci' ist damit unveränderlich und ohne eine menschliche Präsenz be-reits vorhanden. Er ist gleichbleibend, stabil und situiert. Situiert ist aber auch der von Aristoteles (384-322 v. Chr.) beschriebene Ort.[25] Er platziert sich in der konkaven In-nenfläche eines nächstgelegenen nicht-beweglichen umhüllenden Ding. Der Raum wird von ihm als die Totalsumme aller von Körpern eingenommen Orte betrachtet. Martin Heidegger (1889-1976) generiert den Raum ebenfalls aus dem Ort. Dabei verbindet er Aristoteles Vorstellung 'das an einem Ort sein' mit einem bereits schon 'in der Welt sein'. Auch Michel de Certeau (1925-1986) erschließt den Raum aus dem Ort: Der Raum ist für ihn ein Ort mit dem man etwas macht.[26]

Im japanischen Kulturkreis (wie in anderen asiatischen Kulturkreisen auch) hat ein solches Orts-Verständnis eine lange Tradition. Dort ist es das 'Ma', jener räumlich nicht lokalisierbare Zwischenraum (bzw. Nicht-Ort), der sich zwischen zwei Wirklichkeiten ausdrückt: Einer objektiv gegebenen und einer subjektiv wahrgenommen Realität. 'Ma' ist jener nicht messbare Zwischenraum, der jedoch nicht als ein nicht weiter aufgehender Rest (im mathematischen Sinne) verstanden werden darf. 'Ma' steht für das, was sich nicht lokalisieren lässt. Und die Erkenntnis, daß nicht die Verhaltensweisen von Körpern, sondern das von etwas zwischen ihnen Liegendem, d.h. das Verhalten eines Feldes, für die Ordnung und das Verständnis von Vorgängen maßgebend sein könne, ist ein Gedankengang, den auch Albert Einstein und Leopold Infeld in der Publikation *Die Evolution der Physik* nachvollzogen haben.[27] Einstein und Infeld sehen in diesem Dazwischen ebenfalls keinen Rest, der zwischen den Körpern übrig geblieben ist. Das Dazwischen ist vielmehr die Bezeichnung für einen Raum, der mittels eines Feldes Kräfte überträgt. Das heißt, nicht die Körper konstituieren den Ort, sondern der Ort generiert sich zwischen den Körpern, im dazwischen liegendem Zwischenraum, der ein Feld darstellt, das sich als ein Durchgangsort erweist.

NETZWERK:
Netzwerke können eine biologische oder eine artifizielle Form der Organisation haben, wie beispielsweise das Netz der Nervenzellen, das Spinnennetz oder das Internet. Sie sind also Konstrukte, die entweder von der Natur oder von den Menschen kreiert und konstruiert werden. Sie produzieren und verteilen sowohl Materielles als auch Immaterielles. Sie sind fast immer dezentriert, manchmal zentriert aber immer dynamisch, also offen für Neues. Netze sind selbstorganisierend, stehen gleichzeitig immer mit mit anderen Netzen in Verbindung. Konkret am Beispiel des Menschen: Jede Zelle ist intern vernetzt, steht aber zugleich in einem konnektiven System mit anderen Zellen, dem Organismus. Netze sind somit selbstregulierende und in sich geschlossene Entitäten, die jedoch ohne den Austausch mit anderen Netzen nicht existieren können.

Jedes Netz setzt sich aus diversen Positionen und Verbindungen zusammen: Zum einen die Knoten und zum anderen die Beziehungen zwischen den Knoten, die Verbindungen. Die Verbindungen zu den Knoten können sowohl von linearer als auch nicht-linearer Art sein. Die Struktur von Netzwerken kann dabei entweder sternförmig, ringförmig oder baumförmig aufgebaut sein.[28] Das hängt davon ab, ob es sich um lineare Verteiler-Netze oder interaktive Netzwerke handelt: Mit linearen Netzen sind zum Beipiel Elektrizitätnetze gemeint, ein interaktives Netz ist das Internet.

Netzwerke sind flexibel, sie können sich neuen Sitationen schnell anpassen. Das heißt, sie entwickeln ununterbrochen neue Beziehungen, sie sind evolutionär. Man könnte auch sagen, sie sind lernfähig. Sie können somit leichter einen Fehler auffangen oder eine Störung schneller verarbeiten. Was aber nicht bedeutet, daß sie nicht vulnerabel sind. Auch sie weisen Unterbrechungen, Verstopfungen oder gar Infarkte auf: Der Infarkt im Netz der menschlichen Blutbahnen, der Stau im Autobahnnetz oder der Absturz des Internet. Netzwerke sind also keineswegs konsistent oder stabil, sie zeichnen sich gerade durch ihre Instabilität aus: Sie befinden sich in einem ständigen Prozess der Transformation. Netzwerke sind damit als dynamische Konstrukte zu verstehen. Sie entwerfen sich ständig neu: "Dem Wort »Entwerfen« ist der Wurf eines Netzes eingeschrieben [...]. Es gibt kein »Projekt« ohne ein Netz, dessen Maschen das Verfügbare einteilen in etwas, was durch gelassen wird, und etwas, das hängenbleibt (wie Wasser und Fische). Diese Einteilung der Welt in diskrete Elemente kennzeichnet den Netzwurf; sie ist...[eine]...Bedingung [...] des Wahrnehmens."[29]

Doch eigentlich vervollständigt sich das Bild eines Netzwerkes erst dann, wenn auch das genannt wird, das nicht sichtbar ist. Das Nicht-Sichtbare, das 'Dazwischen' im Netz ist ebenso relevant wie das Sichtbare. Denn "...erst durch das Dazwischen heben sich Knoten und Linien heraus [...]. Dazwischen...[meint dabei]...keineswegs Leere... [sie gibt an,] was nicht Netzinhalt ist (z.B. Fische bestimmter Größe, Daten bestimmter Struktur, Fahrzeuge bestimmer Art [...]). In gewisser Hinsicht gilt: was im Dazwischen ist, existiert für das Netz nicht (in einem anderen Netz aber vielleicht doch)."[30]

Dieses Dazwischen stellt eine 'conditio sine qua non' für das Bestehen eines jeden Netzwerkes dar. Es ermöglicht dessen Existenz. "Das Dazwischen...[ist]...konstitutiv für das Netz – und vice versa."[31] Die Existenz des Dazwischens ist jedoch nicht einfach zu erfassen, denn "...das Dazwischen der Netze ist nahezu mit dem Inkommensurablen, Ausdruckslosen, Chaotischen, Amorphen identisch."[32]
Doch das ist es gerade, was ein Netzwerk ausmacht. Das Ordnungssystem eines jeden Netzwerkes besteht darin, die Ordnung auf ein Minimum zu reduzieren. Es geht also immer auch darum, ein Minimum an Unordnung aufrechtzuerhalten; Eine Aufhebung dieser Unordnung würde das Ende eines jeden Netzwerkes bedeuten.

Das Bild des Netzwerkes lässt sich somit auch auf den urbanen Raum übertragen. Auch dieser setzt sich aus einem offenen System von Knoten und Verbindungen zusammen; wie ein Netz nimmt er lokal, regional und international anfallende Verkehrs-, Menschen-, Informations-, Bilder- und Warenströme auf, verbindet sie miteinander und leitet sie weiter. Diese Thematik wird in dem Kapitel *Das System des urbanen Netzwerkes* weiter vertieft.

2. Das urbane Netzwerk —
eine geschichtete Landschaft im Transit

DIE VERFLECHTUNGEN DES URBANEN RAUMGEFÜGES

Mit dem Terminus 'Stadt' wird üblicherweise das Bild einer kompakten Siedlungsstruktur verbunden, die eine eigene Verwaltungs- und Versorgungsstruktur im Schnittpunkt von Verkehrswegen inne hält. Die Stadt ist vor diesem Hintergrund immer dort, wo sich eine "...politische, ökonomische, intellektuelle und kulturelle Macht angesiedelt..."[33] hat. Sie ist damit ein Ort der Verdichtung, in dem "...nicht nur Arbeits-, Ausbildungs und Freizeitmöglichkeiten sich ball[t]en, sondern in dem auch Gruppen mit spezifischen Lebensstilen agier[t]en."[34] Das heißt, "...architektonischer Raum, Stadtraum und das Verhältnis von Stadt und Land..." definieren sich in diesem Zusammenhang "...durch eindeutige Begrenzungen: Innerhalb von Gebäuden durch Boden, Decke und Wand, in der Stadt durch den von Gebäuden begrenzten Straßen- und Platzraum und zwischen Stadt und Umland durch einen definierten Stadtrand..."[35] — eben "...dicht, sozial gemischt, unterschiedliche Funktionen bündelnd und vielfältige kulturelle Milieus an einem Ort zentralisierend."[36]

Doch entspricht dieser weitestgehend "...historisch geprägte Begriff, eher dem [...] Idealbild der Europäischen Stadt des späten 18. und 19. Jahrhunderts..."[37] — einem schon längst von der Realität überholten Bild. "Die Stadt ist nicht mehr der besondere Ort des Urbanen. "...Urbanität ist ubiquitär geworden..."[38], schreibt der Soziologe Walter Siebel (geb.1938). Auch der Philosoph Jean-François Lyotard (1924-1998) sieht in dem zeitgenössischen urbanen Raumgefüge, strukturelle Veränderungen, die nicht mehr dem Gestaltmuster der Vergangenheit entsprechen. "Sie ist keine Stadt mehr..."[39], stellt er fest—die Stadt hat ihre alten Begrenzungen hinter sich gelassen und hat sich in ein von verschiedenen Zonen besetztes Gebilde verwandelt. "Zone ist das griechische Wort für Gürtel, weder Land noch Stadt, sondern ein anderer Ort, der im Verzeichnins der Wohnstätten, der Situationen, nicht vorkommt."[40] Von einem ähnlichen Blickwinkel geht auch der Kunsthistoriker André Corboz (geb.1928) aus, wenn er schreibt, daß "...die Probleme der unter unseren Augen im Entstehen begriffenen Stadt nicht mehr die Probleme von Zentren sind, sondern von Zonen [...] und Enklaven."[41]

Diese von Lytoard und Corboz beschriebene Stadt, ist Baccini zufolge in den vergangenen vier Jahrzehnten zur "Wohnstätte" der Weltbevölkerung geworden. Auch Bernd Meurer schließt sich dieser Meinung an: "Während um 1900 nur 10 Prozent der damals noch 1,5 Milliarden Erdbewohner in Städten lebten, sind es heute 50 Prozent der auf 5,5 Milliarden angewachsenen Bevölkerung."[42] Zu einem ähnlichen Schluß kommt auch Florian Rötzer (geb.1953): "...Etwa die Hälfte der Weltbevölkerung lebt heute in Städten...[und]...in den sogenannten entwickelten Ländern sind es bereits mehr als zwei Drittel."[43] Das heißt, ein Großteil der Weltbevölkerung lebt und arbeitet mittlerweile in diesen Zonen, die laut Meurer weder urban, rural noch suburban sind.[44]

Dieses Bild der interurbanen Stadtlandschaft ist jedoch nicht völlig neu. Aristoteles sprach bereits von dem Phänomen einer über die eigenen Stadtgrenzen sich hinaus ausbreitenden urbanen Stadtlandschaft: einer Megapolis.[45] Das Bild einer solchen Megapoli gewann mit dem explosionsartigen Wachstum der Städte in den 50er Jahren des letzten Jahrhunderts wieder erneut an Bedeutung. In diesem Zusammenhang sind besonders zwei Studien zu nennen: *Megalopolis, Gesicht und Seele der Gross-Stadt*, die 1951 von dem Stadthistoriker Lewis Mumford (1895-1990) veröffentlicht wurde und die *Megalopolis; The Urbanized Northeastern Seaboard Of The United States* von dem Geographen Jean Gottmann (1915-1994).[46] Dabei erlangte besonders Gottmanns Studie der Megalopolis, die sich für ihn über ein 750 Kilometer langes Städteband von Boston über New York, Philadelphia und Baltimore bis nach Washington DC. erstreckt, an Bedeutung. Dieses von ihm beschriebene Phänomen einer überregionalen Stadtlandschaft, in der einzelne Städte miteinander verschmelzen, wurde dann Ende der 80er und Anfang der 90er Jahre von Roger Brunet, Alain Sallez und Pierre Verot auf Europa bezogen und weiter entwickelt und läßt sich heute, wie Gary Hack und Roger Simmonds in ihrer Publikation *Global City Regions, Their Emerging Forms* dokumentiert haben, über den ganzen Globus verteilt erkennen.[47]

Diese Art der Raumordnung ist auf die flexibilisierten Kapital-, Informations-, Bilder-, Migrations- und Technologieströme zurückzuführen, die im Laufe von Jahrhunderten das urbane Raumgefüge in ein mannigfaltiges Beziehungsgeflecht transformiert haben, in dem sich das urbane Gebilde nun über ein vielschichtiges Netzwerk von sich ständig verändernden Verbindungen definiert. Dieser Strukturwandel läßt sich besonders an der Verschiebung von Zentren beobachten. Neben den noch aus dem Mittelalter stammenden Stadtzentren haben sich nun auch in "...den Dorfkernen oder auf der im Verschwinden begriffenen grünen Wiese neue städtische Bezugspunkte als Ansammlung zentraler Einrichtungen..."[48] herausgebildet. Laut Rötzer verläuft parallel zu "...dieser Urbanisierung der Dörfer und Kleinstädte, die sich dem Erscheinungsbild der städtischen Vororte..." mehr und mehr anpassen, die "... Ruralisierung von weiten Bereichen städtischer Agglomerationen." Dabei ist es zu einer Verlagerung gekommen, indem die Peripherie sich von ihrer Randständigkeit gelöst hat und zum "...Zentrum, dieses schützenswerte Gut [...] geworden zu sein scheint".[50] Dazu Hannes Böhringer (geb.1948): "Das Zentrum tut (nun) nicht mehr weh. Es ist kein Stachel mehr (centrum von kentron=Stachel), um den herum ein Zirkel einen Umkreis schlägt [...] die Peripherie ist nun der Parasit, der seinen Rüssel in das Zentrum steckt...[und in diesem]...unübersichtlichen Knäuel der Abzweigungen, Ableitungen und Umleitungen, ist die Wirtschaft, unter der das Zentrum, der Stachel des Wirts, aus dem Blickfeld..."[51] geraten.

Es ist nun nicht mehr die Peripherie, die ausschließlich dem Wandel ausgesetzt ist, sondern es entstehen nun "...auch im Inneren [...] die Gebiete der New Frontier an denen Neues entstehen kann."[52] Dabei ist es zu einer Umkehrung gekommen, indem sich die Konfiguration des urbanen Raumgefüges von einer "...Figur in der Landschaft als Grund [...] in eine Landschaftsfigur auf stadtartigen Grund..."[53] verwandelt hat. Somit ist das Zentrum und die Peripherie nicht mehr deutlich voneinander abzugrenzen. "Die Unterschiede verwischen sich zunehmend und bringen eine polyzentrische Stadt mit verschiedenen Typen von Rändern hervor."[54]

Das kontemporäre urbane Gebilde entspricht vor dem hier skizzierten Hintergrund nun einem vermehrt auf Flexibilität basierenden Netzwerk, "...dessen Maschen ihre Größe bei jeder Berührung verändern..."[55] können. Was dazu geführt hat, daß die Struktur der Gebäude, die dazu benötigten Infrastrukturnetze und die Menschen, die sich in diesen Strukturen aufhalten, ein höheres Maß sowohl an Flexiblität als auch Mobilität aufbringen müssen, um sich den immer wieder neu entstehenden Beziehungs-Konfigurationen möglichst schnell anpassen zu können.[56] Unternehmen ändern ihre Identitäten, "...Berufsbezeichnungen verschwinden und neue tauchen auf [...]. Funktion ist zu einem dynamischen System unserer Kultur geworden und stellt keinen gesellschaftlichen oder urbanen Fixpunkt mehr dar."[57]

Aufgrund dessen lassen sich dann auch "...kaum mehr mittelfristige und schon gar nicht langfristige Planungshorizonte aufbauen..."[58], was Luchsinger zufolge daran liegt, daß die Standortpolitik der Unternehmen, keinen Wert mehr auf Dauerhaftigkeit legen. Und Rötzer zieht daraus den Schluß, daß hier die Antwort auf die Frage liegen könnte warum "...nur noch einzelne Bauwerke, jedoch keine geglückten Bilder von Städten mehr..."[59] gelingen. So ist es dann auch nicht verwunderlich, daß die räumliche und funktionale Struktur des urbanen Gefüges keinen idealisierten Ordnungsprinzipien mehr folgen kann, wie das beispielsweise noch bei den Urbanisierungsvisionen von Frank Lloyd Wright, Le Corbusier, Ebenezer Howard oder Ludwig Hilbersheimer der Fall gewesen ist.[60] Laut Corboz ist im Zuge der hier beschriebenen Entwicklungsgeschichte das "...auf Entsprechung beruhende Bezugssystem, das sich durch eine verbindliche Ordnung..."[61] bislang ausgezeichnet hat, verloren gegangen.

Dieser von Corboz festgestellte Verlust, kann aber auch als eine Umstrukturierung des urbanen Raumgefüges betrachtet werden, als ein ständig sich veränderndes System von Knoten und Verbindungen, in dem sich immer wieder neue"...Inseln für verschiedene Gemeinschaften und Wohnvorstellungen..."[62] temporär organisieren können. Oder mit anderen Worten ausgedrückt: "Ein wandelbarer, in steter Veränderung begriffener Raum [...] der durch eine 'Zirkulation von Umständen' definiert wird."[63] Das heißt, die "...gesellschaftlichen Ambitionen dieser Stadtgestalt sind bestimmt durch permanenten Wandel, nicht durch Setzung: Flexibilität, Individualisierung, Mobilisierung und Privatisierung werden zu aktiven Merkmalen dieses gesellschaftlichen Raumes [...].

Und was sich als Eigenschaftslosigkeit darstellt, ist letztendlich dieser verdinglichste Entzug der Gestalt... [, indem] ...nur noch technische Infrastrukturen als verbindliche Andockstätten für gerade laufende Firmen und Einrichtungen...″[64] von Wichtigkeit sind.

Die dabei entstehenden Siedlungsstrukturen sind gegenüber den alten Stadtkernen demzufolge dann auch stets ″...aufbruch- und abbruchbereit...[und wenn]...sich Elemente...[des urbanen Raumgefüges]... zu Orten verfestigen, so geschieht das für einen eher bemessenen Zeitraum [...] Die peripheren Architekturen sind das was sie sind: Entsprechungen eines Unternehmens, das auf Kurzlebigkeit vorbereitet ist.″[65]

Folglich gestaltet sich nicht nur das physische Erscheinungbild des urbanen Raumgefüges heute flexibler, sondern (gezwungener Maßen) auch die Lebensmuster der einzelnen Individuen. Solange sie sich ohne jegliche Fortbewegungsmittel bewegten, haben sie den Raum in allen seinen Qualitäten unmittelbar wahrnehmen können. Mit dem Bau von Wagen und Schiffen, der mechanischen Zeitmessung und dem Einzug der Eisenbahn beginnt eine erste Manipulation des Raumes: Er verkürzt sich und wird ausgeblendet — er verliert seinen Bezug zum (Stand)-Ort. Das heißt, wo man sich befindet entnimmt man nicht unbedingt der vorbeiziehenden Landschaft, sondern den installierten Zeichen an den Ufern oder am Wegesrand. Und wer schließlich gar fliegt, löst sich völlig vom topographischen Raum des Lebens: für ihn stellt sich Raum nur noch als abstrakte, leere Distanz, gemessen an der Zeitdauer des Fluges, dar. Das heißt, aufgrund der Benutzung von Flugzeugen, Hochgesschwindigkeitszügen, Automobilen, mobilen Telefonen, Laptops und diversen anderen Kommunikationsmitteln ist man nicht mehr nur an einen Standort gebunden. Es sind nun eine Vielzahl von Stand-Orten möglich — sei es nun das Unternehmen, das zur Herstellung eines Produktes seine Produktion auf mehrere Standorte verlagert hat oder der Geschäftsreisende, der das Hotel, die Straße, das Taxi, das Flugzeug oder das Restaurant als Wohn- und Arbeitsort oder Treffpunkt nutzt. Es läßt sich also ein Paradigmenwechsel feststellen, der von einer ortsgebundenen Raumvorstellung zu einer gewissermaßen abstrakten Standort unabhängigen Form der Raumwahrnehmung geführt hat.

Das gegenwärtige urbane Raumgefüge setzt sich folglich sowohl in qualitativer als auch in quantitativer Hinsicht aus einem transitorischen System von simultan funktionierenden Relais- oder auch Durchlaufstationen zusammen. Beispiele hierfür sind Flug-, Fracht- und Bahnhöfe, Autoraststätten, Hotels, Museen, Verknügungsparks oder auch Wohn-, Büro-, Einkaufs-, und Finanzzentren, die in einem ständig sich verändernden Netzwerk die anfallenden Verkehrs-, Menschen-, Informations- oder Warenströme aufnehmen, verteilen und auch wieder weiterleiten können — und das sowohl lokal, regional als auch überregional. Diese Enwicklung, in der sich das urbane Raumgefüge nicht mehr durch seine Einheitlichkeit auszeichnet, sondern sich aus einer Vielzahl von Zentren unterschiedlichen Ursprungs zusammensetzt, hat zu einer vermehrten Freigabe des Ortes aus seinen räumlichen Verankerungen geführt, die die Permanenzen, die bislang durch die vitruvianische Firmitas erzeugt worden sind, nicht mehr gewährleisten. Um diesen Paradigmenwechsel von einer ortsgebundenen Raumvorstellung hin zu einer Standort-unabhängigen-Form der Raumwahrnehmung genauer nachvollziehen zu können, werden im folgenden Abschnitt vier Mechanismen, die im wesentlichen an diesem Phänomen beteiligt sind, näher untersucht.

FRAGMENTIERUNG

Im Mittelalter galten Städte als "...die hierarchisch angeordneten Knoten innerhalb von Netzwerken, die in die lokalen Machtkonstellationen..."[66] eingegriffen haben. Die Stadt und das umgebende Land waren dabei nicht "...nur politisch, sondern auch räumlich [...] voneinander getrennt. Sie hatten schlicht eine Gestalt und einen Attraktor...."[67], um den sich alles kreiste. "Es war diese Hierarchie, diese Entgegensetzung, diese Durchkreuzung von Ortschaften..."[68], die diesen Raum ausmachten. Da sich das gesellschaftliche Leben weitestgehend an ein und demselben Ort abspielte, bildete der Raum und der Ort in dieser Zeit noch eine Einheit, und da niemand imstande war, die Tageszeit anzugeben, ohne dabei auf Markierungen des gesellschaftlichen Raumes Bezug zu nehmen, wurde ein 'wenn' fast durchweg mit einem 'wo' in Zusammenhang gebracht.

Dieses Raumgefüge hat sich mit der industriellen Revolution geöffnet. Es entstanden stadtübergreifende Metropolen,"...deren Wachstum man mit [...] dynamischen Prozessen der Selbstorganisation oder mit fraktalen Gebilden vergleichen kann [...]. In der Mitte ist noch immer die City, das Zentrum, gefolgt von dichter Bebauung und explosionsartig wachsenden Randzonen."[69]

Dabei kehrt sich das städtische Prinzip der Verdichtung um. Die Städter wandern in das Umland ab, "...während die Zuziehenden in die verdichteten Bereiche der Randzonen eindringen."[70] Das Stadtzentrum entleert sich. Es folgt der Prozess der "...Entmischung von Funktionen...[der wiederum]...eine neuerliche Vermischung...[folgt]...allerdings ohne wieder jenen alten innerstädtischen Charakter zu erlangen, der geprägt war von vielen kleinen Geschäften und Kneipen."[71] "Unsere spezialisierte und atomisierte Zivilisation [...] erlebt nun plötzlich, wie alle Maschinenteilchen [...] zu einem organischem Ganzen neu zusammengesetzt werden...[72][das]...nicht mehr einzig durch räumliche Verdichtung, sondern durch die Verringerung der Zeit...[entsteht],...die nötig ist, um zwischen ihnen Menschen, Dinge und Informationen zu transportieren."[73]

Das heißt, aufgrund des technischen Fortschrittes im Transport- und Kommunikationswesens ist eine "...räumliche Nähe nicht mehr maßgeblich für ein in sich verzahntes, komplexes System, das desto effektiver ist, je weniger Zeit für Kommunikation und Transport aufgewendet werden muß."[74] Dazu Marshall McLuhan: "Das ist die neue Welt des globalen Dorfes. Das Dorf hat, wie Lewis Mumford in >The City of History< ausführt, eine gesellschaftliche und ordnende Ausweitung aller menschlichen Fähigkeiten zustande gebracht. Beschleunigung und Siedlungsballungen in Städten führen nur zu deren Trennung voneinander in stärker spezialisierten Formen [...] Das elektrische Zeitalter kann das [...] Zentrum-Peripheriesystem [...] nicht ertragen."[75]

Es ist im Zuge dieser Entwicklung zu einer Dezentralisierung von urbanen Funktionen gekommen, indem sich "...die Welt [...] nun als ein Netz erfährt, [...] das seine Punkte verknüpft und sein Gewirr durchkreuzt."[76] So gesehen setzt sich die gegenwärtige urbane Raumstruktur aus einer Vielzahl von Zentren zusammen, die über ein hochtechnisiertes Kommunikations- und Infrastrukturnetz miteinander in Verbindung stehen – ohne dabei auf lokale, regionale oder gar nationale Grenzen Rücksicht nehmen zu müssen. Dabei stehen die neu entstandenen Zentren dann auch "...nicht mehr in...[einer direkten]... Korrespondenz zum alten Zentrum [...], als ihre Bezugspunkte erweisen sich vielmehr die Autobahntrassen und Flugverbindungen oder der mittlerweile vorausgesetzte Anschluß ans Netz."[77] Die Zentren, so Rötzer "...sind nur noch der Appendix der urbanen Region."[78]

Diese fragmentarische Raumorganisation hat sich auch auf das Verhältnis der Gebäude zu ihrem urbanen Kontext ausgewirkt. Laut Luchsinger haben sich in diesem Prozess sowohl das architektonische Objekt als auch der städtebauliche Kontext "...in der gebauten Wirklichkeit immer mehr..."[79] voneinander abgegrenzt. Es ist zu einer 'Abkapselung' und zu einer 'Einkapselung' gekommen, wobei sich die "...einzelnen Raumbereiche voneinander...[isoliert haben]...und zwar nicht nur räumlich, sondern auch funktional und sozial."[80] Auch Corboz kommt zu einem sehr ähnlichen Ergebnis: "Was nun hingegen vorherrscht, ist die Isolierung der stereometrischen Volumen, die in gebührendem Abstand voneinander stehen."[81] Der urbane Raum entspricht nun mehr einer von einzelnen Zellen und Zonen dominierten Struktur, die sich aus Territorien unterschiedlichsten Ursprungs zusammensetzt. "Diese Zellen können aus einzelnen Baukomplexen, einzelnen Objekten, aber auch aus ganzen Stadtpartikeln bestehen. Entscheidend ist, daß zwischen den Zellen kaum mehr ein Zusammenhang besteht, außer, daß sie mehr oder weniger gleichwertig nebeneinander stehen. Es gibt mit anderen Worten keine erkennbare hierarchische räumliche Beziehung mehr zwischen dem Stadtganzen und den einzelnen Bestandteilen der Stadt."[82]

Die einzelnen Zellen führen also hinsichtlich ihrer räumlichen, sozialen und funktionalen Organisation ein Eigenleben, das nichts mehr mit den benachbarten Zellen gemein haben muß und die Leitbeispiele dieses Autonomieprozesses, lassen sich an den Flughäfen, den Wohn- und Gewerbegebieten, den Ausbildungsstätten; der Wissenschafts-, Business und Entwicklungssparks, den Freizeit- Gesundheits- und Sporteinrichtungen, sowie den Einkaufs- und Entertainment-Zentren leicht belegen.[83] "Dazu kommen Felder, Wiesen, Tankstellen, Brachen, Militärgelände, mehr oder weniger gepflegte Waldstücke oder irgendwelche [...] Ökotope [...], gelegentlich ein Schloß, gelegentlich ein Klärwerk."[84] Und neben diesen netzartigen Agglomerationen sind "...die alten Städte, Reste von alten Vierteln, Stadtkernen, Kirchen, Baudenkmälern et cetera [...] musealisiert..."[85] worden.

20

Das urbane Raumgefüge bildet also "...in qualitativer wie auch in quantitativer Hinsicht, eine Ansammlung zerstückelter Ordnungen [...], deren Strukturen auf mehrschichtigen, teilweise auch widersprüchlichen, Ordnungsprinzipien beruhen."[86] Es ist von einer Vielzahl "...von hybriden Nutzungsmustern unterwandert..."[87] worden, die zu einer "...komplexen Überlagerung [...] unterschiedlich determinierter Räume geführt..."[88] haben, wie zum Beispiel "...Stadtkerne als Shoppingzentren, Einfamilienhäuser als Bars,

Wohnungen als Softwareproduktionsstätten, Sportclubs anstelle öffentlicher Plätze..."[89] oder Flugzeuge, Züge und Luxusliner, die als mobile Büro- und Unterhaltungseinrichtungen, Hotels und Restaurants die Landschaft durchkreuzen.

DUCHDRINGNG VON INNEN UND AUSSEN

Bevor es Telefone, Radios oder das Internet gab, "...drang das Aussen in ein Gehäuse...[immer nur über]...Türen und Fenster ein."[90] Die Tür erlaubte dabei den Übergang von dem Innen- zu dem Außenraum und umgekehrt und das "...Fenster gestattete in begrenztem Maß Tele-Vision."[91] Dieses Bild von dem Haus "...mit festen Mauern, in denen sich [...] Löcher befinden, um Tageslicht einzulassen, das Bild des Außenraums im Innenraum wahrzunehmen und den Übertritt von innen nach außen oder umgekehrt zu ermöglichen bzw., bei geschlossener Tür zu verhindern..."[92], hat sich aufgelöst.

Mit "...dem Einzug von Telefon, Radio und Fernseher ist die Wohnung kein Ort des Privaten mehr. Sie öffnet sich dem Außen, wird durch die Kommunikation in Echtzeit gewissermaßen mobil."[93] Das heißt, "...das heile Haus mit Dach, Mauer und Fenster und Tür..." gibt es, wie Flusser meint, somit dann auch "...nur noch in Märchenbüchern. Materielle und immaterielle Kabel haben es wie einen Emmentaler durchlöchert: auf dem Dach die Antenne, durch die Mauer der Telefondraht, statt Fenster das Fernsehen und statt Tür die Garage mit dem Auto."[94]

Diese auf technische Innovationen im Kommunikations- und Informationswesen zurückzuführende Entwicklung "...wurde als mechanische bereits mit der Massenmotorisierung eingeleitet..."[95] — jedoch mit dem Unterschied, daß die Motorisierung als privater Raum nun in den öffentlichen eingedrungen ist, während die Telematisierung zu einer gegenseitigen Durchdringung des Innen- und Außenraums geführt hat. "Der öffentliche Raum ist...[nun]... im privaten Raum und der private im öffentlichen."[96] Wohnen bedeutet damit nicht mehr "...den Entwurf und die Fixierung einer Privatsphäre und somit einer Konstante der Bergung des Subjekts, sondern zunehmend die Idee...[eines kontinuierlichen]...Angeschlossen-Seins an diverse Informationskanäle."[97] Jede Wohnung, so Lyotard ist damit zu einer Kabine geworden, in der Nachrichten sowohl gesendet als auch empfangen werden können.[98] Es hat also eine Öffnung stattgefunden und die "...elektronische[n] Kommunikations- und Informationstechnologien überbrücken die Entfernungen, lassen die Frage nach den Standorten für viele Aktivitäten nebensächlich werden, nivellieren regionale Unterschiede und lassen jeden, der an die Netze angeschlossen ist, an der globalen Öffentlichkeit teilhaben, die freilich analog zur Dezentralisierung der urbanen Funktionen, immer weiter partikularisiert wird."[99]

Das urbane Raumgefüge entspricht dabei "...einem einzigen Band, auf dem Aussen und Innen sich vermischen; die Straße führt von einer Fussgängerzone zu einem grossen Boulevard oder, wenn man will — ich schalte um oder zappe — zu einem Flugzeug oder, eine andere Möglichkeit — ich schalte um oder zappe-, zum Faxgerät, zum Radio oder Fernseher [...] Sie verknüpft so unterschiedliche Mittel — den Körper, das Automobil, Flugzeuge oder Wellen —, dass man sagen könnte, sie realisert die Kurve, die durch sämtliche Punkte der Mannigfaltigkeit führt."[100] Dieses Raumgeflecht — so Lyotard — umgürtet nun den ganzen Globus "...von Singapur bis Los Angeles und Mailand.

Ganz und gar Zone zwischen nichts und nichts, kennt sie keine spürbare Dauer und Entfernung."[101] Und "...wenn die Zone zur ganzen Stadt wird, dann hat die Megalopolis kein Außen. Und folglich auch kein Innen [...] Das alte »Außen«, die Provinzen, Afrika, Asien, sind Teile von ihr geworden und auf unterschiedliche Weise [...] verschmolzen."[102] "Alles ist fremd, und nichts ist fremd."[103]

Da nun "...öffentliches Geschehen medial in die Privatsphäre..." gestrahlt werden kann und umgekehrt "...jedes private Ereignis von den Massenmedien aufgenommen und veröffentlicht werden kann..."[104], hat sich dementsprechend auch das Verhältnis zwischen dem Nah- und Fernraum verändert. Ereignisse, die in weiter Ferne stattfinden, können nun per Knopfdruck in die Nah-Sphäre übermittelt werden. Laut Rötzer ist es dabei zu einer "...Einbunkerung von kulturellen Szenen, Wohnungen und Häusern..." gekommen, die sich durch "...die gestiegene Mobilisierung der Menschen und die Möglichkeit, sich über die Medien und Kommunikationstechnologien in eine Öffentlichkeit einzuklinken, die räumliche Nähe negiert..."[105], noch verstärkt hat.

Innerhalb des urbanen Raumgefüges dominieren nun die Massenmedien durch den Einsatz von Übertragungstechnologien, die als stellvertretende Darstellungsmittel fungieren, die direkt-öffentliche Kommunikation. Dabei vermitteln sie "...den Eindruck, Öffentlichkeit herzustellen und..."[106] versetzen den Empfänger in den Glauben, "...er nehme unmittelbar an der Öffentlichkeit teil."

"Mit dieser simulativ-substitutiven Grundförmigkeit bemächtigen sich die Massenmedien immer stärker des Öffentlichkeitsraums, den sie zugleich 'halbieren', indem sie den Bürger um seine aktive Seite beschneiden. Dabei wird nicht nur die Einwegkommunikation generalisiert und das Schweigen des Publikums 'elektronisch befestigt', sondern auch die Differenz von privatem und öffentlichem Raum endgültig aufgehoben."[107] "Mit anderen Worten: Privatheit und Öffentlichkeit verlieren ihre strenge Geschiedenheit und Dauerhaftigkeit, so daß Räume nun jeweils vorübergehend privat oder öffentlich sein können. So können sich private Räume in öffentliche verwandeln, indem der Fernseher eingeschaltet wird und Nachrichten empfangen werden. Umgekehrt können sich öffentliche in private Räume verwandeln, etwa wenn auf einem öffentlichen Platz das Handy benutzt wird. Dann entsteht eine kleine private Insel inmitten des Öffentlichen."[108]

Die Möglichkeit der flächendeckenden Verbreitung von Informationen an eine passive und mehr und mehr in der 'Privatheit' verharrende Bevölkerung hat also dazu geführt, daß sich die Grenzen zwischen der privaten und öffentlichen Sphäre mehr und mehr verwischt haben. Das heißt, der öffentliche Raum, der zugleich "...Spiegel, Gegenplatzierung, Anderssein, Nichtidentität und Spielraum der Verrückung von Sicherheiten..."[109] ist, erscheint nun in einem neuen Licht.

Es ist infolge dessen nämlich vermehrt zu einer Ablösung "...von den Bedingungen des realen Raumes gekommen..."[110], indem sich das Individuum und der Ort eines Ereignisses mittels technischer Kommunikationsmittel voneinander abgekoppelt haben. Das heißt, mit Hilfe von Radio, Telefon, Television und anderen Kommunikationsmitteln kann man nun auch über technologische Prothesen mit dem Ort eines Geschehens verbunden sein. Indem sich die Kommunikationsmittel gegen die Topographie des Ortes richten, und damit "...die Konfiguration von Erscheinung, Schauplatz und Zeitpunkt aufzulösen beginnen, produzieren sie nicht nur eine sekundäre Topographie, die jene primäre des Ortes, der Zeit und damit der Geschichte überlagert, sondern [...] einen völlig neuen Logos des Ortes, der jetzt eine unterschiedliche Strukturierung dieser Verschaltungen..."[111] von Ort und Zeit einführt.

Mit der Aufgabe eines im klassischen Sinne verstandenen Ortes, wobei dieser eine räumliche Schnittstelle an einem ausgezeichneten Ort darstellt, "...geht der Verlust einer Unmittelbarkeit im Verhältnis zum uns umgebenden Raum einher. Wir schalten Ereignisse [...] beliebig diesem Raum zu oder isolieren ihn [...] von jeder medialen Invasion."[112] Das Ereignis, der Ort und die Sphäre des Individuums sind somit nicht mehr in einem einheitlichen Koordinatensystem zu vereinen; eine prinzipielle nächste Nähe kann dabei sehr weit entfernt sein –"...es sei denn das Subjekt [...] vollzieht seine Befreiung aus seinen Koordinaten und 'begibt' sich in..."[113] die interaktiven Systeme."

Es sind also in zunehmendem Maße diese medialen Kanäle, die [sich] zu Transporteuren und Repräsentanten..." eines kollektiven Bewußtseins entwickelt haben, zu Fäden sozusagen, die "...schließlich auch als eine relevante [...] Öffentlichkeit..."[114] fungieren, denn auch diese Öffentlichkeit spricht und ereignet sich. Das heißt, die Orte der urbanen Öffentlichkeit, so Rötzer, "...wo sich Menschen zufällig oder auf Verabredung treffen können..." sind vermehrt in die virtuellen Räume abgewandert und haben sich dabei entweder in kommerzielle, institutionelle oder firmeneigene Netze, also in "...geschlossene, mit kontrollierten Eingängen versehene Räume..."[115] verwandelt. Dem stehen, wie Prigge darlegt, die öffentlichen Räume gegenüber, wie die der Straßen, Plätze und Einrichtungen, sowie die der Bahnhöfe, Flughäfen oder Parkanlagen, die nun vermehrt von privaten Interessensgruppen überwacht werden. Aber auch die privat hergestellten Räume, in denen der Aufenthalt von Personen ebenfalls von privaten Betreibern kontrolliert werden, wie die "Indoor Architekturen" der Einkaufszentren, Passagen und Lobbies eindeutig belegen, zählen seiner Meinung nach zu diesen neuen Formen von Öffentlichkeit.[116] Das heißt, das "...was heute in der Stadt als öffentlicher Raum gilt, ist vielfach in Wahrheit Privatraum."[117]

"Mehr und mehr wird der öffentliche Raum privat geplant, finanziert, überwacht, verwaltet und in den Verfügungsraum der Privatwirtschaft integriert. Exemplarisch ist die Verlagerung des öffentlichen Stadtraums in die zur Geschäftszeit dicht bevölkerten Galerien und Malls oder in die Plazas multifunktionaler Verwaltungs-, Dienstleistungs-, Einkaufs- und Freizeitbauten."[118]

Es ergibt sich dabei also folgendes Bild: Auf der einen Seite scheint sich die Öffentlichkeit durch die Innovationen im Kommunikationsbereich in das Internet verlagert zu haben, was zum einen eine Zugangsberechtigung zu diesen virtuellen Räumen notwendig macht und zum anderen den Besitz dieser Technologien voraussetzt. Auf der anderen Seite entsteht der Eindruck, daß der in der Vergangenheit als öffentlicher Raum konzipierte Stadtraum als ein nicht mehr kontrollierbarer Ort wahrgenommen wird, während die hermetisch abgeschirmten Zellen der Transit-, Einkaufs-, Vergnügungs-, Wohn-, und Büroanlagen nun als die sicheren Orte gelten, die sich als äußerst exklusiv und inszeniert erweisen.

Wird ein Verlust des öffentlichen Raumes beklagt, so wird Schroer zufolge jedoch oftmals vergessen, daß die öffentlichen Räume "...keineswegs in jedem Fall eine Öffentlichkeit herstellen."[119] Das heißt, die These von der Zerstörung der Öffentlichkeit durch zum Beispiel Überwachung von öffentlichen Einrichtungen, zerstört deshalb nicht die Öffentlichkeit, sondern übertreibt und verdoppelt sie nur.[120] Das heißt, die Thematik dreht sich hier nicht um die Auflösung von öffentlich und privat "...im Sinne eines vollständigen Sieges des Privaten über das Öffentliche oder umgekehrt...", sondern es geht vielmehr um die gegenseitige Durchdringung dieser beiden Begriffe. Folglich kann man dann auch nicht mehr von einer Polarisierung, "...von hier öffentlich und dort privat...[sprechen, weil]... die Unterscheidung von öffentlich und privat durch den öffentlichen bzw. privaten Raum hindurchgeht [...]. Privates und Öffentliches..."[121] penetrieren sich gegenseitig und hinterlassen dabei Spuren ihrer jeweiligen Existenz.

Vor diesem Hintergrund existieren also eine Vielzahl von unterschiedlichen Mischformen von Öffentlichkeit — was laut Hubeli (geb.1947) jedoch nichts Außergewöhnliches ist, denn der öffentliche Raum hat sich schon immer aus vielen kleinen und kleinsten, räumlich benachbarten, nicht miteinander in Einklang zu bringenden Sphären zusammen gesetzt.[122] Und was hier von Rötzer, Prigge und Meurer stellvertretend für eine Vielzahl von Meinungen herangezogen wurde, ist ein Zeugnis dafür, daß sich die öffentliche Sphäre lediglich neu austariert. Das heißt, es geht hier also nicht um den Zerfall der Öffentlichkeit, wie das Richard Sennett in den 90er Jahren in seiner Publikation *The Fall of Public Man* noch heraufbeschworen hat, sondern um eine stete Neukonfiguration, in der die Öffentlichkeit einem "Universum von Teilöffentlichkeiten..."[123] entspricht. Diese sind "...transitorisch, reflexiv und vielgestaltig; sie sind oft atomisiert..."[124] und bilden aufgrund dessen jeweils sich in der Veränderung befindliche 'Gemeinschaften'.

MOBILITÄT

Neben der Durchdringung des Innen- und Außenraumes aufgrund technischer Errungenschaften im Kommunikationsbereich, ist es die Mobilisierung im Transportwesen gewesen, durch die sich das urbane Raumgefüge erstmals über die eigenen Stadtgrenzen hinaus hat ausdehnen können. Im Zuge dieser Entwicklung ist im Laufe der Zeit anstelle des von Foucault beschriebenen Ortungsraumes nun der Ausdehnungsraumes getreten. Im Mittelalter, so Foucault, entsprach der Raum noch einem 'Ortungsraum' — einem Raum, in dem die Dinge ihren Platz und ihre Herkunft hatten. Das 17. Jahrhundert eröffnet dann ein neues Bild: Es brachte "...die Konstituierung eines unendlichen und unendlich offenen Raumes...[mit sich und]...an die Stelle der Ortung [...] setzt sich die Ausdehnung."[127] "Der Ort einer Sache...[ist dabei nun]...mehr ein Punkt in ihrer Bewegung, so wie die Ruhe einer Sache nur mehr ihre unendlich verlangsamte Bewegung..."[126] ist.

24

Vor diesem Hintergrund ist "...die Grundeinheit der neuen Stadt [...] nicht mehr [...] die nach Häuserblocks zählende Straße, sondern der 'Wachstumskorridor' der Highways..."[127] konstatiert Kuhnert. Es sind also nicht mehr die Elemente wie das Haus oder der Block, mit der die urbane Landschaft erschlossen wird, sondern vielmehr das

Straßensystem, das über "...ein Netz aus Highways, Bundesstraßen und lokalen Straßen..."[128] nun das urbane Raumgefüge gliedert und in Beziehung setzt. Das Netz der Autobahnen, Bundes- und Lokalstraßen gliedert also den "...Punkteschwarm der Funktionen, die nicht nur die punktierten Funktionen in Beziehung setzen, sondern überhaupt erst ermöglichen, um in dieser scheinbar beziehungslosen Welt ein halbwegs soziales Leben zu führen."[129]

Im Zuge dieser Entwicklung hat sich "...die Art und Weise, wie Menschen in der Welt, d.h. in Zeit und Raum und in Beziehung zueinander gestellt sind, fundamental verändert."[130] "Immer ist man in Bewegung, alles bewegt sich, nicht nur der Beobachter, sondern auch das Beobachtete."[131] Dabei ist es zu einer neuartigen Form von Raumwahrnehmung gekommen: Mit Hilfe mechanisch angetriebener Fortbewegungsmittel, kann der urbane Raum nun aus einer fahrenden oder fliegenden Perspektive wahrgenommen werden. "...[Je] nachdem, ob man sie [die Umgebung] aus dem Fenster eines landenden Flugzeugs sieht oder von einer S-Bahn aus, ob man auf der Autobahn an ihnen vorbeifährt oder sich in den Stadträndern verfahren hat...[oder ob man]...mit dem Bus wieder zurück auf dem Weg zum Flughafen..." ist — jede dieser Gegenden nimmt man aufgrund der unterschiedlichen Verkehrsmittel "...ganz verschieden wahr."[132]

Folgt man diesbezüglich Virilios Gedankengang, so dient "der Siedlungsraum, eine Infrastruktur des Verkehrs, nur noch als Weichbild...[eines]...beschleunigten Herumirrens...[und]...der geographische Ort...[ist infolgedessen]...nicht mehr Erfahrungsgrundlage des Menschen, sondern ein beim Hin- und Zurückfahren erreichbarer Pol."[133] Folglich ist bei einer "...solchen Durchfahrt...[dann auch]...nicht mehr das Zentrum (Stadtzentrum) wichtig, sondern der Ort der Konvergenz, der Wendepunkt der ortsveränderten Bewegung."[134]

Diese Veränderung in der Raumwahrnehmung aufgrund von Beschleunigungen im Transport- und Kommunikationswesen konnte man Koselleck zufolge, jedoch bereits schon vor der industriellen Revolution feststellen: "Die vormaschinellen Geschwindigkeitssteigerungen sind seit dem 17. Jahrhundert vielfach zu registrieren. Der Ausbau der Straßennetze und der Kanäle erhöhte die Frachteinheiten, die in gleicher Zeit über größere Streckenlängen befördert wurden. [...] Die Durchschnittsgeschwindigkeit der privaten Kutschen auf der französischen Straße hat sich von 1814-1848 mehr als verdoppelt [...]. In Preußen verkürzte sich die Postkutschenzeit für die Strecke von Berlin nach Köln im gleichen Zeitraum von 180 auf 78 Stunden [...]. Einen ähnlichen Vorlauf [sic!] zunehmender Schnelligkeit finden wir auf den Meeresstraßen. Die Nordamerikaner entwickelten im ersten Jahrzehnt des 19. Jahrhunderts den Klipper, ein schmales Segelschiff mit hohen Masten, das den Weg von New York um das Kap Horn nach San Francisco (19.000 km.), statt bisher in 150-190 Tagen, in 90 Tagen zurücklegte [...] womit eine Geschwindigkeit erreicht wurde, welche die Dampfer erst sehr viel später bewältigten. [...] Ähnliches läßt sich im Nachrichtenwesen beobachten. Bevor sich die elektrische Telegrafie durchsetzte [...], wurde das optische Telegrafennetz, dessen Tradition in die Antike zurückgreift, bis zur letzten Perfektion entwickelt. Die Geschwindigkeit der Zeichengebung wurde...[ebenfalls]...erhöht...sei es durch die Konstruktion der Signale, die sich von Turm zu Turm fortpflanzten."[135]

Die hier beschriebenen Errungenschaften signalisieren jedoch nicht nur eine sich anbahnende Veränderung in der Raumwahrnehmung, sondern implizieren noch etwas anderes, etwas bislang noch nie dagewesenes: Nämlich die Loslösung des Ortes vom Raum durch die Mechanisierung der Zeit. Damit hat ein Paradigmenwechsel eingesetzt, der eine "...ortsgebundene Raumvorstellung [...] in eine gewissermaßen »ortlose« [...] Form abstrakter Raumbetrachtung..."[136] zur Folge hat. Laut Giddens (geb.1938) und Rosa (geb.1965) ist er auf die vermehrte Nutzung von "...wissenschaftlich-technischen Neuerungen..."[137] zurückzuführen, wie zum Beispiel der Standardisierung des Kalenders, der Herstellung von Weltkarten, bei denen nun "...die Perspektive im Hinblick auf die Darstellung von geographischer Lage und Gestalt kaum..."[138] mehr eine Rolle spielt, der vermehrte Einsatz von Dampfmaschinen sowohl für den Güter- als auch den Personentransport und die Erfindung der mechanisch angetriebenen Uhr.

Die Zeit blieb also noch an den Ort bzw. an den Raum gebunden, "...bis es dazu kam, das der Einheitlichkeit der Zeitmessung durch die mechanische Uhr eine Einheitlichkeit der gesellschaftlichen Organisation von Zeit entsprach."[139] Die Loslösung der Zeit vom Raum durch die mechanisch angetriebene Uhr, die es wiederum erlaubt, den Ort von der Zeit zu trennen, hat es möglich gemacht, "...Zeit nicht nur unabhängig von den Raumqualitäten, sondern überhaupt unabhängig von einem konkreten Aufenthaltsort zu bestimmen."[140] "Damit bezieht sie [die mechanische Zeit] alle Ereignisse auf eine einzige [...] zeitliche Dauer, die nicht [mehr orts-] spezifisch oder lokal, sondern allgemein ist—sie ist für alle Vorgänge dieselbe. Die Uhrzeit fixiert, um zu korrelieren, zu synchronisieren und zu quantifizieren."[141]

So ist es dann auch nicht verwunderlich, daß Anfang des 20. Jahrhunderts "...eine einheitliche und global gültige Weltzeit eingeführt...[wurde]...welche, analog zur ortlosen Raumbestimmung durch den Globus, eine gleichsam ortlose Zeitbestimmung ermöglichte."[142] Die aus einer solchen Standardisierung resultierenden Implikationen, lassen sich besonders illustrativ am Beispiel von Zugfahrplänen beschreiben: "Ein Fahrplan von der Art derjenigen, nach denen sich die Züge der Eisenbahn richten, könnte auf den ersten Blick wie eine bloße Liste von Zeitangaben wirken. Doch in Wirklichkeit ist er ein Mittel zur Herstellung einer Raum-Zeit-Ordnung, indem er sowohl den Zeitpunkt als auch den Ort des Eintreffens der Züge angibt. Als solcher gestattet er die komplexe Koordinierung der Züge samt ihrer Fahrgäste und Frachtstücke über weite Strecken der Raum-Zeit."[143] Die (urbane) Landschaft läßt sich nun "...wie eine Zeitmontage lesen. Sie funktioniert wie ein Fahrplan der Eisenbahn, mit Streckenangaben und Fahrzeiten, mit Zielpunkten und Ankunfts- bzw. Abfahrtszeiten."[144]

Das Verkehrsnetz hat dabei sozusagen "...ein virtuelles Raster von Zeiträumen über die Erdoberfläche...[gelegt], ...die die Landschaft in Räume unterschiedlicher Geschwindigkeit...[aufgelöst haben,]...in Räume mit Geschwindigkeiten von 200, 100, 50, 30, 5 kmh. etc., in schnelle und langsame Räume also."[145] "So hat es sich mittlerweile eingebürgert, davon zu sprechen, daß der nächste Supermarkt 10 Minuten entfernt (ist), das nächste Einkaufszentrum 30 Minuten in einer anderen Richtung (liegt), und der Arbeitsplatz wiederum in einer anderen Richtung 40 Minuten entfernt (ist)."[146]

Das urbane Raumgefüge strukturiert sich vor diesem Hintergrund demnach weniger über den Raum als über die Zeit. Folgt man diesbezüglich Virilios' Gedankengang, so ist dann auch "...der räumliche Abstand [...] vom zeitlichen Abstand abgelöst..."[147] worden. Nach Rosa ist dieses Raumbild durch die Beschleunigungsrevolution des Transportwesens zustande gekommen. Sie hat dieses "...gesellschaftlich dominante Raum-Zeit-Regime..."[148] immer weiter getrieben und hat den Raum dadurch für wirtschaftliche, soziale und kulturelle Vorgänge regelrecht schrumpfen lassen. Koselleck schreibt dazu folgendes: "...Alle Räume sind durch die Zeit, deren wir bedürfen, um sie zu durchlaufen, Entfernungen für uns; beschleunigen wir diese, so verkürzt sich für den Einfluss auf das Leben und den Verkehr der Raum selbst."[149] So ist es dann auch nicht verwunderlich, konstatiert Rosa, daß der Raum "...schließlich [...] zu einer Funktion der Zeit..."[150] geworden ist. Dieser Prozess der Raumschrumpfung wurde laut Schmitz (im 20. Jahrhundert) durch den Einsatz des Automobiles, des Flugzeuges und des Hochgeschwindigkeitszuges ein weiteres mal vorangetrieben.[151] Dabei ist der Raum, wegen der freigewordenen Geschwindigkeiten im Transportwesen, "...seit dem 18. Jahrhundert [...] auf ca. ein Sechzigstel geschrumpft..."[152] Die Zeit-Raum-Kompression (time-space compression), ist somit ein Schlüsselbegriff, der in den Umstrukturierungsprozessen des urbanen Raumgefüges eine wichtige Rolle spielt.[153]

Die hier beschriebene Schrumpfung des Raumes und die daraus resultierende Trennung von Raum und Ort durch technische Innovationen, hat also unmittelbare Auswirkungen auf unser Raumverständnis. Rosa zieht hierzu Virilio heran, der davon ausgeht, daß unser Raumbewußtsein "...eng an die Art des Sich-im Raum-Fortbewegens geknüpft [ist]: Solange wir uns zu Fuß fortbeweg(t)en, nehmen wir den Raum in allen seinen Qualitäten unmittelbar war; wir fühlen, riechen, hören und sehen ihn..." Mit dem Eisenbahn- und Straßenbau "...beginnt eine erste [...] Manipulation der Raumqualität."[154]

Der Raum wird nun zielstrebig durchschnitten und durchquert. Dabei wird der Raum "...verkürzt, zusammengedrängt...[und]...ausgeblendet [...]. Wo er sich jeweils befindet, liest der Fahrer nicht mehr an der vorbeiziehenden Landschaft ab [...]. Wer schließlich gar fliegt, löst sich völlig vom topografischen Raum des Lebens [...]; für ihn stellt sich Raum nur noch als abstrakte, leere Distanz, gemessen an der Zeitdauer des Fluges, dar."[155]

Der Reisende von heute kämpft also nicht mehr direkt mit dem Raum, sondern vielmehr "...mit der Uhr, weil er Anschlüsse erreichen und Termine einhalten muß."[156] In einem solchen Raumgefüge, in dem die Bevölkerung "...ständig unterwegs, gerade vorbeigefahren oder noch nicht eingetroffen..."[157] ist, haben sich folglich auch die sozialen Beziehungen der Menschen verändert. Ähnlich wie es sich bei den Strukturveränderungen des urbanen Raumgefüges gezeigt hat, haben auch die Menschen aufgrund der Flexibilisierungsprozesse (sowohl in der Produktion als auch in der Verteilung von Informationen, Personen und Produkten), die durch Beschleunigungen im Transport- und Kommunikationswesen forciert worden sind, einen Lebensstil angenommen, der weniger auf die Gesellschaft als Ganzes, denn auf das Individuum ausgerichtet ist.

Das wiederum hat dazu geführt, daß die Beziehungen der Menschen untereinander unverbindlicher geworden sind. Beziehungen, die nicht die Qualität von Dauer haben und vermehrt unverbindlich sind.

INDIVIDUALISIERUNG

Neben der Fragmentierung des urbanen Raumgefüges, der Durchdringung des Innen- und Außenraumes und der gesteigerten Mobilität sowohl von Gütern, Personen als auch Informationen "...ist es die Individualisierung, die Wahlmöglichkeit individueller Lebensstile, die tradierte soziale Bindungen auflöst und zu räumlicher Absonderung in stilistischer Distanzierung zu anderen..."[158] geführt haben. Waren noch "...bis weit in das 20. Jahrhundert für die Mehrheit der Bevölkerung die Schicht und der Ort, in den man hinein geboren wurde, durch traditionelle Lebensmuster weitgehend vorgegeben [...], so haben [...] durch Technisierung, Flexibilisierung und Globalisierung [...] die Spielräume für die Wahl etwa von Konsumgütern, Transportmitteln, Wohnort, Beruf, Bildungsweg, Freunden und Lebenspartnern erheblich zugenommen."[159]

Das heißt, die Gesellschaft, "...wie sie sich heute darstellt...[ist]...durch eine enorme Ausweitung sozialer Wahlmöglichkeiten des Individuums gekennzeichnet..."[160], die zu einer vermehrten Loslösung von tradierten Lebensmustern geführt haben. Die Ursache für diesen Umbau der sozialen Topographie, läßt sich laut Schmitz dabei in drei Punkten zusammen- fassen: "Erstens haben die modernen Transport- und Kommunikationsmöglichkeiten, dafür gesorgt, daß soziale Netze weiträumiger...[geworden sind]...Zweitens hat eine Entkonventionalisierung sozialer Kontakte dazu geführt, daß heute praktisch jeder mit jedem kommunizieren kann...[und]....Drittens hat die Steigerung des Lebensstandards breiten Kreisen der Bevölkerung ein Einkommen oberhalb des Existenzminimums beschert, wodurch eine Gestaltung des Lebensniveaus ueber die Befriedigung der elementaren materiellen Lebensbedürfnisse hinaus möglich wurde."[161]

Generell läßt sich der Prozess der Individualisierung in zwei Entwicklungs-Phasen unterteilen. Die erste Phase ist von der Herausbildung einer modernen bürgerlichen Gesellschaft geprägt, die mit der Industrialisierung beginnt—ihre kulturgeschichtliche Grundlage jedoch schon in der Aufklärung hat.[162] Die Identität des Subjektes wird in dieser Phase noch"...durch den Blick nach außen beantwortet: Tradition und Religion weisen dem [...] Subjekt seinen Platz im Weltgefüge und in der Gesellschaft zu und prädefinieren, wer es ist, wie es in der Gemeinschaft steht und was es zu tun hat. Seine »Identitätsparameter« [...], wie etwa Religion, Wohnort >politische< Orientierung, Erwerbstätigkeit, Lebensform etc. sind gegeben, nicht gewählt."[163]

Diese traditionellen Lebensmuster öffneten sich jedoch mit der industriellen Re- volution. Die einhergehende Herauslösung des Einzelnen aus seinen traditionellen Klassen- und Versorgungsbezügen durch die Familie und die Auflösung kollektiver Erfahrungen in und mit der Arbeitswelt, ist dabei hauptsächlich auf die Etablierung neuer Praktiken in der Produktionsphäre zurückzuführen. Dieser Prozess, bei dem die Arbeitsteilung mit der Fragmentierung der Gesellschaft einherging, sind besonders von Georg Simmel (1858-1918), Émile Durkheim (1858-1917), Karl Marx (1818-1883)

und Max Weber (1864-1920) hervorgehoben worden.[164]   Rosa zufolge bindet dabei
besonders Simmel–stärker noch als Weber, Marx oder Durkheim – das Phänomen der
Individualisierung, an "...die kulturelle Erfahrung der Moderne...", die für ihn durch die
gesteigerte Beschleunigung "...von gesellschaftlichen Austauschprozessen und...[der]...
unaufhörlichen Dynamisierung..." von sozialen Verhältnissen dominiert wird.[165]   Das
heißt, das Leben der Menschen zeichnet sich seiner Meinung nach durch
eine gesteigerte Dynamik und Beweglichkeit aus, indem die tradierten Ent-
wicklungsbahnen, wie die Rechtssprechung, die "...politische Steuerung, des
wirtschaftlichen Wachstums, die Bildungs- und Berufswege..."[166], die bislang
festgelegt waren, nun variabel geworden sind.

Die zweite Phase der Individualisierung ist dann zeitgleich mit dem Aufkommen
eines neuen 'Raum-Zeit-Regimes' im ausgehenden 20. Jahrhundert anzusetzen. Dabei
ist es besonders Ulrich Beck (geb.1944) gewesen, der neben Anthony Giddens den
Begriff der Individualisierung neu geprägt hat.[167]   Nach Beck ist es in dieser zweiten
Individualisierungswelle, die seiner Meinung nach durchaus auch mit dem Begriff einer
Pluralisierungswelle gleichzusetzen ist, zu einer erneuten Verschiebung der Lebensmuster
"...zugunsten der Dynamisierung des Selbst bzw. der Identität..."[168] gekommen. Es hat
sich also ein neuartiges Identitätsmuster herauskristallisiert, in dem die Individuen nun
an der Mitgestaltung ihrer Biographien aktiv beteiligt sind. Das heißt, die Menschen
werden, so Prigge, nun vermehrt dazu "...gezwungen, sich aus ihren tradierten sozialen
Bindungen zu lösen: Die eigene Biographie muß...[fortan]...selbst geplant werden, man
wird nicht mehr in sie hineingeboren."[169] Und "...wer jemand ist lässt sich...[somit dann
auch]...nicht mehr von außen bestimmen."[170] "Das Leben eines jeden Menschen..."
hat sich damit zu einer individuellen "...Collage autonomer Elemente..." verwandelt,
indem sich die Biographie nun "...aus einer breiten Palette von Möglichkeiten..."[171]
zusammensetzen kann.

Die sich momentan abzeichnende "Indivdualisierung meint...[also eine]...Steigerung
von Wahlmöglichkeiten in Bezug auf die Gestaltung der eigenen Biographie...", was wiederum bedeutet, daß die einzelnen "...Identitätsbausteine..."[172] nun freier kombi-
niert und demnach dann auch leichter wieder revidiert werden können. Somit ist
laut Beck "...die Normalbiographie zur »Wahlbiographie«, zur »reflexiven Biographie«,
zur »Bastelbiographie«"[173] geworden. "Familie, Beruf, religiöse Zugehörigkeiten, Par-
teipräferenzen, Versicherungsgesellschaften und Freundesnetze..." sind nun keine Fixpunkte der Lebensführung mehr, die nach der (einmaligen) Wahl ein Leben lang Bestand
haben, sondern sie können jederzeit durch eigene Wahl oder die Entscheidung anderer
revidiert werden."[174] Die Identität ist somit vermehrt transitorisch. Das heißt, jegliche
Form von Dauerhaftigkeit wird umgangen, wie der Soziologie Zygmunt Baumann
(geb.1925) festgestellt hat: "Heutzutage scheint alles sich gegen [...] lebenslange Ent-
würfe, dauerhafte Bindungen, ewige Bündnisse...[und]...unwandelbare Identitäten zu
verschwören. Ich kann nicht langfristig auf meinen Arbeitsplatz, meinen Beruf, ja nicht
einmal auf meine eigenen Fähigkeiten bauen [...]. Auch auf Partnerschaft oder Familie
ist in Zukunft nicht mehr zu gründen [...] die Bindung gilt von vornherein nur >bis auf
weiteres<."[175] Im Zuge dieser Entwicklung ist jeder Aufenthalt an einem Ort, nur ein
Aufenthalt von kurzer Dauer. "Wo ist also der Stadtmensch..."[176] von heute, fragt sich

Virilio. "Hat er irgend wo noch eine Bleibe."[177]" Ich wohne im Autobus, da lerne ich Leute kennen, er ist mein Treppenflur zwischen dem Arbeitsort und meiner Wohnung.' Andere nennen den Vorortzug, in welchem sie täglich mehrere Stunden verbringen und Bekanntschaften anknüpfen, wobei sie sich nach Erreichen ihres Bestimmungsortes zurückziehen, um zu essen oder sich nachts in ihrer Wohnung auszuruhen."[178]

Die Bevölkerung ist zwar vorhanden, aber ständig unterwegs. Die Menschen scheinen also zu ewig "...Unterwegsseienden..."[179] geworden zu sein, die nie lange irgendwo verweilen. Dabei ist nicht nur die Dauer ihres Aufenthaltes ungewiss, sondern auch, wie Bauman meint, ihr Beruf, der Arbeitsplatz oder die Beziehungen, die sie eingehen. Die einzige Gewißheit, die sie seiner Meinung nach haben, ist, daß ihr Bleiben nicht lange sein wird.[180] Im Zuge dieser Entwicklung ist die Identifikation mit einem bestimmten Stadtquartier, "...sowie das Engagement für die unmittelbare Lebensumwelt..."[181] im Begriff sich mehr und mehr aufzulösen. "Das hohe demographische Austauschniveau in den Stadtquartieren durch Zu- und Abwanderung – nicht zuletzt auch wegen der wachsenden Unbeständigkeit von Partnerbindungen – läßt kaum Zeit, daß sich stabile Strukturen von verläßlichen Nachbarschaftsnetzen in den Wohnquartieren bilden können."[182] Diese Entwicklung des städtischen Alltagslebens aufgrund der immer weiter fortschreitenden Individualisierung der Menschen, hat also dazu beigetragen, daß der nötige "...Kitt zu einer soziokulturellen Daseinswirklichkeit..."[183] im urbanen Raumgefüge an Bedeutung verliert.

DAS SYSTEM DES URBANEN NETZWERKES

Das im Zuge von Fragmentierungs-, Mobilisierungs-, Individualisierungs- und Privatisierungsprozessen in Erscheinung getretene urbane Raumgefüge entspricht somit einem transitorischen Organisationsfeld, das sich aus einem simultan operierenden System von 'isoliert' in der Landschaft stehenden Relais-oder auch Durchlaufstationen zusammensetzt. Das urbane Raumgefüge läßt sich somit als ein provisorisches Nebeneinander und Übereinander von [unterschiedlichen] "...Netzen, als Sammlung und Zusammenschluß dieser Netze definieren [...], die [...] im Hinblick auf andere Zentren des Gewebes hergestellt wurden."[184]

Der Terminus Urbanes Netzwerk oder auch Urban Networks ist eigentlich ein Begriff aus der angel-sächsischen Fachliteratur, der seit Anfang der 90er Jahre in der Regionalpolitik der Europäischen Gemeinschaft Anwendung gefunden hat. Die Verwendung des Netzwerk-Konzepts ist bereits in Frankreich[185] und in den Niederlanden [186] ausführlich diskutiert worden. Die Bundesrepublik Deutschland verwendete den Begriff erstmals in dem 1993 veröffentlichen *Regelwerks des Raumordnungspolitischen Orientierungsrahmens*. Laut Definition des Ministeriums für Umwelt, Naturschutz und Raumordnung des Landes Brandenburg[187] sind urbane Netzwerke informelle oder auch formelle Zusammenschlüsse von Städten, die, räumlich oder funktionell bedingt übereinstimmende Interessen haben. Das urbane Netzwerk agiert dabei unabhängig von administrativen Grenzen und kann demzufolge zu Kreis-, Landes- und Bundes-übergreifenden-Aktionsbündnissen führen, die im starken Maß auf der Freiwilligkeit, Selbstorganisation und Eigeninitative der beteiligten Städte basieren. Laut der Europäischen Kommission[188] existieren innerhalb dieser Zusammenschlüsse vier unterschiedliche Formen von urbanen Netzwerken: Das Funktionale, das Physische, das Kooperative, das Strategische und das Kommunikative Städtenetz. Laut Kunzmann[189] können die dabei eingegangenen Verbindungen, entweder von funktionaler, oder strategischer Natur sein—wobei sich das funktionale Städtenetz auf das Gesamtsystem als solches bezieht. Bei dem strategischen Städtenetz handelt es sich nach den Aussagen von Kunzmann im wesentlichen um strategische Allianzen, die von mehreren Städten eingegangen werden, um netzinterne Vorteile zu erreichen. Dabei steht die gemeinsame, selbstorganisierte Bewältigung eines Zieles aller beteiligten Städte im Vordergrund, wie zum Beispiel ein gemeinsames Auftreten gegenüber der Landesregierung, der Bundesregierung oder der Europäischen Union. Nach Kunzmann lassen sich strategische Städtenetze in 'intraregionale und intraregionale-internationale' [m. E. wäre interregional treffender] Städtenetze einordnen.[190] Bei den 'intraregionalen Städtenetzen' handelt es sich um Vernetzungen, die einen gemeinsamen raumstrukturellen Kontext besitzen und oft geographisch nahe beieinander liegen, während das 'intraregionale-internationale Städtenetz' eine großräumige Vernetzung anstrebt, die sich zum Beispiel über einen Kontinent oder gar ueber die ganze Welt erstrecken kann. Diese globale Stadtvernetzung haben folgende Autoren beschrieben: Roger Brunet in *Les Villes Européennes*, Manuel Castells in *Das Informationszeitalter I, der Aufstieg der Netzwerkgesellschaft*, Walter Christaller in *Das Grundgerüst der räumlichen Ordnung in Europa*, Stephen Graham & Simon Marvin in *Splintering Urbanism*, Hartmut Häußermann & Walter Siebel, in *Neue Urbanität*, Gary Hack & Roger Simmonds in *Global City Regions, Their Emerging Forms*, Stefan Krätke in *Medienstadt: Urban Cluster und Urbane Zentren der Kulturproduktion*, Klaus Kunzmann in *The Regional City* und Saskia Sassen in *Metropolen des Weltmarktes*.[191]

Unabhängig davon, ob es sich um eine Mega-, Zwischen-, Global-, oder Linear City handelt, kann die Struktur eines jeden urbanen Raumgefüges, wie ein offenes Buch verstanden werden, daß "...kein Ende und viele leere und zerrissene Seiten..."[192] hat. "Es ist nur ein Entwurf ins Unreine, der eher hingekritzelt als geschrieben wurde...[und]... um die Gesetze zu verstehen, nach denen sich Objekte und Zeichen in der urbanen Wirklichkeit richten, müssen zu den betreffenden Begriffen (System, Gesamtheit, Schnitt, Verkettung und Gruppen- und Gruppierungssoziologie) spezifische Begriffe hinzukommen, Begriffe wie (Austausch-, Kommunikations-) Netz."[193]

So ist es dann auch nicht verwunderlich, daß sowohl die räumliche als auch die funktionale Struktur des urbanen Gefüges keinen idealisierten Ordnungsprinzipien mehr folgt, wie das beispielsweise noch bei den Urbanisierungsvisionen von Broadacre City oder der Ville Radieuse der Fall gewesen ist. Da nun das Prinzip "...der Konnexionen mit denjenigen der Heterogenität in Verbindung gesetzt..." wird, ist dann auch nicht mehr "...der unmittelbar reine Zustand eines Sachverhaltes von Bedeutung, sondern der Aspekt seiner Uneinheitlichkeit."[195] Das heißt, sowohl physisch erfassbare als auch unsichtbare Unterbrechungen bestimmen die Struktur des urbanen Gewebes. Auf diesem Hintergrund ist das urbane Raumgefüge dann auch nicht mehr als absoluter Zustand zu verstehen, sondern nur noch als ein strukturell stabiles Moment in einer fortschreitenden Evolutions-Kette. Was jedoch nicht bedeutet, so Kwinter "...als sei das Konzept der [urbanen] Form definiert als der Zustand, den ein System zu einem bestimmten Zeitpunkt einnimmt. In der Tat sind Formen nichts Absolutes, sondern nur [...] Momente innerhalb der Evolution eines Systems [...]. Das ist möglich, weil Formen nicht einfach nur Systeme im klassischen Sinne sind, sondern einem speziellen Typus angehören, den man als 'dissipative' Systeme bezeichnet."[196] Mit dissipativen Systemen sind offene Systeme gemeint – offen, da sie sich weiter entwickeln können. So ist es auch mit dem urbanen Raumgefüge: Es setzt immer wieder Impulse frei, um an anderer Stelle wieder Neue aufnehmen zu können.

Da sich das urbane Raumgefüge aus einer Vielzahl von Fragmenten unterschiedlichen Ursprungs zusammensetzt, die sich daher nicht mehr in ein einheitliches Ordnungssystem integrieren lassen, erscheint eine Idealvorstellung dieses sich ständig im Wandel befindlichen urbanen Gebildes also weniger von Bedeutung zu sein. Vielmehr ist die Findung einer entsprechenden Methode mit der man die auftretenden Veränderungen lesen und erfassen kann bedeutsam. Statt also nach (utopischen) Idealvorstellungen zu fahnden, geht es vielmehr darum, ein allgemeingültiges, ein Diskurs-übergreifendes-Paradigma zu finden, mit dem die Veränderungen des jeweils in Erscheinung getretenen urbanen Raumordnungsmusters analysiert werden können.

Es liegt also nahe, eine Herangehensweise zu finden, die es erlaubt dem heterogenen und ständig im Wandel sich befindlichen urbanen Raumgefüge begegnen zu können, ohne dabei idealisierte Vorstellungen im Blick zu haben. Eine Möglichkeit – und das haben bereits Peter Baccini (geb.1939) und Franz Oswald (geb.1938) in ihren Netzstadt-Studien erarbeitet – ist, das transitorische urbane Raumgefüge als ein urbanes Netzwerk zu betrachten. In den 90er Jahren entwickelten die Autoren die 'Netzstadtmethode', auf die hier nur kurz eingegangen werden kann, die im wesentlichen von drei Invarianten ausgeht: den Knoten, den Konnexionen und den Grenzlinien.

Diese Methode ermöglicht es, das urbane Raumgefüge in Bezug auf seine Verflechtungen zwischen den Knoten, den Konnexionen und den Grenzen, um die die auf(ge)tretenden Veränderungen lesen und deuten zu können.[197] Diese Betrachtungsweise ermöglicht es, wie sie zurecht meinen, "...eine erste Analyse des Systems durchzuführen, d.h. zu zeigen wo..." sich Verdichtungen (Knoten) auftun und wo "...gewichtige [...] Verbindungen zwischen Knoten bestehen..." oder sich entwickeln...[um],...damit wesentliche "Systemgemeinschaften" der gewählten Skala erkennen zu lassen...", deren jeweilige Resultate eine "...multidisziplinäre Auslegung..."[198] und vielfältge Lesart ermöglichen.

Neben Baccini und Oswald befürworten mehrere andere Autoren, die Einführung einer Methodik, die sich gegen jegliche Idealvorstellungen ausspricht: Kevin Lynch (1918-1984) in den von ihm in *A Theory of Good City Form* entwickelten urbanen Texturen und Netzwerke, Colin Rowe (1920-1999) mit der Studie *Collage City*, in der er davon ausgeht, das es sich bei dem urbanen Gewebe um ein netzartiges Gebilde handelt, daß sich aus unzähligen Einzelteilen immer wieder neu entwickelt und Thomas Sieverts mit seiner *Zwischenstadt*, die aus einem dezentral sich organisierenden Netzwerk aus Knoten und Verbindungen zusammengesetzt ist.[199]

ZWISCHENBILANZ I: DAS URBANE NETZWERK—EINE SICH ÜBERLAGERNDE LAND-SCHAFT IM TRANSIT

Das Geflecht des gegenwärtigen urbanen Raumgefüges hat sich, wie bereits dargelegt, aufgrund von Kapital-, Informations-, Technologie- und Migrationsströmen im Laufe der Zeit in ein flexibles Ordnungsgefüge entwickelt, indem sich immer wieder neue Inseln für verschiedene Gemeinschaften temporär formieren können. Dieser Strukturwandel hat dazu geführt, daß sich die "...Figur in der Landschaft als Grund [...] in eine Land-schaftsfigur auf stadtartigem Grund..."[200] verwandelt hat. Der urbane Raum hat somit eine von einzelnen Zentren dominierten Struktur, die es ermöglicht, möglichst schnell auf die neuen Wirtschafts- und Technologieströme reagieren zu können. Folglich sind die einzelnen Zentren anders als das historische Stadtzentrum, dann auch stets aufbruch- und abbruchbereit. Das bedeutet: Sowohl die Struktur der einzelnen Gebäude als auch die Lebensweise der Individuen, müssen ein hohes Maß an Flexibilität und damit auch Mobilität aufbringen, um sich dem in ständiger Veränderung befindlichen Raumgefüges schnell anpassen zu können.

Vor diesem Hintergrund befindet sich der urbane Raum dann auch nicht in einem absoluten, statischen Zustand, sondern in einer sich aus, strukturell stabilen Momenten zusammensetzenden Kette von Entwicklungen, die immer wieder zu neuen Instabilitäten im urbanen Raumgefüge führt. Da die Struktur und das Erscheinungsbild des urbanen Raumgefüges sich also in einem steten Wandel befindet, kann es dann auch nicht mit der Begrifflichkeit eines Systems im klassischen Sinne erfasst werden, sondern es muß vielmehr als ein dissipatives Systems betrachtet werden. Mit dissipativen Systemen sind offene Systeme gemeint, da sie sich weiter entwickeln können. Das urbane Raumgefüge ist also "...no longer a place but a state of being, the city is everywhere and therefore nowhere."[201] Man muß sich die urbane Struktur somit als ein offenes System von inter-urbanen Netzwerken vorstellen, das "...so massiv, so dicht und so komplex..."[202] ist, daß man es nicht mehr in seiner Totalität erfassen kann.

Das urbane Raumgefüge als Einheit wahrzunehmen, "...wird spätestens in unserer Gegenwart immer weniger plausibel. Ihre einzelnen Teile streben auseinander und kön-nen nur mehr mühsam zusammengehalten werden."[203] Folglich entspricht der urbane Raum nicht mehr dem Bild eines homogenen Gebildes, sondern offenbart sich als ein heterogenes Gefüge, "...dessen Strukturen auf mehrschichtigen, teilweise auch widersprüchlichen, Ordnungsprinzipien beruhen." Das heißt, derjenige, der sich "...dem materiellen Gefüge der Stadt zuwendet, hat es [...] mit Teilen zu tun, die nicht zu einem Ganzen verbunden werden können...[denn die Welt der Dinge]..., die zu unter-schiedlichen Zeiten von [...] verschiedenen Händen geschaffen wurden [...] offenbaren Differenz und Diskontinuität."[205] "Die Matrix des Urbanen ist nicht mehr die der Realisierung einer Kraft (der Arbeitskraft), sondern die der Realisierung einer Differenz." [206] Sowohl die physische, erfassbare Struktur als auch das soziale Gefüge sind aufgrund der "...Koexistenz unvermittelter Teile [...] von Differenzen durchzogen..." [207] die, wie Lefèbvre meint, "...in kein einheitliches Formensystem aufgenommen werden können." [208]

Der urbane Raum ist heute also ein anderer geworden. Während sich die städtischen Siedlungen im Mittelalter noch von den ländlichen strukturell unterschieden haben, hat sich dieser mittelalterliche 'Ortungsraum', wie ihn Foucault nennt, mit dem Einzug der Industrialisierung in einen offenen und aus vielen fragmentarischen Teilen bestehenden Raum verwandelt, in dem "...der Ort einer Sache...[nun]...mehr ein Punkt in ihrer Bewegung... [ist]...so wie die Ruhe einer Sache nur mehr ihre unendlich verlangsamte Bewegung." [209] Dieser Paradigmenwechsel, von einer ortsgebundenen Raumvorstellung zu einer gewissermaßen ortlosen Form abstrakter Raumbetrachtung hat dazu geführt, daß der Ort nicht mehr als eine räumlich fixierbare Ortschaft betrachtet werden kann. Was nicht heißen soll, ein Ort kann nicht mehr erzeugt werden – er zeigt sich lediglich nicht mehr über seine physische Beständigkeit.

Die Freigabe des Ortes aus seinen statischen Verankerungen ist durch technologische Innovationen im Produktions-, Kommunikations- und Transportbereich möglich geworden.[210] Sie haben nicht nur den Prozess der Raumschrumpfung vorangetrieben, sondern gleichzeitig auch der Bedeutung des (Stand)- Ortes eine neue Gewichtigkeit zukommen lassen. Um es an einem Beispiel deutlich zu machen: Man befindet sich in einem Flugzeug auf dem Weg von Frankfurt am Main nach Singapur und unterhält sich über diverse Kommuniktionsmittel mit einem Geschäftspartner in New York City, oder man sitzt in einem Café und während man dort auf seine Verabredung wartet, ruft man über ein mobiles Kommunikationsmittel die eingegangen E-mails ab, die ein Computer mit einem Festnetzanschluss automatisch an das mobile Kommunikationsmittel weitergeleitet hat. Es befinden sich also nicht mehr nur ausschließlich Waren und Informationen im Transit, sondern auch die Gesellschaft und in ihr die Individuen. Indem die Menschen vermehrt unterwegs, gerade vorbeigefahren oder noch nicht eingetroffen sind, haben sich folglich dann auch ihre sozialen Beziehungen verändert: Da ein Großteil der Menschen zu ewig 'Unterwegsseienden' geworden sind, ist folglich nicht nur die Dauer ihres Aufenthaltes ungewiss, sondern auch ihre berufliche Laufbahn und die Beziehungen, die sie zu anderen Menschen unterhalten. Sie haben nur noch eine Gewißheit: es gibt kein langes Verweilen an einem Ort.

Da die Menschen nun aufgrund der technologischen Errungenschaften im Transport-und Kommunikationswesen nicht mehr unbedingt an einen Standort gebunden sind, hat sich die Art und Weise, wie sie sich den urbanen Raum aneignen, verändert. "Die Sache hat uns in der Hand..." schreibt Robert Musil in seinem Roman Der Mann ohne Eigenschaften. "...Man fährt Tag und Nacht in ihr und tut auch noch alles andere darin; man rasiert sich, man ißt, man liebt, man liest Bücher, man übt seinen Beruf aus." [211] "Der Bereich des Passagiers, dieses Bürgers auf Zeit, entpuppt sich somit als ein Feld, das sich jeder Lokalisierung entzieht."[212] Die sich daraus ergebende Vereinzelung und Streuung der Individuen hat zu "...beschleunigten Ortsveränderungen...[geführt, in

der]...zunehmend unsere ehemaligen Orte der Wahl...[durch die]...der Ausscheidung..."
[213] ersetzt worden sind. Es ist somit, nicht mehr der statisch fixierte Ort relevant, sondern der
Ort der Konvergenz, der Wendepunkt einer ortsverändernden Bewegung. [214]

Folglich kann in einem solchen Raumgefüge der Ort dann auch nicht mehr als
ein statisch im Raum verankertes Konstrukt betrachtet werden, wie Ignasi Solá Morales
feststellt: "Die Orte der heutigen Architektur...[schreibt er]...können die Permanenzen
nicht wiederholen, die (bislang) durch die vitruvianische Firmitas erzeugt..." [215] worden
sind. "Die Effekte des Dauerhaften, des Stabilen, des Zeitüberdauernden sind..."[216] irre-
levant geworden. Der Ort "...und seine räumliche Überblendung..." hat, wie Reinhard
Braun (geb.1964) darlegt, "...eine Verschiebung...[erfahren, die], ...vom Gehäuse, dem
Monument, der Maschine, dem Apparat, dem Vehikel und Konglomeraten aus solchen
Metaphern...[bis]...hin zu einem offenen System, einem (auch temporalisierten) System-
raum..." [217] reichen. Der Ort als solcher ist allerdings nicht in Auflösung begriffen. Er hat
sich lediglich von dem klassischen Begriff eines statisch verankerten Orte emanzipiert
und wurde dabei in den Bereich der Erfahrung verschoben, wo er nun einer Flut von "...
eminenten Überlagerungen und Interventionen ausgesetzt ist." [218] Damit sind "...jene
'anderen' Orte..." [219] gemeint, die letztendlich nur als 'Nicht-Orte' zu bezeichnen sind."
Und zu diesen Nicht-Orten gehören die Transiträume, die für den beschleunigten Verkehr
von Personen und Gütern erforderlichen Einrichtungen—wie der französische Anthropo-
loge Marc Augé (geb.1935) in seinem Essay *Orte und Nicht-Orte, Vorüberlegungen zu
einer Ethnologie der Einsamkeit* anführt.

DER TRANSITRAUM — DER PROPAGIERTE NICHT-ORT

Diese als Transiträume erfassten Übergangsräume, die auch Nicht-Orte genannt werden,
"...welche im Französischen vollkommen richtig mit »lieux de disparition« also mit »Orte
des Verschwindens« bezeichnet werden..." [220], stellen Virilio zufolge aber auch noch etwas anderes dar: Sie verkörpern nicht nur eine vermehrt "...dem Vehikelsystem [...] unterge-
ordnete Architektonik...", deren Funktionen sich auf die Mobilität und Geschwindigkeit ausgerichtet haben, sondern sie stellen eine Art von anationalem Staat dar, ein sogenanntes "...
Nicht-Territorium."[221] Huber zeigt, daß Melvin Webber in den 60er Jahren: 'Nicht-Territorien'
als ein "...Non-Place-Urban-Field..."[222] verstanden hat, wie sein Artikel *The urban place and
the non place urban realm*, deutlich macht.

Das hier von Virilio beschriebene Nicht-Territorium, findet in dem von Marc Augé ver-
faßten Essay *Orte und Nicht-Orte* aus der Perspektive eines sich auf der Reise befindlichen
Anthropologen, eine Fortführung. Der Begriff des Nicht-Ortes, den Augé dem von Michel
de Certeau entwickelten Ortsbegriff angelehnt hat, entfaltet dabei seine Bedeutung besonders in den Räumen "...die in bezug auf bestimmte Zwecke (Verkehr, Transit, Han-
del, Freizeit) konstituiert sind...[also Einrichtungen]...für den beschleunigten Verkehr von
Personen und Gütern (Schnellstraßen, Autobahnkreuze, Flughäfen)...[aber auch]...die
Verkehrsmittel selbst."[223] Diese Räume verkörpern für ihn "...Nicht-Orte..."[224], Räume,

in denen die alten Orte nicht integriert worden sind. "Diese Welt...[so konstatiert er]...
in der sich ein enges Netz von Verkehrsmitteln entwickelt, die gleichfalls bewegliche Behausungen sind, wo der mit weiten Strecken, automatischen Verteilern und Kreditkarten
Vertraute an die Gesten des stummen Verkehrs anknüpft [...] die [Welt] solcherart der
einsamen Individualität, der Durchreise, dem Provisorischen und Ephemeren überant-
wortet ist...[in einer solchen Welt also],...in der die Anzahl der Transiträume und provisorischen Beschäftigungen [...] unablässig [...] am wachsen sind..."[225] erscheint nun auch
der Begriff des Ortes in einem neuen Licht.

ORTE UND NICHT-ORTE

Unser Verständnis eines Ortes ist zutiefst in unserer gesellschaftlichen, als auch sozialhistorischen und auch in unserer kognitiven Organisation verankert und wird daher fast
auschließlich als ein anthropologisches Beziehungsgeflecht verstanden. So auch bei
Augé: Für ihn verkörpert der Ort ein anthropologisches Gebilde, daß sich durch seine
"...Identität, Relation und Geschichte..."[226] auszeichnet. Er entspricht einem von den
Ansäßigen konstruierten Konstrukt, dessen Grenzen sie bewachen "...aber auch nach
den Spuren der unterirdischen oder himmlischen Mächte, der Ahnen oder Geister fahnden, die ihn bevölkern und seine innerste Geographie beleben, als wäre das kleine Teil
[sic!] Menschheit, das ihnen an diesem Ort huldigt und opfert [...], einzig am Ort des
Kultes, den man weiht..." Und die Organisation dieser Orte entschlüsselt sich über die
"...markierte Grenze zwischen der wilden und der kultivierten Natur, die dauerhafte oder
provisorische Aufteilung des bebauten Bodens oder der Fischgewässer, den Grundriss
des Dorfes, die Gliederung des Wohngebietes und die Residenzregeln, kurz: die ökonomische, soziale, politische und religiöse Geographie der Gruppe, eine Ordnung, die um
so verbindlicher [...] ist, als die Transkription in den Raum ihr den Anschein einer zweiten
Natur verleiht."[227]

Der Ort beschreibt demnach eine Stelle bzw. ein markiertes Territorium, an dem
verschiedene ökonomische, soziale, politische und religiöse Elemente koexistieren können und deren territoriale Aufteilung entspricht "...jeweils einer Gesamtheit von Möglichkeiten, Vorschriften und Verboten, deren Inhalt sowohl räumlich..."[228] als auch eine
soziale Bedeutung haben.

Vor diesem Hintergrund zeichnet sich der Ort durch drei Merkmale aus: 1. Er besitzt einen identitätsbestimmenden Faktor, wie zum Beispiel den Geburtsort eines Individuums. 2. ist der Ort etwas relationales, d.h. ein Ort besteht aus unterschiedlichen
Elementen, die in einem erkennbaren Verhältnis zueinander stehen und, 3. sind Orte mit
einer gewissen geschichtlichen und mythischen Komponente behaftet, die sich in ihrer
Materialisierung zum Beispiel im sakralen Gedäude oder im Bürgerhaus zu erkennen
gibt.

Dabei ist ein Ort, laut Augé, von dem Augenblick an historisch notwendig, von dem
"...er sich in der [...] Verknüpfung von Identität und Relation durch ein Minimum an Stabilität..."[229] bestimmen lassen kann. Augé zieht hierzu Michel de Certeau heran: "Michel
de Certeau erblickt im Ort die Ordnung, »nach der Elemente in Koexistenzbeziehungen

aufgeteilt werden«...was heißt, daß an ein und demselben Ort durchaus verschiedene, singuläre Elemente koexistieren können und das man ihre Relationen und die gemeinsame Identität, die ihnen aus ihrem gemeinsamen Ort erwächst, durchaus zu denken vermag."[230] Der Ort ist in diesem Sinne als eine Art Beziehungsbündel zu verstehen, in dem singulare Elemente innerhalb eines Territoriums, sich aufgrund ihrer Koexistenz, 'in Beziehung setzen'. Sie sind, nach Marcel Mauss (1872-1950), quasi "...mit dem Begriff einer in Zeit und Raum lokalisierten Kultur verknüpft..."[231] und nur über den Akt des 'in Beziehung setzen' entsteht ein identischer Ort mit einer (orts)-spezifischen Historie. "...[Ein] Ort, den die Ahnen geschaffen haben, [...] den die kürzlich Verstorbenen mit Zeichen erfüllen, die es zu bannen oder zu deuten gilt, dessen schützende Mächte in regelmäßigen Abständen [...] relativiert werden müssen...[Der Ort ist dabei]...nichts anderes als die partiell materialisierte Vorstellung, die seine Bewohner sich von ihrem Verhältnis zum Territorium, zu den Angehörigen und zu den anderen machen. Diese Vorstellung kann fragmentarisch sein...[und]...variert je nach der Stellung oder Standort, die der Einzelne einnimmt."[232]

Die anthropologischen Orte, bieten noch immer "...eine Reihe von Orientierungspunkten an..."[233], die laut Augé eine Lücke hinterlassen würden, wenn sie verschwinden würden — eine Lücke, die seiner Meinung nach, nicht leicht wieder zu füllen sei. Trotzdem, konstatiert er, leben wir in einer Epoche, in der diese Form des Ortes im Begriff ist zu verschwinden. Dies geschieht, weil "...die Einheit des irdischen Raumes denkbar... [geworden ist]...die großen multinationalen Netze an Stärke gewinnen...,[weil]...einem Wechsel in der Größenordnung, in der Vermehrung der bildlichen und imaginären Konnotationen und in der spektakulären Beschleunigung der Verkehrsmittel..."[234] gekommen ist. Diese Entwicklung hat seiner Meinung nach "...beträchtliche physische Veränderungen..." mit sich gebracht, die "...zu Wanderbewegungen und zur Vermehrung dessen, was wir als Nicht-Orte bezeichnen..."[235] geführt haben.

"Die Übermoderne (die von drei Figuren des Übermaßes bestimmt ist: von der Überfülle der Ereignisse, von der Überfülle des Raumes und von der Individualisierung der Referenzen)...[hat Nicht-Orte hervorgebracht],...also Räume, die selbst keine anthropologischen Orte sind...[und demnach]...die alten Orte nicht integrieren..."[236], registrieren oder klassifizieren. Die anthropologischen Orte sind zu "...Orten der Erinnerung..." erhoben worden, als solche nehmen sie nun "...einen speziellen, festumschriebenen Platz..."[237] ein.

Nach Augé ist ein anthropologischer Ort durch "...Identität, Relation und Geschichte gekennzeichnet...", und der Nicht-Ort definiert einen Raum, "...der keine Identität besitzt und sich weder als relational noch als historisch bezeichnen läßt." [238] Dabei gilt"...für den Nicht-Ort gerade so wie für den Ort, daß er niemals in einer reinen Gestalt existiert. In der [...] Welt von heute überschneiden und durchdringen Orte und Räume, Orte und Nicht-Orte sich gegenseitig."[239] Orte und Nicht-Orte entsprechen somit zwei fliehenden Polen, wie beispielsweise "...die Realitäten des Transits (Durchgangslager oder Transitpassagiere) den Realitäten der festen Wohnung."[240] Orte und Nicht-Orte "...verhalten sich zueinander (oder verweisen aufeinander) wie die Worte und die Begriffe, mit denen sie beschrieben werden."[241] Und zwischen diesen beiden Polen bzw. Realitäten verschwindet laut Augé "...der Ort [...] niemals vollständig, und der Nicht-Ort stellt sich niemals vollständig her — es sind Palimpseste, auf denen das verworrene Spiel von Identität und Relation ständig aufs neue seine Spiegelung findet."[242]

DIE KNOTEN, DIE ÖFFNUNG UND DEREN SCHLEUSEN

Nicht-Orte zeichnen sich Augé zufolge besonders dadurch aus, daß sie auf den beschleunigten Verkehr von Personen und Gütern zugeschnitten sind, wie zum Beispiel der Flughafen, das Autobahnkreuz oder die Schnellstraße. Aber auch deren Verkehrsmittel und die angesteuerten Ziele, wie Einkaufszenten oder Freizeitparks, entsprechen einem Nicht-Ort. Sie sind, so Virilio, "...Das Neuartige...[in der unerhörten]...Entwicklung der Transitlandschaften (sic transit)"[243] Diese in Erscheinung getretenen Transiträume sind Orte von "...beschleunigter Ausscheidung...[die],...mit verbotenen Zugängen...[versehen worden sind]....wo man [...] nicht leben kann, ein Ort wo der einzelne Mensch eigentlich kein Einwohner... [mehr ist],...sondern ein ewig Unterwegsseiender."[244] Dieser von Virilio beschriebene Transitraum ist auch für Augé der Ausdruck von etwas neu in Erscheinung getretenem, ein Prototyp sozusagen, der "...zwei verschiedene, jedoch ergänzende Realitäten..." beschreibt, nämlich "...die Räume, die in bezug auf bestimmte Zwecke [...] konstituiert sind und die Beziehung, die das Individuum zu diesen Räumen unterhält. Diese beiden Sachverhalte überlagern sich zwar in weiten Teilen gegenseitig [...] (die Individuen reisen, kaufen, suchen Erholung) aber sie vermischen sich nicht im selben Maße, denn die Nicht-Orte vermitteln einen ganzen Komplex von Beziehungen zu sich und zu anderen [...]. So wie die anthropologischen Orte Organisch-Soziales hervorbringen, so schaffen die Nicht-Orte eine solitäre Vertraglichkeit."[245]

Augé beschreibt hier ein soziales Verhaltensmuster, das er auf den trefflichen Nenner der 'solitären Vertraglichkeit' bringt. Alleine mit sich, bewegt sich das Individuum in diesen Räumen, ohne daß es einen sozialen Halt hat. Es ist in einen Zustand von solitärer Anonymität versetzt worden, wo jeder Einzelne sich in seine eigene Welt zurückgezogen hat—ein Phänomen, das Faith Popcorn (geb.1948) mit der Begrifflichkeit des cocooning[246] besetzt hat. In einem solchen Gefüge, kann keine eindeutig erkennbare Sozietät mehr produziert werden — auch wenn er feststellt: "Sobald Individuen zusammenkommen, bringen sie Soziales hervor und erzeugen Orte. Der Raum der Übermoderne ist von diesem Widerspruch geprägt: Er hat es stets nur mit Individuen zu tun (mit Kunden, Passagieren, Benutzern, Zuhörern), doch er identifiziert, sozialisiert und lokalisiert diese Individuen lediglich am Eingang oder am Ausgang."[247]

Der Begriff der 'solitären Vertraglichkeit' meint aber auch noch etwas anderes: Jeder geht beim Betreten dieser Nicht-Orte, durch das Bereithalten einer Kreditkarte, zum Beispiel den Kauf eines Tickets oder einer Fahrkarte, mit dem Betreiber dieser privaten Einrichtungen einen Vertrag ein, der ihn/sie dazu verpflichtet, die jeweilige Hausordnung dieser Nicht-Orte zu befolgen. "Allein, aber den anderen gleich, befindet sich der Benutzer des Nicht-Ortes mit diesen (oder mit anderen Mächten, die ihn beherrschen) in einem Vertragsverhältnis. Die Existenz dieses Vertrages wird ihm bei Gelegenheit in Erinnerung gerufen (die Benutzungsordnung [...] gehört dazu): das Flugticket, das er gekauft hat, die Karte, die er an der Zahlstelle vorweisen muß, und selbst der Einkaufswagen, den er im Supermarkt vor sich her schiebt, sind mehr oder minder deutliche Zeichen dieses Vertrages. Der Vertrag hat stets Bezug zur individuellen Identität dessen, der ihn eingeht."[248]

Das heißt, jedes Individuum, das diesen Nicht-Ort betritt, ist dazu angehalten die angezeigten Vorschriften der ordnenden Autoritäten, zu befolgen. Diese Vorschriften kommen zum einen über die Ansagen, die von den Betreibern dieser Nicht-Orte in den Raum gesendet werden (wie z.B. 'In wenigen Minuten erreichen wir Karlsruhe' oder ' bitte begeben sie sich zu den Ausgängen, wir schließen unsere Filiale in 10 Minuten') und zum anderen in Form von "...mehr oder minder expliziten und codifizierten...[Ideogrammen, wie]...Rauchen verboten...[oder]...rechts einordnen..."[249], zum Ausdruck. "Auf diese Weise stellt man die Bedingungen [...] her, in denen die Individuen nur mit Texten zu interagieren scheinen, deren Urheber ausschließlich »juristische« Personen oder Institutionen sind (Flughäfen, Fluggesellschaften, Verkehrsministerien, Handelsgesellschaften...), wobei deren Präsenz sich nur in Andeutungen zeigt oder explizit Ausdruck findet [...] hinter den Anweisungen [...], Botschaften [...] den zahllosen Trägern (Schildern, Anzeigetafeln, Plakaten), die ein Bestandteil der heutigen Landschaft sind [...]. Die Vermittlung, die das Band zwischen den Individuen und ihrer Umgebung im Raum des Nicht-Ortes herstellt, erfolgt also über Worte und Texte."[250] Worte und Texte, die gewissermaßen alle sich dort befindenden Individuen zu einem gleichgeschalteten, kontrollierbaren Ganzen werden lassen. Durch den Dialog mit den Hinweis-, und Verbotsschildern, die sich neutral an jeden richten, erzeugen sie über diese Gleichschaltung einen Durchschnittsmenschen, der mit der Benutzung dieser Räume in einem vertraglichen Verhältnis zu diesen Betreibern steht. "Sie [diese Schilder] erzeugen [...] und individualisieren ihn [das Individuum]: Auf manchen Straßen und Autobahnen erscheint plötzlich eine Leuchtschrift (110! 110!)..."[251], um den Autofahrer zur Ordnung aufzurufen. Alleine mit sich gehorcht der Durchschnittsmensch dabei "...denselben Codes wie die anderen, nimmt dieselben Botschaften auf, reagiert auf dieselben Aufforderungen."[252] "Das einzige Gesicht, das er sieht, die einzige Stimme, die Gestalt annimmt in dem schweigsamen Dialog, der sich zwischen ihm und der Landschaft mit den an ihn wie an die anderen gerichteten Texten entwickelt, sind seine eigenen — Gesicht und Stimme einer Einsamkeit, die umso verwirrender ist, als sie an die Einsamkeit von Millionen anderen gemahnt [...]. Die Übermoderne drängt sich in der Tat dem individuellen Bewußtsein der gänzlich neuen Erlebnisse und Erfahrungen von Einsamkeit auf...[denn], ...der Raum des Nicht-Ortes schafft keine besondere Identität und keine besondere Relation, sondern Einsamkeit und Ähnlichkeit."[253]

Dabei "...wird der Benutzer von Nicht-Orten ständig dazu aufgefordert, seine Unschuld nachzuweisen."[254] Jedes einzelne Individuum wird an den Eingängen durchleuchtet, um daraufhin als Nutzer des Systems in die Anonymität entlassen zu werden, denn nur wer 'unschuldig' (sich an die Regeln hält) ist, erlangt Zutritt. Das gesprochene Wort zählt hier fast nichts mehr. Keine Individualisierung (kein Recht auf Anonymität) ohne Identitätskontrolle. Das heißt, der "...Passagier der Nicht-Orte findet seine Identität nur an der Grenzkontrolle, der Zahlstelle oder der Kasse des Supermarktes."[255] Diese hier beschriebene Unschuld impliziert aber auch noch etwas anderes: Der Raum des Nicht-Ortes befreit den, der ihn betritt, von seinen gewohnten Bestimmungen. In ihm ist er nur noch, was er als Passagier, Kunde oder Autofahrer tut und lebt. Er befindet sich in einer passiven Anonymität, in einer Umgebung von abgesteckten Handlungsabläufen, in der jeder Einzelne angehalten ist, den vorgegebenen Bestimmungen zu folgen — ein Vorgang, durch den das Individuum zunächst entmündigt wird, dann aber zu einer nicht wirklichen 'Freiheit' gelangt, für die er keine Verantwortung zu übernehmen braucht: "Er genoß das Gefühl der Freiheit, das er empfand [...], weil er jetzt nur noch der Dinge zu harren brauchte, die ganz ohne sein Zutun geschehen würden."[256]

DIE RÖHREN, DIE BEWEGER UND DEREN VERBINDUNGSLINIEN

Die Nicht-Orte sind also Augé zufolge das Maß der Übermoderne, dessen Summe sich aus "...den Flugstrecken, den Bahnlinien und den Autobahnen, den mobilen [...] Behausungen, die man als Verkehrsmittel bezeichnet (Flugzeuge, Eisenbahnen, Automobile), den Flughäfen, Bahnhöfen und Raumstationen, den Hotelketten, den Freizeitparks, den Einkaufszentren und schließlich dem komplizierten Gewirr der verkabelten oder drahtlosen Netze..."[257] zusammensetzt.

In diesem vorwiegend von Verkehrs- und Kommunikationsnetzen dominierten Raumgefüge, verläßt, laut Rötzer, dann auch fast niemand mehr die Innenräume der Hotels, der Busse, der Züge, der Einkaufszentren, der Bahnhöfe oder der Flugzeuge. Dazu Virilio: "Im Grunde wechselt man vom Automobil über die Rolltreppe bis zum Rumpf des Flugzeuges übergangslos oder nahezu übergangslos von einem technischen Vehikel in das andere."[258] Das urbane Raumgefüge gleicht dabei sozusagen einer Art Röhre oder mit den Worten Michel Serres ausgedrückt: "...einem einzigen Band; die Straße führt von einer Fußgängerzone zu einem grossen Boulevard oder, wenn man will — ich schalte um oder zappe — zu einem Flugzeug oder zum Faxgerät [...] oder Fernseher."[259]

Dabei ist die Landschaft, die der Vorbeireisende durchquert, in eine nicht erreichbare Ferne gerückt. Dies liegt zum einen daran, daß die Vorbeiziehenden in ihren mobilen Kabinen sich von der Landschaft isoliert haben und zum anderen daran, daß sie sich nicht mehr an der Landschaft, sondern an den in der Landschaft gestellten Zeichen und Symbolen orientieren. Das heißt, der jeweiligen Geschwindigkeit der Transportmittel angepaßt, sind in Intervallen an den Strecken, Texte und Symbole installiert, die zum einen die Richtung angeben und zum anderen auf die Namen der Landschaften hinweisen. Dazu Augé: "Die Landschaft rückt in die Ferne, doch ihre architektonischen oder natürlichen Besonderheiten werden zum Gegenstand eines Textes, den zuweilen eine schematische Zeichnung ergänzt, wenn der Vorbeifahrende nicht wirklich in der Lage ist, den seiner Aufmerksamkeit empfohlenen Punkt zu sehen [...]. Die Trassenführung der Autobahnen..." ist dabei besonders bemerkenswert. "Zum einen umgeht sie aus funktionalen Gründen sämtliche Schauplätze, in deren Nähe sie uns führt; zum anderen kommentiert sie diese Schauplätze."[260] Die hier verwendete Syntax der Worte hat also eine besondere Bedeutung: Sie "...webt das Geflecht der Gewohnheiten, erzieht den Blick...[und]...prägt die Landschaft."[261] Die über ein System von Zeichen und Worten strukturierte Landschaft erzeugt dabei "...einen Bruch zwischen dem Reisenden [...] und der Landschaft, durch die er reist [...], einen Bruch, der ihn hindert, einen Ort darin zu erkennen, sich ganz und gar dort wiederzufinden, selbst wenn er diese Leere durch zahlreiche detaillierte Informationen zu füllen versucht."[262] Das heißt, auch wenn das Band mit Worten oder Texten auf der einen Seite eine Art Vermittlerrolle "...zwischen den Individuen und ihrer Umgebung im Raum des Nicht-Ortes herstellt...", legen auf der anderen Seite "...die Namen [...], dem Ort etwas Fremdes [...] auf."[263]

"Wenn Michel de Certeau von Nicht-Orten spricht, so will er damit [...] auf den Umstand aufmerksam machen, [...] daß der Ort aufgrund des Namens, den man ihm gibt, nicht ganz bei sich ist [...]. Und in der Tat muß jemand, der einen Reiseweg beschreibt, indem er die Namen aufzählt, nicht unbedingt viel darüber wissen [...]. Jede Route, sagt Michel de Certeau, wird durch die Namen umgelenkt; sie geben dem Weg Bedeutungen (oder Richtungen) [...], die bis dahin nicht sichtbar waren [...]. Diese Namen schaffen Nicht-Ort an Orten; sie verwandeln sie in Passagen [...]. Der Raum als Umgang mit den Orten und nicht mit dem Ort geht in der Tat aus einer zweifachen Verschiebung hervor: aus der des Reisenden natürlich, aber zugleich aus der Verschiebung der Landschaft, von der wir als Reisende immer nur partielle Ansichten wahrnehmen."[264]

Das heißt, der Vorbeifahrende nimmt aufgrund der Art und Weise wie er sich fortbewegt, die Landschaft nicht mehr als etwas Ganzes wahr. Aufgrund der Geschwindigkeiten des Automobiles oder des Hochgeschwindigkeitszuges entwickelt sich das Erscheinungsbild der Landschaft über eine Aneinanderreihung von 'Augenblickseindrücken', die jeder Vorbeifahrende aufnimmt, um diese dann für sich zu ordnen. Das heißt wir nehmen immer nur partielle Ansichten auf, "...die wir kunterbunt im Gedächtnis speichern und dann [...] buchstäblich wieder zusammensetzen."[265] Aus diesem Grund erzeugt dann auch die Durchquerung dieser Landschaft "...eine fiktive Beziehung zwischen Blick und Landschaft..."[266] und der Vorbeireisende wird dabei zu einen Art Zuschauer, der zwar das in der Umgebung stattfindende Schauspiel wahrnimmt, jedoch nicht von ihm berührt oder gar betroffen zu sein scheint. Da der Nicht-Ort sich nicht in eine geschichtliche Relation setzen läßt, hat er sich Augé zufolge, in ein aus Texten und Bildern bestehendes Schauspiel verwandelt, in dem der Vorbeireisende als eine Art 'Eindringling' verstanden wird, der keine tiefgreifenden Beziehungen zu dem Ort hat, den er durchquert.

"Das verschwundene Sparta, das zerfallene Griechenland, von einem Eindringling besetzt, der nichts von dessen einstiger Größe weiß, bieten dem Durchreisenden das Bild der verlorenen Geschichte."[267] In diesem Nebeneinander der Welten, die dieser Eindringling durchquert, fügt seine Fortbewegung noch eine weitere Erfahrung hinzu: Sie verkörpert nicht nur eine Form der Einsamkeit, sondern manifestiert sich auch in dem Erlebnis eine Position zu beziehen. Eine Erfahrung von jemandem, "...der angesichts einer Landschaft, die einfach betrachtet werden muß und die zu betrachten er gar nicht umhin kann, die Pose einnimmt."[268] "Die Markierung einer Position einer Stellung, einer Pose im physischen und banalsten Sinne des Wortes erfolgt..." vor diesem Hintergrund also "...im Rahmen einer Bewegung, welche die Landschaft und den Blick, der sie zum Objekt nahm, von jedem Inhalt und von jedem Sinn entleert, denn gerade dieser Blick verschmilzt mit der Landschaft und wird zum Objekt eines zweiten Blickes [...] Zu einer solchen Verschiebung des Blicks, zu einem solchen Spiel von Bildern, zu einer solchen Entleerung des Bewußtseins können die charakteristischen Äußerungsformen dessen, was ich Übermoderne nenne, nach meiner Auffassung führen."[269]

Da die Nicht-Orte durchquert werden, macht das Individuum aufgrund der schieren Dichte der Bilder von "...den Institutionen des Handels und des Verkehrs..."[270], die Erfahrung einer ewig andauernden Gegenwart.

"Die Gegenwart der Reise materialisiert sich heute während der Langstreckenflüge auf einem Bildschirm, auf dem von Minute zu Minute angezeigt wird, wo die Maschine sich gerade befindet [...]. Auf der Autobahn zeigen zuweilen Leuchtschriften die eigentliche Temperatur an und geben weitere Informationen, die [...] nützlich sein können: Auf der A3 zwei Kilometer Stau. Gegenwart des Aktuellen im weitesten Sinne: Flugzeuggesellschaften bieten sogar die Fernsehnachrichten an. Die meisten Autos sind mit einem Radio ausgestattet..., [indem]...die Schlager des Tages, die Werbung und ein paar Nachrichten [...], die den Kunden angeboten oder aufgedrängt werden. Insgesamt macht das den Eindruck, als hätte die Zeit den Raum eingefangen, als gäbe es keine andere Geschichte als die Nachrichten des Tages oder des Vortages, als schöpfe jede individuelle Geschichte ihre Motive, Worte und Bilder aus dem unerschöpflichen Vorrat einer unversiegbaren Geschichte der Gegenwart."[271]

Indem keine Strecke ohne einen Fahrplan vollzogen wird und die einzelnen Strecken über die Zeit bemessen werden, kann sich das Individuum demnach also nicht mehr der Herrschaft der Aktualität entziehen. Es ist "...die Bewegung des Reisens, die ihn verführt und mitzieht.[272] Und diese Bewegung, hat Augé zufolge, "...kein anderes Ziel als ihn selbst...[den Durchreisenden, der]...die Bilder festhält und wiederholt..."[273]; "...ganz im Sinne dieser Abfolge: Begegnung, Identifizierung, Bild."[274] Nur so können sich die Bilder zu einem System formieren — einem individuellem System, das sich das Individuum zu seinem individualisierten Eigenen macht.

Auf dieser Folie spielt die Kommunikation, bzw. die Kodierung der Zeichen, der Bilder, der Strategien und der "...Sprache (die gesprochen wird)..."[275] eine nicht zu unterschätzende Rolle.[276] "Die Verwendung des Basic english aus dem Bereich der Kommunikationstechnologien oder des Marketing..."[277] ist in diesem Zusammenhang besonders aufschlußreich. Sie verkörpert für ihn "...weniger den Triumph einer Sprache über eine andere als vielmehr die Überflutung sämtlicher Sprachen durch ein universell verstandenes Vokabular.[278] "Daß ein Bedürfnis nach einem generalisierten Vokabular besteht, ist die eigentlich bedeutsame Tatsache, nicht der Umstand."[279] In diesem "...rhetorischen Land..."[280] — ein Begriff, den Augé übrigens von Vincent Descombes übernommen hat—bezieht sich dann die Frage nach dem Zu Hause dieser Individuen "...weniger auf ein geographisches als vielmehr auf ein rhetorisches Gebiet [...] Die Person ist dort zu Hause, wo sie sich in der Rhetorik der Menschen auskennt, mit denen sie das Leben teilt. Daß man zu Hause ist, erkennt man daran, daß man sich ohne Schwierigkeiten verständlich machen kann und [...] das rhetorische Land einer Person endet dort, wo ihre Gesprächspartner die Gründe, die sie für ihr Tun und Lassen angibt, nicht mehr verstehen. Eine rhetorische Kommunikationsverwirrung zeigt an, daß eine Grenze überschritten worden ist, eine Grenze, die man sich eher als Grenzzone oder Schwelle vorstellen muß denn als klar gezogene Linie. Wenn Descombes recht hat, sind wir in der Welt der Übermoderne immer noch nicht und niemals mehr »zu Hause«."[281] Mit der Sprache der Nicht-Orte können sich die Individuen nur begrenzt verständlich machen, meint Augé, und die dabei auftretende Kommunikationsverwirrung deutet darauf hin, daß eine Grenze überschritten worden ist – eine Grenze, die es m.E. erst zu deuten gilt.

ZWISCHENBILANZ II: DER ORT DES TRANSITORISCHEN NICHT-ORTES

Der Begriff des Nicht-Ortes, konstituiert sich, wie Augé darlegt, in den Räumen, die für bestimmte Zwecke eingerichtet worden sind. Dazu gehören, wie er meint, besonders die Einrichtungen, die für den beschleunigten Verkehr von Personen, Gütern und Informationen erforderlich sind, wie zum Beispiel Autobahnkreuze und deren Verbindungslinien, Flughäfen, Hafenanlagen, Bahnhöfe, Hotelketten, Autobahnraststätten und Einkaufszentren.

Versorgt mit Informationen, die ausschießlich der Durchreise dienen, bewegen die Passagiere sich in diesen Räumen in einem festgelegten Geflecht von Reglements und Programmen, das ihre Handlungsparameter zu weiten Teilen deaktiviert: Alle sind dazu aufgefordert, den abgesteckten Richtungs-, Hinweis und Verbotsschildern gleichermaßen zu folgen. Jeder einzelne Passagier folgt dabei denselben kodifizierten Ideogrammen wie seine Mitreisenden, nimmt dieselben Botschaften auf, reagiert auf dieselben Aufforderungen, was den Anschein erweckt, als ob die Passagiere, Teil eines Systems geworden sind, dem sie nicht entkommen können. Das Hauptmerkmal des von Augé beschriebenen Nicht-Ortes, findet sich also in der Abstraktion der Beziehung der Passagiere zu ihrer Umgebung, die durch die Universalisierung von Sprache und Zeichen, durch die beschleunigte Ausscheidung, also dem Nicht-Verweilen an einem Ort und durch die Unverbindlichkeit, die der Passagier sowohl zu seiner Umgebung als auch zu anderen Passagieren hat. Nicht-Orte beziehen sich somit sowohl auf ein sozio-kulturelles, als auch auf ein architektonisch-städtebauliches Phänomen. Dazu Augé: "Wie man leicht erkennt, bezeichnen wir mit dem Ausdruck Nicht-Ort..." zwei sich ergänzende Realitäten: "... Räume, die [...] für den beschleunigten Verkehr [...] konstituiert sind, und die Beziehung, die das Individuum zu diesen Räumen unterhält [...]. Der Raum des Reisenden [oder Passagiers] wäre also der Archetyp des Nicht-Ortes."[282]

Nicht-Orte beschreiben den Prozess von kulturellen Transformationen. Sie entsprechen realen Orten, die jedoch keinesfalls als ein 'Nichts', das nirgendwo zugegen ist, zu verstehen sind. Der Nicht-Ort ist, wie Augé darlegt, "...das Gegenteil der Utopie; er existiert...[– er ist]...was Foucault, ohne dabei die Stadt einzubeziehen, eine Heterotopie genannt hat."[283] Nicht-Orte implizieren zugleich aber auch, wie Foucault in den Anderen Räumen indirekt darlegt, die Unterbrechung einer bestimmten urbanen Ordnung, die laut Wiechens, sich immer erst als "...Irritation, als Störung, als Widerstand..."[284] bemerkbar macht. Die aus der gesellschaftlichen Ordnung herausgefallen Orte beschreiben damit ein kulturelles Phänomen, das einen Ort besetzt, der "...für eine bestimmte Zeitspanne – nicht in einen bis dahin selbstverständlich geltenden Kontext integriert [...] werden..."[285] kann. Und "...da es nicht in diesen Kontext hineinpaßt, sondern als Fremdkörper aus ihm herausfällt, befindet sich das kulturelle Phänomen innerhalb dieses spezifischen Kontextes..." an einem unmöglichen Ort bzw. einem Nicht-Ort.[286] Der Nicht-Ort kann damit als eine paradoxe Stelle bezeichnet werden, die sich auf ein Ereignis bezieht, daß sich, wie Wiechens darlegt, "...auf der einen Seite innerhalb eines spezifischen Kontextes abspielt, auf der anderen Seite jedoch notwendiger Weise aus diesem Kontext ausgeschlossen ist."[287] Der Nicht-Ort als kulturelles Phänomen "...macht somit durch seine konstitutive Widersprüchlichkeit und Paradoxalität [sic!] den spezifischen Kontext sichtbar, innerhalb dessen er als Störung in Erscheinung tritt."[288] Er markiert damit einen Ort, "...der einzelnen, aber auch einzelnen Gruppen die Möglichkeit bietet in einen [...] Innenbereich, d.h. letztlich in die Kultur einzutreten."[289] Das heißt, der Eintritt in die Kultur erfolgt "...paradoxerweise durch die mit dem kulturellen Phänomen einhergehende, mehr oder weniger empfindliche Störung dieses kulturellen Kontextes."[290]

Nicht-Orte sind in einem ständigen Werden und Wandel sich befindenden Orte jenseits aller anderen Orte; sie haben sich von dem urbanen Kontext abgehoben und zeigen eine Veränderung sowohl in der sozialen als auch strukturellen Verflechtung des urbanen Netzwerkes an. Diese Sichtweise läßt sich nun auf das gesamte Geflecht des urbanen Raumgefüges übertragen. Da sich das System des urbanen Netzwerkes aus einer Vielzahl von sich überlagernden Zentren unterschiedlichsten Ursprungs zusammensetzt, indem das Marginale sich von seiner Randständigkeit gelöst hat, sind diese marginalen 'anderen Orte' nicht mehr etwas, das ausschließlich nur am Rand zum Ausdruck kommt, sondern sie organisieren sich als kontextuelle Rand-Situationen in heterogener Weise im gesamten urbanen Raum. Nicht-Orte sind somit nicht nur Räume, die außerhalb und für bestimmte Zwecke konstituiert worden sind. Sie verkörpern generische Orte, die sich in immer wieder neuen Kombinationen im urbanen Raumgefüge bemerkbar machen, denn dort wo versucht wird, dem Ort eine "...Funktion zuzuweisen, werden alle anderen es auf sich nehmen, daraus einen Nicht-Ort zu machen, eine andere Spielregel zu erfinden."[291] Jeder Nicht-Ort kann damit als ein potentieller Ort verstanden werden – er birgt alle Möglichkeiten, ist aber nicht mehr statisch verankert.

Nicht-Orte sind somit generische Orte, die eine doppelte Funktion inne haben: Sie sind sowohl die Unterbrechung einer bestimmten Ordnung, zugleich aber auch heterogene Orte, die sich von dem Hintergrund eines räumlichen Kontinuums abheben. Dabei nimmt der Nicht-Ort "...eine ambivalente Zwischenstellung zwischen zwei Bereichen... [ein, er]...partizipiert sowohl an der Kultur als auch an der Nicht-Kultur."[292] Der Nicht-Ort kann somit als eine Schnittstelle betrachtet werden, die eine provisorische Übergangsstelle zwischen einem Innen- und Außenbereich einnimmt. Der Nicht-Ort als kulturelles Phänomen entspricht damit einem ambivalenten Übergangsraum, "...über den dasjenige, das zu einem bestimmten Zeitpunkt nicht in einen spezifischen [...] Kontext hineinpaßt, in diesen Kontext eintreten und eingeschlossen werden kann."[293]

44

Nicht-Orte zeichnen sich durch ihren provisorischen Charakter aus: Man kann sich an ihnen nur für einen Moment aufhalten, sie sind nicht zum Verweilen gedacht. Sie entsprechen einem offenen Konstrukt, das sich aus einer unendlichen Vielzahl von möglichen Wirklichkeiten zusammen setzen kann, die immer nur für einen kurzen Augenblick in Erscheinung treten, denn Nicht-Orte verkörpern einem im Transit befindlichen Zwischenraum, "...dessen Grenzen sich permanent verschieben, ja selbst diskontinuierlich verlaufen und ständig unterbrochen werden."[294]

3. Von der Macht,
   den Grenzen und den Grenz(über)gängern

GRENZEN UND GRENZÜBERSCHREITUNGEN

Grenzen lassen sich grundsätzlich in künstlich geschaffene oder natürlich vorhandene Demarkationslinien einordnen. Die künstlich geschaffenen Grenzen stehen dabei generell für eine sich temporär im Raum manifestierende Trennungslinie, die auf eine binäre Art und Weise zwischen einem Außen und einem Innen vermittelt. Gewöhnlich ist sowohl der Verlauf als auch das physische Erscheinungsbild von Grenzen das Produkt von Verhandlungen zwischen verschiedenen Interessensgruppen. So können diese künstlich geschaffenen Grenzen zum Beispiel Repräsentanten von nationalen (Nation), regionalen (Land) und lokalen (Gemeinde) Territorien sein, die sich auf der Basis von politischen, juristischen aber auch wirtschaftlichen Interessen von anderen Territorien abgrenzt haben. Jedoch haben solche Grenzen tatsächlich nichts, "...was die Geographie den Menschen aufgezwungen hätte. Sie sind lediglich temporär sich im Raum manifestierende Artefakte, die sich immer in einem Wechselspiel zwischen der statischen- und der dynamischen Auflösung ihrer Form befinden."[295]

Etwas anders verhält es sich mit den Grenzen, die nicht mit technischen Hilfsmitteln von Menschen errichtet worden sind. Gemeint sind damit Grenzen, die bereits eine geographische Präsenz haben, wie beispielsweise die Trennungslinien zwischen den Land und dem Meer oder aber auch zwischen Flüssen und Ufern, Gebirgen und Ebenen oder Wäldern und Wiesen. Diese Form von Grenzen, die im folgenden Abschnitt mit dem Begriff der 'natürlichen Grenze' besetzt werden sollen, sind Trennungslinien, die sich im Gegensatz zu den künstlich errichteten Grenzen, nicht durch ihre Vergleichbarkeit, sondern durch ihre Unvergleichbarkeit auszeichnen. Während also künstlich geschaffene Grenzen oftmals vergleichbare Territorien voneinander trennen, (z.B. die von zwei Nationen), trennen sich die natürlichen Grenzen andererseits über unterschiedliche und damit nicht vergleichbare Territorien voneinander. Folglich stellt die natürliche Grenze eine außergewöhnliche Herausforderung für den Menschen dar, da er sie niemals ohne die Hinzunahme von innovativen Hilfsmitteln hat überwinden können. Eine besonders unabweisbare Grenze stellen dabei die Küstenlinien dar.

"Das Meer. Man sollte es sich vorstellen, wie die Alten es getan haben, es mit ihren Augen zu sehen versuchen: als eine Begrenzung, eine bis zum Horizont reichende Schranke, als immerzu und überall gegenwärtig."[296] Die Küstenlinien repräsentieren die Grenzen, die den menschlichen Handlungsraum am meisten beeinträchtigt haben. Deshalb war auch für eine lange Zeit, wie Makropoulos bemerkt, "...der ontologische Ort des Menschen..." nicht anfechtbar, denn die Küstenlinie steht nicht nur sinnbildlich für "...die Trennlinie zwischen Land und Meer...[sondern auch für]...die naturgegebene Grenze des Raumes menschlicher Unternehmungen."[297]

Das änderte sich jedoch mit der Entwicklung nautischer Technologien, die durch wachsende Erkenntnisse in den Naturwissenschaften möglich geworden sind[298], "...so daß nicht nur...[der]...Schiffsbau [...] präziserer wurde, sondern auch...[die]...Navigation."[299] "Und was dann in der nautischen Metaphorik thematisiert wird, die sich seit der griechischen Antike bis in die Moderne des 20. Jahrhunderts durch die Geschichte der Reflexion auf das Menschen Mögliche und dem Menschen Gemäße zieht, ist nicht nur die philosophische Frage nach dem ontologischen Ort des Menschens, sondern auch die [...] nach seinem sozialen Ort."[300]

Es findet also mit Hilfe technischer Innovationen, die wiederum die Ausweitung der Seefahrt ermöglicht haben, ein Paradigmenwechsel statt: Jetzt wird der Mensch zu einem "...disponsiblen Wesen..."[301], das sich bewußt zu einer Grenzüberschreitung entscheiden kann, das weder auf einen einzigen Ort, noch auf eine einzige Lebensform festgelegt ist. Und so entspricht der Mensch, wie das Schiff, einem ortlosen Ort, "...ganz auf sich selbst angewiesen...[und]...in sich geschlossen und zugleich dem endlosen Meer ausgeliefert."[302]

In der nautischen Geschichtsschreibung ist das Meer der Inbegriff der Unberechenbarkeit und Gesetzlosigkeit. Es entspricht einem willkürlichen und nicht zu bändigendem Element, das im Gegensatz zum festen Land nicht strukturiert werden kann." Daß der Mensch dennoch das Festland verläßt, das als ihm gemäßer Lebens-und Handlungsraum gilt, ist deshalb in der antiken Variante der Seefahrtmetapher nicht bloß als gewagte Grenzüberschreitung aufgefaßt worden, sondern als Grenzverletzung, als widernatürlicher Frevel, [...] wenn nicht sogar blashmeischer Schritt ins Maßlose."[303] Und so wurden die Seefahrer auch oft als die großen Gesetzlosen verstanden oder Piraten genannt, auf die die "...Gesetze, die auf dem Land verfügt oder erlassen wurden, nicht ausgedehnt werden konnten [...] So waren die Weltmenschen, die auf der See lebten, notwendigerweise Gesetzlose..."[30], die in den Augen der Landbewohner, die bestehenden Grenzen verletzten.

Aus diesem Grund wurde die Seefahrt von der Antike bis in das ausgehende Mittelalter nicht als eine dem Fortschritt sich öffnende Grenzüberschreitung, sondern als eine Grenzverletzung verstanden, die "...für den Aufbruch, die Auflösung eines Zustandes...[und dem]...Ungehorsam gegenüber dem Gesetz des Ortes..."[305] stand. Diese Sichtweise änderte sich jedoch grundlegend mit Beginn der Neuzeit. Nun war der ideale Stand- Ort, wie Augé meint, "...das Deck eines Schiffes...", das die Küste hinter sich gelassen hat. Sehr lebendig beschreibt Chateaubriand ihn so: "[Je]...weiter wir uns entfernten desto schöner leuchteten die Säulen von Sunium über den Fluten [...]. Wir waren weit vom Kap entfernt, da drangen immer noch Geräusche des Landes an unser Ohr, die Brandung an den Klippen, das Murmeln des Windes in den Wacholderbüschen und der Gesang der Zikaden [...]; das waren die letzten Geräusche, die ich von der Erde Griechenlands hörte."[306]

Es wurde fortan also nicht mehr die Thematik der Grenzverletzung hervorgehoben, sondern die mit der Grenzüberschreitung verbundenen Entdeckungen, "...die die Grenze zwischen dem Menschen Möglichen und dem Natürlich-Unverfügbaren verschob und..."[307] somit wurden keine Grenzen mehr gesetzt. Einhergehend mit dieser Entwicklung hat sich, wie Foucault feststellt, das Ortungsgefüge des mittelalterlichen Ortes zugunsten "...eines unendlichen und unendlich offenen Raumes..." aufgelöst, indem nun "...der Ort einer Sache [...] nur mehr ein Punkt in ihrer Bewegung...[war,] ...so wie die Ruhe einer Sache nur mehr ihre unendlich verlangsamte Bewegung."[308]

Die neuen technischen und sozialen Möglichkeiten hatten zur Folge, "...daß nunmehr nicht das Neue sich vor dem Überlieferten ausweisen..." mußte, sondern umgekehrt, das Alte mußte nun "...die Beweislast seiner Existenzberechtigung vor dem möglichen Neuen..."[309] tragen. Was wiederum zur Folge hatte, daß die Seefahrt nun nicht mehr als ein blasphemischer Akt verstanden wurde, sondern als die "...Verwirklichung eines Stückes Natur des Menschen durch selbstmächtige Ausweitung des Bereichs seiner Unternehmungen."[310]

"Und die Grenze zwischen dem, was in der Macht des Menschen lag und dem, was sich seiner Macht radikal entzog, verschwand hinter dem offenen Horizont fortschreitender wissenschaftlich-technischer Naturbeherrschung, die sich nicht zuletzt im Fortschritt nautischer Technologie manifestierte."[311]

Vor diesem Hintergrund rückte dann auch die Sichtweise eines statisch im Raum verankerten Stand - Ortes, in dem sich der Mensch bislang identifizieren konnte mehr und mehr in den Hintergrund. Es sollte diesen definitiven Ort, wie Makropoulos darlegt, um "...der Möglichkeit menschlicher [...] Selbstverwirklichung willen nicht mehr geben."[312] Stattdessen sind, wie Blumberg ausführt, Lebensweisen, die bisher immer nur mit denen der Seefahrt in Verbindung gebracht worden sind, zu "...einer fast natürlichen Dauerbefindlichkeit des Lebens..."[313] geworden. Und bedenkt man dabei, konstatiert Foucault, "...dass Schiffe [...] ein Stück schwimmender Raum sind..."[314] mit dem sich die Seefahrer auf den freiesten und offensten Straßen bewegt haben,"...dann wird deutlich, warum das Schiff für unsere Zivilisation zumindest seit dem 16. Jahrhundert nicht nur das wichtigste Instrument zur wirtschaftlichen Entwicklung gewesen ist, sondern auch das größte Reservoir für die Fantasie."[315] Dabei hat die Seefahrt nicht nur eine Entgrenzung und Erweiterung des menschlichen Handlungsraums eingeleitet, sondern auch, wie Makropoulos meint, eine prinzipielle Wahrnehmungsverschiebung, die sich in einer grundlegenden Veränderung der Horizontwahrnehmung ausdrückte.[316] Der Horizont wurde nun nicht mehr als eine unverrückbare und damit "...geschlossene Grenze menschlichen Erkenntnisvermögens verstanden, sondern als stets situativer und damit prinzipiell unendlich überschreitbarer Gesichtskreis."

Das Schiff war also somit das erste Fortbewegungsmittel, das wie ein "...unermüdlicher shifter...", immer wieder neue Beziehungen sowohl zum Horizont als auch zu den unbeweglichen Seiten (Land) herstellte und damit die Erkennung des Raumes (wie die der Raumwahrnehmung), als auch seine Beschaffenheit (wie die von Orten) in einem bis dahin noch nie dagewesenen Maße bestimmt hat. Ständig in Aktion und auf Translokation aus, setzt sich das Schiff dem Meer aus – einem Meer auf dem es in einer unermüdlichen Bewegung immer wieder neue Grenzformationen setzt und Grenzüberschreitungen eingeht. Das Schiff stellt ein grenzüberschreitendes Objekt dar, das sowohl Grenzen überwindet als auch diese generiert bzw. markiert. Und indem dieser unermüdliche shifter nicht müde wird, Grenzen zu ziehen, entsteht, wie Michel de Certeau beschreibt,"...ein dynamischer Gegensatz zwischen jeder Grenzsetzung und ihrer Veränderlichkeit...". Er vervielfältigt sie in Form von "...Interaktionen zwischen Personen und Dingen, Tieren und Menschen: die Handelnden teilen sich gleichzeitig [...] die Prädikate (gut, raffiniert, ehrgeizig, dumm etc.) und die Bewegungen (vorangehen, sich entziehen, auswandern, sich umdrehen etc.)...[Das heißt], ...die Grenzen werden durch die Berührungspunkte zwischen den zunehmenden Aneignungen (Erlangung von Prädikaten...) und den aufeinanderfolgenden Ortsveränderungen (innere oder äußere Bewegungen) der Handelnden gezogen. Sie laufen auf eine dynamische Aufteilung der Güter und möglicher Funktionen hinaus, um ein komplexeres Netz von Differenzierungen und eine komplexere Kombination von Räumen zu bilden. Sie resultieren aus einer immer feineren Unterscheidung aufgrund der Begegnungen und Berührungen. Im Dunkel ihrer Unbegrenztheit unterscheiden sich die Körper also nur dort, wo die Berührungen ihres Liebes- oder Kriegs-Kampfes auf ihnen eingeschrieben werden."[318]

Grenzen verschwinden nicht, "...sondern ändern nur ihren Ort oder ihre Gestalt, verschwinden an einem Ort, um an einem anderen wieder aufzutauchen, verwandeln sich von deutlich sichtbaren in weniger klare, unsichtbare Grenzen."[319] Sie generieren sowohl Differenzierungs- als auch Berührungspunkte. Das heißt, sie trennen nicht nur, sondern sie verbinden auch. Sie spielen ein wechselseitiges Doppelspiel, indem sie an einer Schwelle zwischen einem Außen und einen Innen vermitteln. Jede Grenzüberschreitung erzeugt also eine zusammenhängende Grenze zwischen einem bekannten Innen und einem unbekannten Außen. Die Grenze ist somit als eine Übergangsschwelle zu verstehen, um "...jenseits der Grenzen eine Fremdheit erstehen..." zu lassen. Dabei verleiht sie "...dem Andersartigen..., [so de Certeau], ...das sich diesseits der Grenzen verbirgt, eine Ob-jektivität..., so daß der Reisende, der [...] zurückkehrt [...] das woanders... [wieder finden kann, was] ...er zuvor gesucht hat." Und auf dieser Grenze ist, wie Ezra Park mit dem 'Mann auf der Grenze' zeigen wird, sowohl "...die Exotik...[als auch]...der Sabbat der Erinnerung...[als]...eine beunruhigende Vertrautheit bereits vorhanden."[320]

50   Mit De Certeaus' Verständnis mit der Grenzüberschreitung, bei der der Reisende erst eine Grenze hin zum Anderen überschreiten muß, um das Nicht-Andere wiederum als Inneres sichtbar zu machen, läßt sich auch ein Verbindung zu Michel Foucault herstellen. In dem bereits 1967 vorgetragenen aber erst 1987 publizierten Artikel *Andere Räume* (er thematisiert dort die von Jacques Lacan (1901-1981) entwickelte

Spiegelanalogie), hat Foucault nämlich ebenfalls die These aufgestellt, daß man zuerst Grenzen überschreiten muß, um überhaupt ein Inneres, "...als »Mögliche Welt respektive Universum«..."[321], wahrnehmen zu können.

VON DEN ANDEREN RÄUMEN

In dem Vortrag die Anderen Räume, den er im Rahmen einer Vortragsreihe des Cercle d'etudes architecturales gehalten hat, installiert Foucault erstmals — im Gegensatz zu den Utopien, die, wie er sagt "...nur Dingen vorbehalten...[sind]...die tatsächlich keinen Ort haben..."[322] — den Begriff der 'Heterotopie'.

Die Heterotopie ist ursprünglich ein aus der Medizin stammender Terminus und steht für die Entstehung von Geweben, die sich an einem anderen als dem da für vorgesehen Ort entwickelt haben. Für Foucault bekommt diese ursprünglich anatomische Bedeutung eine topographische. Mit dieser Bedeutungsverschiebung, kann er seinen Traum von einer Wissenschaft beschreiben, "...deren Gegenstand diese verschiedenen Räume wären, diese anderen Orte..."[323] Das sind die wirklichen Orte, schreibt er, "... die in die Einrichtung der Gesellschaft hineingezeichnet sind, sozusagen Gegenplazierungen oder Widerlager, tatsächlich realisierte Utopien, in denen die wirklichen Plätze innerhalb der Kultur gleichzeitig repräsentiert, bestritten und gewendet sind, gewissermaßen Orte außerhalb aller Orte, wiewohl sie tatsächlich geortet werden können. Weil diese Orte ganz andere sind als Plätze, die sie reflektieren oder von denen sie sprechen, nenne ich sie im Gegensatz zu den Utopien die Heterotopien."[324]

Heterotopien müssen hier als realisierte Utopien verstanden werden, "...die einen genau bestimmbaren, realen, auf der Karte zu findenden Ort besitzen."[325] Sie entsprechen dabei kulturellen Konstrukten, die, wie jede Kultur einem ständigen Wandel unterworfen sind. Sie sind sozusagen diese in einem ständigen Werden sich befindenden anderen Orte, die durch immer wieder neue Grenzziehungen, eine Differenz im urbanen Netzwerk markieren — eine Differenz, die eine Veränderung in der Verflechtung des urbanen Gewebes aufzeigt.

Dabei entsprechen sie, auch wenn Foucault dies nicht ausdrücklich so formuliert hat, Keimzellen sowohl von sozio-kulturellen- als auch architektonisch-räumlichen Realisierungen, d.h. sie beziehen sich zum einen auf Verhaltensweisen, die von der Gesellschaft abweichen und zum anderen verweisen sie auf die räumlichen Implikationen, die diese Verhaltensweisen auf den Raum haben. "So entsteht eine doppelte [...] Bedeutung der Heterotopie."[326] Sie ist zum einen "...die Unterbrechung einer bestimmten [sozialen] Ordnung, zugleich aber auch heterogener Ort, der sich vor dem Hintergrund des räumlichen Kontinuums von Stadt [...] abhebt und..."[327] für den Moment festsetzt. Heterotopien verweisen hier also auf das Andere — was jedoch nicht heißt, daß sie auf ein grundlegend Anderes jenseits jeglicher Realität verweisen. Ganz das Gegenteil ist der Fall: Heterotopien müssen immer als real existierende Orte verstanden werden. Sie sind zwar Räume aber gleichsam auch Gegenräume, Räume und 'andere Räume' oder "...Orte jenseits aller Orte..."[328], deren typologisches Erscheinungsbild in vielfältigen

Relationen zum Ausdruck kommen kann. In diesem Sinn stellt Foucault sechs Besonderheiten von Heterotopien dar, die seiner Meinung nach charakteristisch für einen solchen
heterotopen anderen Ort sind.

HETEROTOPIEN

Da gibt es zum einen die Krisen-, bzw. Abweichungsheterotopien. Das sind "...priviligierte
oder geheiligte oder verbotene Orte, die den Individuen vorbehalten sind, ...welche sich
im Verhältnis zur Gesellschaft und inmitten ihrer menschlichen Umwelt in einem Krisenzustand befinden."[329] Dazu gehören zum Beispiel die Pupertät oder die Niederkunft aber
auch Erholungsheime, psychatrische Kliniken, Gefängnisse oder Altersheime. Zudem
kann sich eine Heterotopie im Laufe der Zeit inhaltlich verändern; ohne daß sie dabei
verschwinden muß, kann ein und dieselbe Heterotopie, je nachdem wie sie in ihrer jeweiligen Gesellschaft genutzt wird, "...so oder so funktionieren.[330] Auch können Heterotopien "...an einem einzigen Ort mehrere Räume, mehrere Plazierungen zusammenlegen,
die an sich unvereinbar sind..."[331] wie das Kino oder das Theater. Außerdem schaffen
Heterotopien jenen, die sie nutzen, eine intensive Erfahrung von Diskontinuität, nämlich
dann, wenn sich das traditionelle Zeitverständnis auflöst. Foucault nennt diese zeitlichen
Bruchsituationen auch Heterochronien. Das sind zum einen Orte, die versuchen gestal-
tete Zeit zu sammeln, wie es die Museen oder Bibliotheken tun. Andererseits können
sie aber auch etwas Kurzlebiges, gar Flüchtiges in sich bergen, wie der Jahrmarkt, die
Festwiese und der Spielplatz oder lediglich als Übergang dienen, wie beispielsweise
Schulen, Kasernen oder Gefängnisse.

Dazu kommt, daß heterotopische Orte — auch wenn sie auf den ersten Blick nicht
als solche erkennbar sind — komplexe Formen der Öffnungen und Schließungen haben.
Sie "...setzen immer ein System von Öffnungen und Schließungen voraus [...]. Dabei
wird man entweder zum Eintritt gezwungen [...] oder man muß sich den Riten und Reinigungen..."
anpassen, die an diesen Orten praktiziert werden. Also nur durch das Befolgen von Regeln oder
eines Rituals kann ein Zugang zu den Heterotopien gewährt werden. Dabei entsteht immer
eine Schwellensituation, bei dem der Schwellengänger bzw. Grenzgänger "...weder
hier noch da ist [...] weder das eine noch das andere ist..."[333] — er ist im Dazwischen.

Zudem bestehen Heterotopien auch "...darin, daß sie gegenüber dem verblei-
benden Raum eine Funktion haben."[334] Sie bewegen sich dabei "...zwischen zwei ext-
remen Polen...": sie schaffen entweder einen Illusionsraum oder "...einen anderen Raum,
einen [...] wirklichen Raum."[335] Das heißt, sie schaffen, indem sie den real existierenden
Raum "...als noch illusorischer denunzieren...", einen Raum, der aufgrund seiner Attribute
alle anderen als grotesk und mißraten erscheinen läßt oder sie bilden einen Raum, der
"...so vollkommen ist, [...] wie der unsrige ungeordnet mißraten und wirr ist."[336] Mit dieser
Doppelfunktion spannt sich ein Spiel zwischen den Räumen des Raumes und den Heterotopien
auf. Wie dieses Wechselspiel in seinen Augen funktioniert, erläutert Foucault anhand der
Spiegelanalogie. "Und ich glaube, daß es zwischen den Utopien und diesen anderen
Plätzen, den Heterotopien, eine Art Misch-oder Mittelerfahrung gibt: den Spiegel. Der
Spiegel ist nämlich eine Utopie, sofern er ein Ort ohne Ort ist. Im Spiegel sehe ich mich

da, wo ich nicht bin: in einem unwirklichen Raum [...] ich bin dort wo ich nicht bin, eine Art Schatten, der mir meine eigene Sichtbarkeit gibt, der mich erblicken läßt, wo ich abwesend bin: Utopie des Spiegels [...]. Aber der Spiegel ist auch eine Heterotopie, insofern er wirklich existiert und insofern er mich auf den Platz zurückschickt, den ich wirklich einnehme, vom Spiegel aus entdecke ich mich als abwesend auf dem Platz, wo ich bin, da ich mich dort sehe; von diesem Blick aus, der sich auf mich richtet, und [...] hinter dem Glas kehre ich zu mir zurück und beginne meine Augen wieder auf mich zu richten und mich da wieder einzufinden, wo ich bin."[337]

Im Bild des Spiegels verbinden sich also Utopie und Heterotopie. Sie durchdringen sich, beziehen sich und zeigen dabei Diskontinuitäten und Brüche auf, die sie "... in eine spezielle Synchronie und Diachronie...[einbinden,]...die sie zu einem System machen, das innerhalb der Architektursysteme Bedeutung hat. Dabei sind sie weder im Sinne einer Gesellschaftsstruktur oder einem sozialhistorischen Systems zu verstehen, sondern sie repräsentieren lediglich diese anderen Orte "...an denen ich nicht bin wie im Spiegel und auf dem Friedhof oder an denen ich ein anderer bin, wie etwa im Freudenhaus, im Feriendorf oder auf dem Fest. Sie ritualisieren und lokalisieren Klüfte, Schwellen und Abweichungen"[338]

Der Spiegel zeigt also den realen Orten dort auf, wo er ein 'Anderer' ist. Das heißt, erst in der Differenz, wenn eine Grenze hin zum Anderen überschritten worden ist und sich damit eine Unterscheidung von einem Innen und einem Außen eingestellt hat, können die Eigenschaften dieser anderen Orte, die ein immerwährendes Ein- und Ausgrenzen von soziokulturellen und von materiellen Orten zur Folge haben, in Erscheinung treten. Foucault überträgt nun diese Kontingenz auf das Schiff: "...die Heterotopie par excellence..."[339] wie er meint.

Das Schiff ist "...ein schwimmender Raum...", schreibt er, ein Ort ohne Ort, "... ganz auf sich selbst angewiesen, in sich geschlossen und gleichzeitig dem Unendlichen des Meeres ausgeliefert."[340] Selbst in Bewegung steht es dabei in einem mannigfaltigen Geflecht von Beziehungen – es verbindet sich mit anderen Räumen und verändert, transformiert und vermischt. Das Schiff gleicht dabei einem, wie de Certeau feststellt, "... ersten Beweger [...], von dem jedes Handeln ausgeht..." Es steht symbolisch für einen Produzenten der Veränderung, einem "...unermüdlichen shifter...", der immer wieder neue "...Beziehungen zwischen den unbeweglichen Seiten..."[341] herstellt. Das Schiff entspricht somit, ähnlich wie der Zug, einem einzigartigen Beziehungsbündel, denn es ist etwas, "...was man durchquert, etwas womit man von einem Punkt zum anderen gelangen kann, und etwas, was selber passiert."[342] Selbst ein Stück Raum, steht das Schiff also immer in Relation zu anderen Räumen, verbindet sie und schafft damit immer wieder neue Verbindungen.

Das Schiff dient Foucault hier also als Metapher für ein Hinübertragen, Überschreiten und Anders werden. Und nur in der Überfahrt fallen die Gegensätze (Utopie und Heterotopie) zusammen – bzw. ordnet sich der Raum. Doch diese Ordnung ist nicht von Dauer. Sie stabilisiert sich für den Moment, und segelt dann wie das Schiff wieder neuen Meeren entgegen–zu anderen Räumen. Immer in Bewegung und auf Veränderung aus, öffnet sich das Schiff stets neuen Ufern, um sich immer wieder zu entladen und mit Neuem zu beladen. Das Schiff steht hier also sinnbildlich für eine sich immer wieder neu formierende Schwellen-Situation, die unermüdlich zwischen einem Außen und einem Innen vermittelt. Dazu müssen jedoch immer wieder neue Grenzen gezogen, markiert und überschritten werden. Nur dann kann sich eine Differenz bilden – eine Differenz, die zwischen einem Innen und Außen vermittelt, um das Andere sichtbar zu machen. Das Schiff steht hier also für die Markierung und die Überschreitung von Grenzen, die ein 'Anders werden' möglich machen.

DAS ANDERE; DAS DENKEN ÜBER EIN AUSSEN – DIE MACHT

In seinem Artikel die Anderen Räume, macht Foucault auf das Andere bzw. das Außen, das Äußere und die Äußerlichkeit aufmerksam. Der Begriff des Anderen, heißt es im Metzler Philosophie Lexikon, "...dient in unterschiedlichen Kontexten als Bezeichnung für das Verschiedene oder für das Unterschiedene..."[343] Generell werden dabei "...die Begriffspaare Identität (Selbigkeit) und Andersheit (Verschiedenheit) bzw. Etwas und Anderes gegenübergestellt."[344] Platon (427-347 v.Chr.) behandelt zum Beispiel "...die Frage nach dem Anderen im Zusammenhang einer allgmeinen Diskussion der Rede vom Schein. Deren Sinn wird von ihm an die dialektische Fassung des Nichtseienden als seiendes Anderes [...] gebunden."[345] Und in Plotins Emanationslehre ist "...die gestufte Teilhabe an der Andersheit qualitatives Signum der jeweiligen Unvollkommenheit von Seiendem und Vielem..."[346] – eine Argumentationskette übrigens, die sich wie die Autoren meinen, bis in die Metaphysik der Neuzeit erhalten hat.

Ein zentrales Thema ist die Diskussion des 'Anderen' in Hegels (1770-1831) philosophischem Diskurs. In ihm wird "...die qualitative Veränderung alles Endlichen der jeweils aufeinander verweisenden unhintergehbaren Bezogenheit von >Etwas< und >Anderem< zugeschrieben."[347] Das heißt, nur durch dieses "...Andere erfährt...[seiner Meinung nach]...das Etwas seine Bestimmtheit...", worauf dann folglich das Andere "...als das Negative dieses (ersten) Etwas bezeichnet werden kann."[348] Hegels Terminologie des 'einen' und des 'anderen' folgt also einer dialektischen Begriffsentwicklung bzw. Begriffsbestimmung. Denn "...seiner Auffassung nach lassen sich [...] notwendige Strukturen der Wirklichkeit nur...[dann]...erkennen und explizieren, indem deren Begriffe in den für sie bedeutsamen Zusammenhängen und Differenzen bestimmt werden."[349] Das heißt, "...die Begriffsbestimmung i. S. der spekulativen Dialektik Hegels geht so vor, daß sie ein Etwas in seiner unhintergehbaren und notwendigen Bezogenheit auf ein Anderes betrachtet und durch den ideellen Übergang auf eine je andere Bestimmtheit erst qualitativ fixiert."[350] Während bei Hegel also der Begriff des Anderen über das Werden des Selbstbewußtseins eine besondere Rolle zukommt, indem sich quasi "...das Selbstbewußtsein über den Akt des komplementären Anerkennens herstellt...", beschließt Foucault in *Wahnsinn und Gesellschaft* "...auf Äußerungsformen einer Andersheit... [hinzuweisen], "...die jenseits des Zugriffs von Vernunft und Wissenschaft..."[351] liegen. Foucault differenziert den Begriff des Anderen, wie Deleuze ausführt, dabei folgendermaßen: Anstelle "...von einer erscheinenden Äußerlichkeit zu einem Wesenskern der

Innerlichkeit..." überzugehen, schwört er der "...illusorische[n] Innerlichkeit...[ab, um somit]...die Wörter und Dinge ihrer konstituierenden Äußerlichkeit..."[352] übergeben zu können. Dabei differenziert er die Termini des Außen, des Äußeren und der Äußerlichkeit: "Zunächst gibt es das Außen [le dehors] als ungeformtes Element der Kräfte: sie kommen aus dem Außen, sie haften am Außen, das ihre Beziehungen umwälzt und ihre Diagramme hervorbringt. Und dann gibt es das Äußere [l'exterieur] als Milieu der konkreten Einrichtungen, in denen sich die Kräfteverhältnisse aktualisieren. Schließlich gibt es die Formen der Äußerlichkeit [formes d'extériorité], da sich die Aktualisierung in einer Spaltung vollzieht, einer Disjunktion zweier differenzierter und einander wechselseitig äußerlichen Formen, die die Einrichtungen unter sich aufteilen (die Einschließungen und die Verinnerlichungen sind nur transitorische Formen an der Oberfläche dieser Formen)."[353]

Man muß bei Foucault, wie Deleuze hier aufzeigt, also zwischen einem Außen und einer Äußerlichkeit unterscheiden. Während die Äußerlichkeit sich über zwei einander wechselseitig beeinflußende Formen [z.B. die Staats-Form P.K.] bildet, handelt es sich bei dem Außen ausschließlich um Kraft — eine Kraft, die dabei immer in Beziehung zu anderen Kräften stehen muß. Und wenn eine Kraft mit anderen Kräften in Beziehung steht, verweisen die Kräfte notwendigerweise "...auf ein irreduzibles Außen..."[354], das keine Form mehr besitzt. Die Kraft besitzt kein anderes Objekt, keine anderes Subjekt als die Kraft...[selber. Sie hat]...kein anderes Sein [...] als das eines Verhältnisses: sie ist eine »Handlung [action], die auf andere Handlungen«..."[355] einwirkt. Dabei überträgt sich die Kraft "...stets von Außen auf andere Kräfte oder erfährt von diesen eine variable Einwirkung, die nur auf diese Entfernung oder innerhalb jenes Verhältnisses existiert [...]. Es gibt folglich ein Werden der Kräfte, das nicht zu verwechseln ist mit der Geschichte der Formen, da es in einer anderen Dimension operiert."[356] Das heißt, die Kräfte operieren nicht in einem Raum der Formen, sondern immer nur in einem Raum des Außens, dort, wo streng genommen "...der Ort ein Nicht-Ort..."[357] und die Geschichte sich in einer stetigen Erneuerung befindet — "...ein Raum also ausschließlich für Veränderungen."[358] Die Kräfte des Außens sind also niemals "...das Zusammengesetzte, das Historische... [oder das]...Geschichtete [...] das sich transformiert, sondern es sind die [dazwischenliegenden] Kraftelemente, wenn sie zu anderen Kräften, die aus dem Außen stammen, in eine Beziehung treten." In Foucaults Vorstellung des 'Außen' erscheinen translokal wirkende Kräfte, die in Wechselbeziehung zu anderen Kräften innerhalb eines sozial bestimmten Feldes stehen. Dabei entspricht "...jedes Kräfteverhältnis..." einem Machtverhältnis, das "...sich von unzähligen Punkten aus und im Spiel ungleicher und beweglicher Beziehungen vollzieht."[359]

DIE MASCHEN DER MACHT

Die Idee eines Außen innerhalb eines sozialen Systems äußert sich für Foucault also über die Macht. Dabei geht er besonders der Frage nach, über welche Mechanismen sich die Macht mit dem Körper in Beziehung setzt — eine Thematik, die er erstmals in den 60er

Jahren innerhalb derselben Vortragsreihe, in der er die Anderen Räume dargestellt hat, aufgreift. *Der utopische Körper* — so der Titel dieses zweiten Vortrags eröffnet dabei gemeinsam mit den *Anderen Räumen* einen ersten Einblick, was Foucault in *Überwachen und Strafen* (1975), den *Maschen der Macht* (1976) und *Der Wille zum Wissen* (1976) weiter vertiefen wird: der Körper als Zugriffssubjekt von raumstrukturierender Macht.

DIE MACHT DES (U)- TOPISCHEN NULL - KÖRPERS

"Mein Körper ist eine gnadenlose Topie..."[361] ließ er dort seine Zuhörer verlauten. Er ist "...der immerbleibende Beziehungspunkt, [...] auf den alle räumlichen Verhältnisse bezogen erscheinen..."[362] , wie Edmund Husserl (1859-1938) in Ding und Raum bereits festgestellt hat. Er ist "...der absolute Ort, das kleine Stück Raum..."[363] von dem es kein Entrinnen gibt. "Er ist [...] unausweichlich immer hier und niemals anderswo."[364] Was jedoch nicht impliziert, daß dieser Körper an ein und demselben Platz bleibt: Man kann ihn bewegen und verlagern.[365] Der Körper entspricht dem in den Anderen Räumen beschriebenen Schiff: Er ist ein in sich geschlossener und gleichzeitig dem unendlichen Seins (Meers) ausgelieferter Ort ohne Ort, von dem jedes Handeln ausgeht.

Eng an die husserlschen Beschreibungen des Nullkörpers[366] angelehnt, bezeichnet auch Foucault den Körper hier als den "...Nullpunkt der Welt...": [Er ist]...der Ort an dem Wege und Räume sich kreuzen [...] stets nirgendwo, denn er ist dieser "...kleine utopische Kern im Mittelpunkt der Welt, von dem ich ausgehe, von dem aus [...] ich spreche und fantasiere."[367] Utopisch ist er, da er um sich als Einheit erfahren zu können, immer erst eine Verbindung mit einem heterogenen Raum eingehen muß — dem Spiegel (den Foucault hier als Metapher heranzieht, um dieses In - Beziehung - treten der Körper und dem anderen Raum zu verbildlichen).

Es braucht also die Vermittlung eines Dritten, das die Verbindung zu einer Realität herstellt — ein Ansatz, der von dem französischen Psychoanalytiker Jacques Lacan stammt. Ohne eine Vollständigkeit anstreben zu wollen, soll hier kurz auf das triadische Modell von Lacan eingegangen werden, in dem er den Körper mit der Umwelt in Beziehung setzt und das er als Spiegelstadium bezeichnet hat, das er mit der Begrifflichkeit des Spiegelstadiums besetzt hat. Im Zentrum seiner Analyse steht dabei die These: Das Reale kann nicht an sich wahrgenommen werden. Es braucht dafür einen Körper — einen Körper, der sich durch einen Blick in den Spiegel, vergleichbar auch dem Kleinkind, das sich zum ersten Mal in einem Spiegel als Ganzes erblickt und erkennt. "Dieses Spiegelstadium des Subjekts, das eher einen Moment darstellt, führt aber auch zum endgültigen Bruch mit dem Realen."[368] So auch das Imaginäre, das nur noch der Spiegel von etwas Realem ist und damit seine Autonomie ebenfalls eingebüßt hat. Es braucht also die Vermittlung eines Dritten: das Symbolische, daß die Verbindung zum Realen ermöglichen soll. Jedoch stellt das Reale "...für das Symbolisches ein unerreichbares »Anderes« dar [...] mit dem man wiederum nur über das Imaginäre kommunizieren kann."[369] Das bedeutet, daß das Symbolische den Weg freiräumen muß, "...für ein »neues/wahres« [...] Subjekt auf dem Weg zur Rückgewinnung des Realen."[370] Es ist also immer das Symbolische nötig, das einem neuen, realen Subjekt, jenseits des Spiegelbildes, einen Platz im leeren

Feld einräumt. Der Spiegel wird als zentraler Bildner einer "...utopischen Erfahrung des Körpers...[verstanden:], ...erst im Spiegelbild ordnet sich alles und nimmt buchstäblich Gestalt an."[371] Das heißt, in der wechselseitigen Beziehung zwischen dem Spiegel (Heterotopie) und dem Körper (Utopie) kann sich der volle Körper des Ichs (siehe dazu Lacan) erfahren. Der Spiegel weist also der "...utopischen Erfahrung des Körpers zu allererst einen Raum zu."[372] "Der Spiegel, in dem ich nicht bin, spiegelt die Umgebung, in der ich bin."[373] Sobald der Körper sich im Spiegel erblickt, verbindet er nicht nur seinen Körper mit dem Umraum — er weist ihm auch einen Platz zu. Und in diesem wechselseitigen Prozess ereignet sich eine Veränderung: es schwillt eine Abweichung heran, ein Bruch entsteht, den es zu markieren und zu überschreiten gilt.

DIE REGULARIEN UND WIRKUNGSWEISEN DER MACHT

Foucault untersucht in seinen Machtanalysen nicht nur den Körper und dessen raumstrukturierende Kräfte, sondern analysiert auch, wie sich die Regularien der Macht auf einen gesamtgesellschaftlichen Körper auswirken können, wie er in Der Wille zum Wissen zeigt. Das heißt, genauso wie die Heterotopien der anderen Räume sich nicht nur auf das individuelle Subjekt beziehen, bezieht sich auch die Macht nicht nur auf den Einzelnen — sie entfaltet sich immer auch in Form eines gesamtkulturellen Körpers, dessen Vielfältigkeit in einem höchst differenzierten Beziehungsgeflecht von unterschiedlich wirkenden Kräfteverhältnissen steht. Die Machtverhältnisse resultieren also in der Gesamtheit eines gesellschaftlichen Netzes. "Das heißt jedoch nicht, daß es ein erstes und grundlegendes Machtprinzip gibt, dessen Herrschaft bis ins winzigste Element der Gesellschaft reicht, sondern daß ausgehend von dieser Möglichkeit der Einwirkung auf das Handeln anderer, die mit jeglichem gesellschaftliches Verhältnis einhergeht, vielfältige Formen individueller Ungleichheit, von Zielen, gegebenen Instrumentierungen uns und anderen gegenüber mehr oder weniger sektorieller oder umfassender Institutionalisierung, mehr oder weniger durchdachter Organisation, verschiedene Formen von Macht definieren."[374]

Die Macht kann somit auf sehr unterschiedliche Art und Weise zum Ausdruck kommen. Sie kann sich überlagern, kreuzen, beschränken oder sich gar annulieren. Man muß sie also immer im Sinne einer Möglichkeitsbedingung betrachten, in der nicht nur die "...Existenz eines Mittelpunktes..." steht, sondern eine Vielzahl von Mittelpunkten, "...die durch ihre Ungleichheit unablässig Machtzustände erzeugen."[375] Macht setzt sich in diesem Zusammenhang aus einer "...Vielfältigkeit von Kräfteverhältnissen zusammen, die ein Gebiet bevölkern und organisieren; das Spiel, das in unaufhörlichen Kämpfen und Auseinandersetzungen diese Kräfteverhältnisse verwandelt, verstärkt und verkehrt."[376] Ein mannigfaltiges Spiel eben, das einem heterogenen, dezentral sich organisierenden Machtgefüge entspricht, in dem sich die Macht "...in jedem Augenblick und an jedem Punkt — oder vielmehr in jeder Beziehung..."[377] und zwischen den Punkten erzeugt. Wir leben in einem Zeitalter der Juxtaposition, schreibt Foucault, in einer Welt "...des Nahen und des Fernen, des Nebeneinanders und Auseinanders..." — in einer Epoche also, die sich "...als ein Netz...[erfährt]...das seine Punkte verknüpft."[378] Das heißt, wir leben in einem differenzierten Geflecht "...von Beziehungen, die Platzierungen definieren, die nicht aufeinander zurückzuführen und nicht miteinander zu vereinen sind."[379] In einer solchen Gemengelage entfaltet sich die Macht über eine netzartiges Geflecht, dessen Wirkungskreis sich bis in "...die »periphersten« Verzweigungen..."[380] verfolgen läßt.

Was nicht bedeutet, daß beliebige (Macht)-Punkte beliebig miteinander verknüpft werden können. "Es handelt sich eher um aufeinanderfolgende Ziehungen, von denen jede einzelne dem Zufall unterworfen ist, aber unter äußeren Bedingungen, die durch die vorangegangene Ziehung determiniert sind [...]. Es gibt folglich keine Verkettung durch Kontinuität [...] sondern Wiederverkettung über die Einschnitte und Diskontinuitäten hinweg (Veränderung)."[381]

Foucault spricht hier ähnlich wie es Bourdieu in der Theorie der sozialen Felder tut, von der Macht als Prozess. Dabei äußert sich die Macht "...zwischen den jeweiligen Schichten miteinander."[382] Sie ist niemals die Schicht selber, sondern immer nur das sich verändernde Dazwischen. Macht stellt unter diesem Aspekt also eine "...Gesamtheit von Kräfteverhältnissen..." dar, die keinen Ort, sondern einen im dazwischen liegenden Nicht-Ort bezeichnen, der "...ausschließlich für Veränderungen..."[383] konzipiert ist.

Macht, so könnte man sagen, steht bei Foucault also für den Inbegriff von immer wieder neu sich entwickelnden Kräfteverhältnissen, deren jeweilige Konstellation sich aus "...komplexen strategischen Situation in einer Gesellschaft..."[384] ergeben. Sie entsprechen wie Dreyfus und Rabinow darlegen, einer Matrix von Kräfteverhältnissen, die "...zu einer bestimmten Zeit in einer bestimmten Gesellschaft..."[385] zugegen sind. "Die Wirkung der Macht..."[386] entspricht damit einer sozialen Technik, die etwas Produktives produziert. Macht ist also als ein Beziehungsbündel, das ständig in der Veränderung begriffen ist, das keiner singularen Form angehört.[387] Das heißt, sie gehört keiner Institution an, auch entspricht sie keiner Struktur. Man kann sie weder besitzen noch erwerben oder gar wegnehmen und "...sie läuft genauso durch die Beherrschten wie durch die Herrschenden (da sie durch alle in Beziehung stehenden Kräfte hindurchgeht)."[388] Die Macht ist lediglich der Name "...einer komplexen strategischen Situation in einer Gesellschaft."[389]

VON DEN WIDERSPENSTIGEN BRÜCHEN IN DEN MASCHEN DER MACHT

Und da " wo es Macht gibt, gibt es...[auch]...Widerstand bzw. Widerstände, die "...in den Machtbeziehungen die Rolle von Gegnern [...] spielen."[390] So wie das "...Netz der Machtbeziehungen ein dichtes Gewebe bildet, das die Apparate und Institutionen durchzieht, ohne an sie gebunden zu sein, so streut sich die Aussaat der Widerstandspunkte quer durch die gesellschaftlichen Schichten und die individuellen Einheiten."[391]

Diese Widerstandspunkte sind nicht wegzudenkende Gegenspieler und deshalb immer und überall präsent. "Darum gibt es im Verhältnis zur Macht auch nicht den einen Ort der Großen Weigerung...", sondern eine Vielzahl von einzelnen Widerstandspunkten, die sich "...mit größerer oder geringerer Dichte..." über das Feld der Machtbeziehungen verteilen."[392] Folglich kann der Widerstand sich nicht außerhalb seiner

Machtverhältnisse entwickeln. Auch wenn dieser, wie Foucault ausführt, immer auf der gegenüberliegenden Seite steht, positioniert er sich nie außerhalb des Wirkungskreises der Macht. Er ist das nicht wegzurationalisierende Widerlager, das aufgrund seiner Handlungsmöglichkeiten innerhalb der Machtstrukturen, sowohl neue Grenzen formiert, markiert als auch überschreitet. Die Gegenspieler der Widerstandpunkte lassen, wie Dreyfus und Rabinow meinen, immer wieder neue 'Machtverhältnisse' entstehen. Auch wenn die Widerstände "...nicht von ganz anderen Prinzipien..." herrühren, also weder "...eine trügerische Hoffnung...[noch ein]...gebrochenes Versprechen..."[393] übermitteln—so sind sie dennoch die Gegenspieler, die aktiv bestehende Verhältnisse destabilisieren. Widerstände werden zwar von Macht durchzogen, zur gleichen Zeit stehen sie aber durch ihr Wirken auch assoziativ für Freiheit, denn wo es Machtverhältnisse gibt, muß es auch Aufbegehren und widerspenstige Freiheiten geben. Es gibt also für Foucault kein Machtverhältnis, das "...ohne Widerstand, ohne Ausweg, Flucht...[oder]... eventuelle Umkehrung..."[394] auskommt. "Jegliche Machtbeziehung impliziert deshalb [...] eine [...] Kampfstrategie, ohne daß sich deswegen beide überlagern, ihre Spezifität verlieren und sich letzlich verwischen."[395] Ganz das Gegenteil ist der Fall: Sie bilden innerhalb eines bestehenden Machtverhältnisses eine Art Grenzsituation füreinander, "...einen möglichen Umkehrpunkt..."[396], eine Art Schwelle, über die sie immer wieder neue Machtverhältnisse schaffen können. Darum sind sie auch unregelmäßig im Feld zerstreut.

Gelegentlich kommt es dabei auch einmal zu dauerhaften Vereinigungen, "... aber weit häufiger hat man es mit mobilen und transitorischen Widerstandpunkten zu tun, die sich...[wie]...verschiebende Spaltungen..." in eine Gesellschaft einführen und dabei "...Einheiten [...] und Umgruppierungen hervorrufen, die Individuen selber durchkreuzen, zerschneiden und umgestalten."[397] Dieses Phänomen hat Foucault auch schon im Bild des Schiffes visualisiert: Es entspricht einem grenzüberschreitenden Widerlager, das im urbanen Netz Widerstands-Maschen produziert, um neue Verbindungen einzugehen. Wie das Schiff, so bildet auch der Widerstand eine Kraftlinie, das die Maschen der Macht sowohl aufspaltet, durchkreuzt als auch wieder neu miteinander verbindet. Macht bedeutet nicht, "...den Verzicht auf eine Freiheit, eine Rechtsübertragung oder die Delegation der Macht aller an Einzelne."[398] Sie ist immer im Sinne eines mannigfaltigen Geflechtes zu verstehen, in dem alle Subjekte frei sein müssen und kein Subjekt darf über einem anderen stehen.

Offensichtlich distanziert sich Foucault hier von den Disziplinartechniken, die er in *Überwachen und Strafen* entwickelt hat.[399] Während dort noch "...Macht, Körperkontrolle und die Kontrolle des Raumes in einer integrierten Disziplinartechnologie zusammengefaßt..."[400] werden, verortet er den Körper nun in einem gesamtkulturellen Beziehungsgeflecht, das einem heterogenen und sich dezentral organisierenden Machtgefüges entspricht, in dem die Macht innerhalb eines gesellschaftlichen Körpers zum Ausdruck kommt. Macht besteht also aus einer Gesamtheit von Kräfteverhältnissen, die sich wiederum aus einer Gemengelage von unterschiedlichen Zielen und Strategien der Individuen zusammensetzt. Macht ist also eine vielfältige Vernetzung individueller Ungleichheiten. Was dazu führt, daß es innerhalb eines Machtgefüges zu Unterbrechungen, Einschnitten und Diskontinuitäten kommen kann, die Foucault zufolge nötig sind, um bestehende Machtverhältnisse zu verändern. Und nur dort "...wo die Determinierungen gesättigt sind, existiert kein Machtverhältnis."[401] Macht kann sich also nur dann entfalten, wenn der Körper "...sich bewegen und im Grenzfall entweichen kann."[402] Das heißt, in jedem Machtverhältnis sind 'widerspenstige' Akteure zugegen, Grenzgänger sozusagen, die dem Gefüge entgegenhandeln.

DER GRENZ(ÜBER)GÄNGER ALS RAUMSTRUKTURIERENDES ELEMENT

Einen solchen Grenzgänger hat Gerald Raunig (geb.1963) im Blick, wenn er in seiner *Ästhetik der Grenzüberschreitung* 'Charon' für seine Untersuchung heranzieht.[403] Während Vergil (70 - 19 v. Chr.) in seiner Aeneis Charon noch als düsteren Gesellen darstellt, der mit seinem Kahn die Toten gegen ein Entgeld über Acheron, den Fluss der Unterwelt, zum Hades (dem Ort der Toten) transportiert, sieht Raunig in diesem Fährmann einen Übersetzer, der "...nicht die Grenzlinie zwischen einem Diesseits und Jenseits..."[404] abtastet, sondern einen Raum des Übergangs bzw. des Dazwischens schafft. Charon, der mit seinem Kahn "...die Gewässer der griechischen Unterwelt..." befährt, hält damit, wie Raunig meint, eine "...Verdopplung der Funktion des verbindenden..."[405] inne. Das heißt, der Kahn ist nicht nur das verbindende Glied zwischen zwei Ufern, er ist auch der in der "...Differenz stehenden Zwischenraum..."[406], quasi eine Insel in der Insel. Raunig sieht in Charon also nicht den düsteren Zöllner, wie ihn Vergil noch beschrieben hat, sondern betrachtet ihn als vermittelnden Fährmann, der die Welt der Zwischenräume repräsentiert. "Er ist damit nicht Personifikation der schroffen Grenze, sondern Personifikation des Übergangs...[und die]...fließenden Gefilde, auf denen Charon sich bewegt, sind Räume dieses Übergangs, gleichzeitig aber auch Räume der Zuspitzung von Differenz, in denen [...] Dissonanzen zum Oszillieren gebracht werden."[407] Die Grenze entspricht hier also nicht mehr etwas Abgründigem; sondern sie ermöglicht "...Alternativen zu konzipieren und oppositionelle Praktiken..."[408] anzuwenden. Dazu Hooks (geb.1952): "It was marginality that I was naming as a central location [...] as such, I was not speaking of marginality one wishes to lose, to give up, but rather as a site one stays [...] to resist [...]. For me this space [...] is a margin- a profound edge [...] of radical openness."[409] Das heißt, der Rand, das Periphere wird hier als ein Raum von radikaler Offenheit konstruiert — eine neu in Erscheinung tretende Offenheit, die, wie Raunig meint, den Rand nun zu einem zentralen "...Treffpunkt [...] des Widerstandes [...] der marginalisierenden Subjekte."[410] macht. Von einer solchen Situation spricht auch Foucault, wenn er von den 'anderen Orten' berichtet. Auch die Heterotopien bilden ein offenes Widerlager, das sich sowohl auf gesellschaftlich widerspenstige Verhaltensweisen als auch auf architektonisch-räumliche Realisierungen bezieht. Sie sind die dazwischenliegenden, temporär sich organisierenden Contra-Platzierungen, die im urbanen Netz Widerstands-Maschen produzieren, und dabei bestehendes Gewebe aufspalten, durchkreuzen und es wieder verflechten. Die Randständigkeit erfährt hier also eine neue Begrifflichkeit, indem der Rand, der einst noch mit Unterdrückung in Verbindung gebracht wurde (Kolonialsismus), nun im Sinne einer "...selbst gewählten Randständigkeit..."[411] betrachtet wird, die etwas Produktives meint. Grenzen sind unter diesem Aspekt also nicht mehr als etwas Begrenzendes oder gar als ein, wie Raunig meint, lästiges Hindernis zu betrachten. Ganz das Gegenteil trifft zu: Sie ermöglichen temporäre Zwischenräume, die nach Homi Bhabha, eine kulturelle Hybridität "...zwischen zwei [...] Identifikationen...[schaffen], ...in der es einen Platz für Differenz ohne eine verordnete Hierarchie gibt."[412] Dabei geht es Bhabha nicht um die Vereinheitlichung von Differenzen, sondern um die Öffnung eines temporären Zwischenraumes."...For me the importance of hybridity is not to be able to trace two original moments from which the third emerges, rather hybridity to me is the 'third space', which enables other positions to emerge."[413] Es geht Bhabha ähnlich wie Raunig, hier also um die Schaffung eines dritten Raumes: Ein Ansatz, den der Stadtplaner und Geograph Edward Soja (geb.1935) in seiner Publikation *Thirdspace, Journeys to Los Angeles And Other Real-And-Imagined Places*, versucht hat, in die Praxis umzusetzen.[414] Diese Art von Räumlichkeit scheint auch Foucault mit den Heterotopien, den anderen Räumen im Sinn gehabt zu haben: "Wir leben nicht in einer Leere..." schreibt Foucault, "...die nachträglich mit bunten Farben eingefärbt wird. Wir leben innerhalb einer Gemengelage von Beziehungen, die..." immer auch "...Plazierungen definieren, die [...] nicht miteinander zu vereinen sind."[415] Auch diese anderen Räume entsprechen einem mannigfaltigen Geflecht, das mehrere Platzierungen versammelt, die nicht aufeinander bezogen sind.

DER KÖRPER, DIE MACHT UND DIE PRODUKTION VON RAUM

Der Raum entspricht also nicht einem leeren Tableau oder einer leeren Form, in die etwas hineingeschrieben wird. "Sondern der Raum selbst wird produktiv..." — ein vergleichbarer Ansatz, den ebenfalls der französische Soziologe Henri Lefèbvre in seinem erstmals 1974 erschienem Werk *La Production de l'espace* verfolgt hat.[416] Auch er geht wie Foucault, davon aus, daß der Raum gesellschaftliche Verhältnisse ausdrückt als auch Materielles produziert. Der von ihm in den 70er Jahren entwickelte Begriff der 'Raumproduktion', den er aufgrund einer intensiven Auseinandersetzung mit den Werken von Karl Marx (1818-1883) entwickelt hat, beschreibt ein triadisches Beziehungsgeflecht, das sich aus den folgenden drei Kategorien zusammen setzt: 1. der 'Raum der sozialen Praxis' (der physisch vorhandene Raum), 2. die 'Repräsentation des Raumes' (der mentale und imaginäre Raum) und 3. der 'Raum der Repräsentation' (der symbolische abstrakte bzw. gelebte Raum).[417]

DAS TRIADISCHE RAUMMODEL

Die erste Kategorie, die den physisch vorhandenen Raum als den wahrgenommenen Raum der sozialen Praxis erfasst, meint das Handeln der Menschen; damit ist sowohl das alltägliche Leben als auch die städtische Routine mit ihren Verbindungen und Verflechtungen gemeint, die innerhalb eines urbanen Gefüges die einzelnen Plätze miteinander verknüpfen. Dabei sind die Akteure dem Raum nicht passiv ausgesetzt, sondern sie sind aktiv an dessen Aufrechterhaltung beteiligt.[418] Der zweite Raum, der sich durch die Repräsentation von gesellschaftlichen Kodierungen produziert, ist der mentale und imaginäre Raum, wie ihn zum Beispiel Wissenschaftler, Stadtplaner, Urbanisten oder Geographen entwickeln und repräsentieren. Dieser Raum, dessen symbolische Bedeutung sich in der Architektur niederschlägt, generiert sich sowohl aus den Produktionsverhältnissen, den institutionalisierenden Ordnungen des Staates, (seinen Institutionen und Ideologien) als auch aus den Wissenschaften. Und schließlich geht es um den 'Raum der Repräsentation'. Das ist der direkt erlebte und durch Bilder und Symbole konstruierte Raum, über den die Individuen untereinander in Beziehung treten können. Dieser Raum hat eine vermittelnde Funktion, da er in einem Wechselspiel zwischen dem physisch vorhandenen und dem imaginärem Raum steht. Das heißt, dieser dritte Raum de-konstruiert durch seine Präsenz binäre Einheiten und fügt damit dem gesellschaftlichen Prozess eine über die Dichotomie hinausweisende Dynamik hinzu, die Lefèbvre in einem triadischen Raster verortet. "They can thus be categorized or subject to a grid on the basis of 'topias': [...] isotopias, or analogous spaces; heterotopias, or mutually repellent spaces; utopias, or spaces occupied by the symbolic and the imaginary."[419] Lefèbvre setzt hier also ein der Dichotomie abweichendes Konzept entgegen, in dem er die Gesellschaft und damit auch das urbane Raumgefüge über ein Raster von isotropen, heterotopen und utopischen Räumen verortet.

DER KÖRPER ALS MOTOR VON RAUMPRODUKTIONEN

Wie sich nun diese drei Raum-Pole (tripolare Dialektik) "...gegenseitig beeinflussen, einschränken, überlappen...[und]...interferieren..."[420], um Räumlichkeit zu produzieren, verbildlicht Lefèbvre am Beispiel der Spinne, die im Raum ihr Netz spinnt. Ähnlich dem Menschen, der sich seinen Lebensraum durch ein Netz von Beziehungen zu seinem Kontext gestaltet. Auch wenn die Spinne nicht wie wir denkt, lebt auch sie im Raum und macht ihn zu ihrem Produkt, "...nimmt ihn nicht als leere Form hin."[421] Für Lefèbvre kann sich also keine Räumlichkeit produzieren, ohne daß der Körper etwas in Beziehung setzt: "We may say, then, that for any living body, just as for spiders [...] the most basic places and spatial indicators are first of all qualified by that body."[422]

Dabei geht Lefèbvre nicht von irgendeiner Körperlichkeit aus: "Nein: er will vom sinnlich-sensiblen Körper ausgehen, der aus dem Raum seine Energien bezieht und sie in diese zurück gibt."[423] Welche Mechanismen er hier darlegt, können im Rahmen dieses Teilabschnittes nicht weiter vertieft werden. Wichtig ist, daß er die Körperlichkeit nicht auf das Gedachte reduziert, wie das beispielsweise bei Descartes noch der Fall war, sondern sie auf die gelebten Handlungen erweitert, die in den Gesten der Menschen zum Ausdruck kommen. Denn die Gesten sind es, "...die den mentalen Raum mit dem physischen Raum..." in Beziehung setzen und "...dabei einen sozialen Raum schaffen."[424] Der Raum produziert sich bei Lefèbvre also immer über die Subjekte und deren Handlungen. Die räumlichen Praktiken, die sich über die Triplizität von erfahrenem, erdachtem und gelebtem (perceived, conceived und lived) Raum bilden, bleiben abstrakt, wenn diese nicht mit den Individuen innerhalb einer Gesellschaft verknüpft werden.[425] Dieser Meinung ist auch Ian Borden: "It is [...] simultaneously mental and material [...] unconscious and conscious [...] such that social relations have no real existence except in and through space. People make places and places make people."[426] Die Raumproduktion ist bei Lefèbvre also immer an die Erfahrung der eigenen Körperlichkeit im Umgang mit anderen Kontexten geknüpft, die sich über ihre Handlungen im Raum verortet: "...[T]he constant and simultaneous production of not just its buildings and spaces, not just the plans and maps of territory, not just street-level experiences, but of all three together."[427]

Raum entspricht auf dieser Folie zwar einem Produkt, jedoch kann er nicht als ein gegenständliches Objekt oder abstraktes Konstrukt verstanden werden. Er ist sowohl Produkt als auch Medium: "(Social) space is a (social) product."[428] Raum wird gesellschaftlich produziert, gleichzeitig ist er aber auch das Medium, das gesellschaftliche Beziehungen strukturiert und konkret werden läßt. Menschen stehen nicht außerhalb des sozialen Raumes, sondern sie nehmen den Raum ein. "...space is neither a [...] 'frame' [...] nor a form or container of a virtually neutral kind, designed simply to receive whatever is poured into it. Space is social morphology: it is to lived experience what form itself is to the living organism, and just as intimately bound up with function and structure."[429]

Diese Form der Raumannäherung verdeutlicht, daß es ihm nicht nur um die Repräsentationsformen innerhalb gesellschaftlicher Felder geht, sondern ihm ist an der gesellschaftlichen Raumpraxis gelegen, in der sich über ein triadisches Beziehungsgeflecht soziale Räume immer wieder neu aufspannen können. Dabei äußert sich die Räumlichkeit nicht über den Besitz oder die Umwandlung von Natur in Waren, wie es noch Karl Marx definiert hat, sondern produziert sich durch die stattfindende Aktivitäten, die auf allen drei Ebenen des gesellschaftlichen Raumes ihren Ausdruck finden. Diese Art von Raumaneignung impliziert, daß auch jene Gruppen, die nicht über Grund- oder Kapitalbesitz verfügen, aktiv an der Produktion von Räumlichkeit beteiligt sind.

Damit weist er auf eine Raumaneignung hin, die bestehende Machtverhältnisse (Disziplinarinstrumente von Staat und Militär) innerhalb einer Gesellschaft hinausgehen. Das sind die Contra-Räume, wie er sagt: "...that run counter to a given strategy and occasionally succeed in establishing a counter space within a particular space."[430] Damit spricht er eine Raumvorstellung an, mit der sich Foucault ebenfalls auseinander gesetzt hat. Auch er spricht in den Anderen Räumen von Gegenräumen, den Orten jenseits aller Orte, die sich innerhalb eines urbanen Raumgefüges als Widerlager auftun.[431]

DIE MACHT DES KÖRPERS

Neben Foucault hat sich also auch Lefèbvre mit der Problematik und den Implikationen der Macht in Korrelation zum Körper im Raum auseinander gesetzt. Lefèbvres Umgang mit der Macht läßt sich dabei besonders über den dynamischen Raum des Kapitalismus analysieren — ein abstrakter Raum, der wie er meint "...eine logische Struktur besitzt, die sich nicht nur über "...die städtische Kultur [...] ergießt...", [sondern] "...das ganze Land durchdringt."[432] Um nun aber gegen diesen kapitalistischen Raum vorgehen zu können, zieht er mit dem triadischen Beziehungsgeflecht den Körper als vermittelndes Widerlager heran. Auch wenn Lefèbvre hier im Gegensatz zu Foucault noch zwischen den Räumen der Herrschaft und dem Räumen der Beherrschten unterscheidet, ist der Körper auch für ihn das irreduzible Element, daß im urbanen Netz Maschen produziert, die zu neuen Anordnungen innerhalb eines Machtgefüges führen.

Der Körper nimmt ähnlich wie der Charon von Raunig eine vermittelnde Rolle zwischen zwei Intensitäten ein. Er übersetzt – er setzt über. Und während er dieser Aufgabe nachgeht, fallen die von de Certeau beschriebenen Gegensätze (der physisch vorhandene und der imaginär-repräsentativen Raum) zusammen.[433] Es entsteht eine singulare Situation – ein Durchgangsort, der keine Zukunft hat, wie die Situationisten sagen würden.[434] Wie das Schiff von Foucault, entspricht auch Lefèbvres Körper einem unermüdlichen shifter, der immer wieder neue Beziehungen zwischen dem physisch vorhandenen und dem imaginär-repräsentativen Raum induziert.

VON DER RHETORISCHEN MACHT DER VERHALLENDEN SCHRITTE
DIE ÄUSSERUNGEN DER HANDELNDEN

Im Übergang oder Durchgang, so de Certeau, verändern sich die Orte – dekodiert sich durchgeplante Stadt. Bei ihm ist es das Gehen, bzw. die Schritte der Fußgänger, die Orte in Passagen verwandeln. Sie bilden dabei die Zahl einer unzählbaren Menge von Singularitäten, die keinen Materialisierungspunkt aufweisen können, da "...die Motorik der Fußgänger..."[435] eine Lokalität erzeugen, die nicht lokalisiert werden kann.

Die Wahrnehmung von urbanem Raum bezieht sich bei de Certeau auf das Handeln von leiblichen Subjekten, "...deren Körper dem mehr oder weniger deutlichen Schriftbild eines städtisches Textes folgen, den sie schreiben, ohne ihn lesen zu können."[436] Während dieses Vorganges produzieren sie Einschnitte in bestehende Stadt-Texturen und hinterlassen beim Vorübergehen Spuren, die einen neuen Text neben dem bestehenden Text schreiben. Die Schritte definieren sich dabei weder über ihre Form noch über ihre Anordnungen. Ihre Bedeutung liegt vielmehr in den Aussagen der Stadt-Texturen durch die teilnehmenden Fußgänger, denn sie befinden sich in einem "...Umfeld der Erfindung, des Nicht-Wissens, des Risikos."[437] Die Fußgänger schaffen einen Raum und die produzierten "...Spiele der Schritte...[entsprechen den]...Gestaltungen von Räumen. "Sie weben die Grundstruktur von Orten..."[438], die hypothetisch auf Stadtpläne eingetragen werden könnten, wenn ihre Spuren nicht bereits auf die Abwesenheit des Geschehenen, hinweisen würden. Denn "...bei der Aufzeichnung von Fußwegen geht genau das verloren, was gewesen ist: der eigentliche Akt des Vorübergehens."[439]

Der mit der Rhetorik des Gehens erlebte Raum kann somit der potentiellen Machtausübung, wie sie noch von Foucault in den Disziplinartechniken beschrieben worden ist, entgehen. Während also der Kontrollapparat (zum Beispiel das Stadtplanungsamt oder die privaten Betreiber von Einkaufszentren) Plätze einrichtet, mittels derer er seine Macht ausüben kann, entkommen die Gehenden dieser "...technokratischen Macht..."[440], indem sie die platzierten Einrichtungen auf ihre Art und Weise durchschreiten. Das heißt, "...die wirkliche Ordnung der Dinge besteht [...] in den Taktiken, die die Dinge zu ihren eigenen Zwecken umändern."[441] De Certeau setzt hier also der geometrischen Struktur des urbanen Netzwerkes, die Struktur, die die Schritte der Fußgänger entwerfen, entgegen. Damit (mit den Schritten) entkräften die Fußgänger den durchgeplanten Raum, der sinnbildlich für Kontrolle und Diszplinierung steht. Wie die Fußgänger sich dabei diesem Raum entziehen, entwirft er an Hand eines dualistischen Schemas (die Körperbewegungen und die narrativen Handlungen), das sich in den folgenden drei Ebenen entfaltet:

1. Über den Vorgang der Aneignung eines topographischen Systems durch den Fußgänger. Das heißt: So wie der Sprechende die Sprache annimmt, nimmt der Fußgänger seine physisch bestehenden Umgebung an.

2. Über die räumliche Realisation des Ortes, die mit dem Akt des Sprechens, als der Verlautbarung von Sprache verglichen werden kann.

3. Über das Beziehungsgeflecht zwischen den einzelnen Positionen, die sich über ihre Bewegungsabläufe ergeben bzw. ergeben haben.

Der Fußgänger eignet sich also über den Akt des Gehens seine Umgebung an. "Das Gehen, das sich Schritt für Schritt fortsetzt oder fortgesetzt wird, macht aus der Umgebung etwas Organisch-Bewegliches."[442] Die Gehenden verweben das topographische System, oder mit den Worten von de Certeau: sie schaffen "...eine Abfolge von phatischen topoi."[443] Die Gehenden entrinnen also der Macht, indem sie innerhalb eines urbanen Netzwerkes über den Akt des Gehens immer wieder neue Verbindungen zu ihrem unmittelbaren Kontext herstellen und die "...dabei erzählten Abenteuer, die gleichzeitig Handlungsgeographien produzieren [...] sind nicht nur eine 'Ergänzung' der Ausdrucksweise der Fußgänger und der Rhetorik des Gehens [...]. Sie lenken..."[444] deren Schritte. "Das Gehen bejaht [...] riskiert...[und]...überschreitet..." also die Wege, die es 'ausspricht'."[445] Die Wege "...verändern sich von Schritt zu Schritt [...] je nach den Momenten, den Wegen und den Gehenden."[446] Die Gehenden erfinden also immer wieder neue Möglichkeiten räumlicher Ordnung, da jeder Einzelne "...durch Abkürzungen, Umwege und Improvisationen auf seinem Weg bestimmte räumliche Elemente... [bevorzugt]...oder beiseite lassen kann."[447] Der Gehende entnimmt "...Bruchstücke des 'Ausgesagten'...[geht mit ihnen]...'zufällige' oder gar unzulässige räumliche Wendungen (wie Redewendungen)..."[448] ein, während er andere Orte brach liegen läßt. "Indem er also eine Auswahl unter den Signifikaten der räumlichen 'Sprache' vornimmt oder indem er sie durch den Gebrauch, den er von ihnen macht, verändert, schafft er Diskontinuitäten..."[449] im urbanen Netzwerk. Der Akt des Gehens ist für "...das urbane System das, was die Äußerung (der Sprechakt) für die Sprache oder für formulierte Aussagen ist [...]. Das Gehen kann somit wie folgt definiert werden: es ist der Raum der Äußerung."[450]

PASSAGEN UND ÜBERGÄNGE–ZWISCHEN RAUM UND ORT

Der Raum ist also ein Ort mit dem man etwas macht, in dem gehandelt wird. Die Begrifflichkeit des Ortes entspricht dabei einer "...Ordnung [...] nach der Elemente in Koexistenzen aufgeteilt werden...", wodurch die Möglichkeit ausgeschlossen wird, "...daß sich zwei Dinge an derselben Stelle befinden."[451] Es gilt "...das Gesetz des Eigenen..."[452],in dem jedem Element sein eigener abgegrenzter Bereich zugesprochen wird. Der Raum dagegen "...entsteht, wenn [...] Richtungsvektoren, Geschwindigkeitsgrößen..."[453] und die Variablität von Zeit miteinander verbunden werden. Als ein Geflecht von beweglichen Elementen, definiert sich der Raum über Interaktionen und Aktivitäten, welche sich in ihm entfalten, in ihm verzeitlichen sowie ihm eine Richtung zuweisen. Was also den Raum betrifft, gibt es "...im Gegensatz zum Ort [...] weder eine Eindeutigkeit [...] noch die Stabilität von etwas 'Eigenem' ".[454] Er kann somit als der praktische Umgang mit einem Ort bezeichnet werden, d.h. ein Ort wird dann zum Raum, wenn dort etwas geschieht. Wie sich diese Umwandlung vollzieht beschreibt de Certeau an Hand der Bewegung des Fußgängers, der die geometrisch als Ort definierte Straße mittels seiner narrativen Handlungen in einen Raum verwandelt. Es ergibt sich eine Verschiebung vom Ort als eine Anordnung von fixierten Elementen, die nebeneinander existieren hin zum Raum als Belebung dieser Fixpunkte durch die Ortsveränderung eines sich in Bewegung befindenden Subjekts. Raum und Ort lassen sich somit geometrisch als auch anthropologisch beschreiben. Der anthropologische ist dabei unmittelbar an die Präsenz von Menschen gebunden, während der geometrische an sich bereits schon vorhanden ist. De Certeau bezieht sich hier auf Maurice Merleau-Ponty (1908-1938), der sich in der *Phänomenologie der Wahrnehmung* ausgiebig mit dieser Thematik auseinander gesetzt hat. Auch er differenziert zwischen einem geometrischen Raum als einer homogenen und isotropen Räumlichkeit und der Erfahrung eines Außens – ein Außen, das er mit dem Begriff anthropologischer Raum besetzt hat. Dabei erscheint diese außen liegende Räumlichkeit als eine unabdingbare Erfahrung des Seins im Verhältnis zur Welt. In dem hier skizzierten Zusammenhang entspricht der anthropologische Raum also einem existentiell notwendigen, über den der Mensch sein Verhältnis zur Welt wahrnehmen und bestimmen kann. Dabei ist der Leib, bei Merleau-Ponty der unabdingbare Vermittler mit dem allein man den Raum erschließen kann. Er ist, wie bereits Henri Bergson in La perception du changement erläutert hat, ein Durchgangspunkt, der uns als "...Quelle und Richtmaß aller Erkenntnis..."[455] dient. Der von Merleau-Ponty beschriebene Leib stellt also eine Art Knotenpunkt dar, über den der Mensch mit der Welt in Verbindung tritt. "Der eigene Leib ist in der Welt wie das Herz im Organismus: er ist es, der alles sichtbare Schauspiel unaufhörlich am Leben erhält, es innerlich ernährt und beseelt, mit ihm ein einziges System bildet."[456] Wir nehmen unsere Umwelt also immer über unseren Leib wahr. Dabei besitzt jeder Leib seine individuelle Erlebnis-Perspektive, die Merleau-Ponty auch als "...Ständigkeit des eigenen Leibes..."[457] bezeichnet. Diesem Ansatz schließt sich auch de Certeau an, wenn er schreibt: "[Es]...gibt ebensoviele Räume wie...[es]...unterschiedliche Raumerfahrungen..."[458] gibt. Dabei ist nicht nur der Körper an der Raumproduktion beteiligt, sondern auch die Sprache, wie im folgenden Abschnitt ausgeführt wird.

NAMEN UND EIGENNAMEN – DAS SPIEL DER POLY[TOPO]SEMIEN

"Ebenso ist die Lektüre ein Raum, der durch den praktischen Umgang mit einem Ort entsteht, den ein Zeichensystem – etwas Geschriebenes – bildet."[459] "In diesem Zusammenhang haben die narrativen Strukturen die Bedeutung von räumlichen Syntaxen."[460]

Sie sind es, die über ein ganzes Sortiment von Kodierungen die räumlichen Veränderungen regeln, die durch den praktischen Umgang mit einem Ort entstehen.

Innerhalb dieses Gedankengangs führt de Certeau die Differenzierung von Ort und Raum innerhalb der Ezählungstrukturen auf zwei Bestimmungen zurück: eine des statischen Objektes und eine der subjektiven Handlung. Oder anders ausgedrückt: Der Ort setzt sich aus einer Konstellation von festen Punkten zusammen, die auf eine momentane Stabilität hinweisen, während der Raum ein Ort ist, mit dem etwas gemacht werden kann. In der abendländischen Kultur wird der Ort bislang als ein regungsloser und bewegungsloser Körper dargestellt, währenddessen Raum und Ort bei de Certeau Konstrukte sind, die durch die Aktionen der Subjekte konstiuiert werden. Dabei ist die "...Erzeugung eines Raumes [...] immer durch eine Bewegung bedingt, die ihn mit einer Geschichte verbindet."[461] "Die Erzählungen führen also eine Arbeit aus."[462] Sie organisieren das unablässige Spiel der wechselnden Beziehungen, die in einem fort den "...Raum in einen Ort und den Ort in einen Raum..."[463] verwandeln.

Gehen bedeutet den Ort zu verfehlen: "Es ist der unendliche Prozeß, abwesend zu sein und nach einem Eigenen zu suchen."[464] Diese Suche nach dem Eigenen ist das was die Stadt ausmacht, denn sie ermöglicht eine individuelle Benennung, welche die Individualität des handelnden Subjekts buchstäblich speichert. Und die Bezüge und Überschneidungen "...die zu Verflechtungen führen und das urbane Netz bilden...[beschreiben]...was schließlich der Ort sein sollte — aber die STADT ist nur ein Name...,"[465] ihr wirkliches inneres Treiben mag der Stadtname nicht zu verorten. Das heißt, die Identität, dieses Ortes, "...ist umso symbolischer (auf den Namen bezogen), als es [...] nur ein einziges Gewimmel..." von sich flüchtig begegnenden Passanten gibt, "...die von einem Nicht-Ort [...] bedrängt werden."[466]

Wie sich nun das Verhältnis der räumlichen Praktiken zu dieser Abwesenheit darstellt, erklärt er über das Spiel "...mit und an den Eigen-Namen."[467] Jeder Gehende produziert in der Bewegung seinen ganz individuellen Stadt-Namen, der für ihn eigen und einzigartig ist; eine Stadt ohne diese Bewegung der Subjekte ist wie eine Wort-Hülse, nur ein Name — leer. Eine dieser Bewegungen ist nach Außen gerichtet "...(gehen bedeutet sich hinausbegeben)...", während sich die andere nach Innen richtet "...(eine Mobilität unterhalb der Stabilität des Signifikanten)... [Dabei gehorcht]...das Gehen [...] semantischen Tropismen..., [die ausschließlich]...von Benennungen mit dunkler Bedeutung angezogen..."[468] werden, um damit der Stadt, die von einer technokratischen Macht gesteuert wird, zu entkommen. Das heißt, die von den Gehenden produzierten 'Stadt-Namen' geben den Anstoß zur Entmachtung des urbanen Textes, vergleichbar den Signalen, "...die den Verlauf...[eines]...Weges ändern oder umlenken, indem sie ihm Bedeutung (oder Richtungen) geben, die bis dahin nicht sichtbar waren."[469] Und eben diese von den Gehenden produzierten 'Namen' "...schaffen Nicht-Orte an Orten; sie verwandeln sie in Passagen."[470] Damit ist erwiesen: Nicht-Orte sind Orte, die zwar benannt werden können, aber nicht zu verankern sind. Sie sind urbane Räume des Transits, des Vorübergehens — ohne Zukunft.

Die Namen dieser Räume, deren Signifikanz, bieten "...den Passanten vielerlei Bedeutungen (Polysemien)...[an, die als]...seltsame Toponoymie [...] von den Orten abgelöst ist und über der Stadt wie eine 'Bedeutungs'-Geographie in den Wolken schwebt, und von dort aus die Bewegungen der Körper lenkt."[471] Als Antwort auf die Negation des topographischen Ortes, bietet de Certeau den Gehenden 'Poly[topo]semien' an, die es ermöglichen den Ort in einen befreiten Raum zu überführen. Und die damit ein-hergehende Unbestimmtheit, "...gibt ihnen [den Gehenden] die Möglichkeit, über die Geographie der verbotenen oder erlaubten buchstäblichen Bedeutung eines zweite, poetische Geographie zu formulieren. Sie ermöglichen andere Reisen innerhalb der funktionalistischen und historischen Verkehrsführung."[472]

Diese Geographie verspricht mit ihren unendlichen Möglichkeiten die Bildung von Eigennamen und somit das Entstehen unendlich vieler Orte bzw. Nicht-Orte, die sich der urbanistischen Systematik entziehen. Dieser Vorgang ermöglicht also "...künftige Ex-pansionen vorzubereiten und sich somit eine Unabhängigkeit gegenüber den wechseln-den Umständen zu verschaffen."[473] Denn indem die Orte ihre Klasssifikation aufgeben, ermöglichen sie etwas anderes zuzulassen. Folglich kann man die Signifikationspraktiken als Vorgänge verstehen, die aus Fragmenten und Improvisationen neue Räume erfinden. Das heißt, indem sie eine "...funktionalistische Identität verändern...", erzeugen sie am Ort einen Nicht-Ort, ein Außen, das "...das Gesetz des Anderen aushölt."[474]

GRENZEN, GRENZZIEHUNGEN UND GRENZÜBERSCHREITUNGEN

Im heutigen Athen, benutzt man als öffentliches Verkehrsmittel ein metaphorai. Diesen Namen — Metapher könnten nach de Certeau auch die Erzählungen tragen: Wie die Verkehrsmittel jeden Tag die Orte durchqueren und organisieren, bestimmte Ziele aus-wählen, während andere ausgelassen werden. "In diesem Zusammenhang haben die narrativen Strukturen die Bedeutung von räumlichen Syntaxen."[475] Sie regeln, wie die Verkehrsmittel, über unterschiedliche Kodierungen die räumlichen Veränderungen und organisieren dabei "...das Spiel der wechselnden Beziehungen, die die einen zu den anderen haben."[476] Dabei ziehen die Erzählungen immer wieder neue Grenzen, un-entwegt vervielfältigen sie über ihre "...Interaktionen zwischen Personen und Dingen..." Grenzen und bilden dabei ein komplexes "...Netz von Differenzierungen."[477] Das ist die Aufgabe der Ezählungen, schreibt de Certeau. Sie eröffnen das "...Theater zur Legitimierung tatsächlicher Handlungen...", indem sie einen Bereich schaffen, "...der gewagte und zufällige gesellschaftliche Praktiken autorisiert."[478] Dabei scheinen die Erzählungen, so de Certeau, "...die Rolle der griechischen Xoana zu spielen, also von Statuetten, deren Erfindung dem listigen Daedalus nachgesagt wird: ebenso raffiniert wie er, setzten sie nur Grenzen, indem sie sich (und sie) verschoben [...]. Ihre Abgren-zungsarbeit unterschied sich also vollkommen von den Grenzziehungen mit Hilfe von Pfählen, Pflöcken oder feststehenden Säulen, die in den Boden gerammt wurden und eine Ordnung von Orten zerlegten und bildeten."[479]

68

"Die narrativen Grenzziehungen [...] haben also die beschreibenden Rätsel von früher wieder aufgegriffen, indem sie [...] die Beweglichkeit einführen, um zu einer Ab-grenzung zu gelangen."[480] Dort wo es um Grenzen und Beziehungen zum Fremden geht, entwickelt sich immer auch eine erzählerische Aktivität. "Bruchstückhaft und zer-streut führt sie unaufhörlich Grenzziehungen durch."[481] Grenzziehungen sind also "...

transportierbare Grenzen und Transporte von Grenzen; auch sie sind metaphorai."[482] Die Hauptfunktion der Erzählungen liegen jedoch nicht nur darin, Grenzen zu ziehen: Sie sind auch für deren Überschreitung und Verschiebung verantwortlich. Dieser Vorgang (Grenzziehung, Grenzüberschreitung und Wiedereintritt) vollzieht sich dabei in drei Schritten: "[Z]uerst innerhalb, aber in der Nähe der Grenze, dann auf der Grenze und schließlich jenseits der Grenze auf dem fremden Gebiet."[483] Die Konstituierung des Ortes bzw. des Nicht-Ortes vollzieht sich also über "...Verschiebungen und Wechelwirkungen zwischen den zerstückelten Schichten."[484]

Auch wenn die Erzählungen dabei, wie de Certeau meint, den Schritten immer einen Passus voraus sind, sind sowohl die Gehenden als auch deren narrative Handlungen, an dem Autorisierungsprozess beteiligt. Sowohl die Erzählung als auch die Aktivität des Gehenden autorisieren kontinuierlich die Bildung von Grenzen. Der Handelnde ist das "...Sprechen der Grenze."[485] Er ist "sowohl die Kommunikation als auch die Trennung; mehr noch, er setzt nur dadurch eine Grenze, daß er ausspricht, was ihn überschreitet und von der anderen Seite kommt. Er artikuliert. Er ist [...] ein Übergang."[486]

Die narrativen Handlungen verwandeln die Grenze also in einen Transitraum wo der Austausch von Begegnungen stattfinden kann. Der Transitraum wird durch einen dynamischen Gegensatz belebt. Dieser besteht nach de Certeau in dem "... Verhältnis von Grenze und Brücke...[also]...von einem (legitimen) Raum und seiner (fremden) Außenwelt."[487] Die Erzählung folgt somit einer "...Logik der Zweideutigkeit..., [innerhalb derer sie] ...die Grenze in einen Durchgang und den Fluß in eine Brücke..." verwandelt. "Sie erzählt tatsächlich von Umkehrungen Verschiebungen..."[489], und der Fluß gibt dabei den Weg für mögliche Überquerungen frei. "Als Überschreitung der Grenze und Ungehorsam gegenüber dem Gesetz des Ortes steht sie für den Aufbruch, die Auflösung eines Zustandes, den Eroberungswillen einer Macht [...] für den 'Verrat' an einer Ordnung."[490]

Auch Martin Heidegger (1889-1976) betont in seinem Aufsatz *Bauen, Wohnen, Den-ken*, daß die Brücke einem Medium entspricht, das zwischen einem vertrauten und einem außenliegenden Bereich vermittelt.[491] Sie ist die Schwelle bzw. der Übergang über die "...jeweils die eine und die andere Seite der rückwärtigen Uferlandschaft an den Strom."[492] gebracht wird. Die Brücke nimmt einen Ort ein, von dessen Grenze aus sich der umgebende Raum erschließt. Die Grenze markiert also den Ausgangspunkt, über den der Raum sein Wesen beginnen kann, denn die "...Grenze ist nicht das, wobei etwas aufhört, sondern wie die Griechen es erkannten, die Grenze ist jenes, von woher etwas sein Wesen beginnt [...]. Das Eingeräumte wird jeweils gestattet und so gefügt, d.h. versammelt durch einen Ort, d.h. durch ein Ding von der Art der Brücke. Demnach empfangen die Räume ihr Wesen aus den Orten und nicht aus 'dem' Raum."[493]

In einer Verkehrung der antiken Vorstellung befinden sich hier die Orte nicht in einem vorgegebenen Raum, sondern eröffnen diesen erst, d.h. der Raum ist als ein über die Orte gegliederter Raum zu verstehen. Heidegger unterscheidet hier, wie de Certeau zwischen dem Ort und dem Raum. Was Heideggers Deutung der Brücke jedoch vernachlässigt, ist der Vollzug der Durchschreitung, der nötig ist, um eine Veränderung hervorzurufen. Seine Brücke erscheint nicht als ein Durchgangsort im Fluß, sondern eher als eine Versammlungsstelle:

"Die Brücke versammelt die Erde als Landschaft um den Strom."[494] Als Element des Changierens zwischen einem 'Innen' und einem 'Außen' beschreibt er sie jedoch, wie de Certeau, als Grenze, die einem dritten Ort entspricht, über den sich der Raum entwickeln kann. Sie steht in einer Wechselbeziehung zu zwei ansonsten unverbundenen Bereichen und bildet somit einen Ort im vorübergehenden Dazwischen – oder mit anderen Worten ausgedrückt: einen Transitraum. Auch die Brücke ist also ein Transitraum. Sie bildet einen Ort bzw. einen Nicht-Ort, der zwischen einem 'Innen' und 'Außen' vermittelt.

WANDERUNGEN AUF DER GRENZE – 'DER MARGINALE MANN'

Nicht nur Bauwerke sind Grenzen, sondern auch Individuen. Der Soziologe Robert Ezra Park (1864-1944) hat Anfang des zwanzigsten Jahrhunderts mit dem Terminus 'Marginal Man' ein solches Individuum beschrieben, einen auf der Grenze sich befindlichen Persönlichkeitstyp, der wie im folgenden Abschnitt dargelegt wird, charakteristisch für die moderne Welt ist: mobil, transitorisch, nicht geerdet, grenzenlos.

DAS SUBJEKT – DER ÜBERGANGSZUSTAND ALS DAUERZUSTAND

Dabei ist der 'Marginal Man' jedoch nicht als ein 'Mann an der Grenze' oder einem 'Mann am Rande', als der er fälschlicherweise oft bezeichnet wird, zu verstehen, sondern als ein 'Mann auf der Grenze'. Parks Terminus meint dabei einen Persönlichkeitstyp, der seine Existenz "...nicht am Rande einer einzelnen Kultur... [angesiedelt hat, sondern,] ... im Mischungsbereich."[495] Er ist ein Mann auf der Grenze, zwischen mehreren Kulturen, die nicht nur verschieden sind, sondern auch widersprüchlich sein können. Der 'Marginal Man', der das Produkt von menschlichen Migrationen ist, entspricht also einem kulturellen Mischling bzw. einem kulturellen Hybriden, der durch die systematische Verschränkung von Heterogenität und Mobilität, eine Lebensform geschaffen hat, die sui generis besteht, nach Makropoulos. "Der 'marginal man' [...] sei ein Produkt menschlicher Migration und Akkumulation, wie sie die neuzeitliche Welt auszeichnet. Er sei deshalb ein spezifischer Persönlichkeitstyp, der 'wenn schon nicht gänzlich neu, so doch auf jeden Fall besonders für die moderne Welt charakteristisch' sei. 'Das Schicksal, das ihn dazu verurteilt, zur gleichen Zeit in zwei Welten zu leben',...sei 'das gleiche wie das Schicksal, das ihn zwingt, gegenüber den Welten, in denen er lebt, die Rolle des Kosmopoliten und Fremden [...] anzunehmen'."[496]

Der 'Marginal Man' ist also keine Randfigur, sondern eine im Zentrum stehende Gestalt, die, sich wie ein Fremder auf der Grenze zwischen den Kulturen bewegt.[497] Den Begriff des Fremden, den er hier dem 'Marginal Man' zuordnet, hat Park von Georg Simmel übernommen – ein nicht ganz adäquater Vergleich, wie Makropoulos meint. Denn der Fremde ist für Simmel nämlich nicht der Immigrant, der sich zwischen den Kulturen bewegt, sondern der potentiell Wandernde, der bereits zu einer Gruppe gehört und mit jedem Individuum in seiner Gruppe in Kontakt steht, aber mit keinem eine Verbindung eingeht. Der Fremde ist zwar bereits ein Element der Gruppe, gleichzeitig aber wurzellos und immer in Bewegung. Da der Fremde keinem einzelnen Mitglied der Gruppe zu etwas verpflichtet ist, also unabhängig agiert, kommt ihm die Rolle eines distanzierten Beobachters zu, der an "...keinerlei Festgelegtheiten gebunden...[ist], ... die ihm seine Aufnahme, sein Verständnis, seine Abwägung des Gegebenen präjudizieren könnten." Deshalb ist der Fremde nicht nur der distanzierte Beobachter "...sondern auch der Prototyp des sozial notwendigen Dritten...[der den]...schlichtenden Richter personifiziert."[499]

Doch signalisiert Simmels Beschreibung des Fremden, auch genau die Kehrseite und damit das eigentliche Problem dieser sozialen Position. "Und das war ein Problem, das schon der Fremde kennt, das aber erst im 'marginal man' seine volle Brisanz entwickelt. Was nämlich in räumlichen Metaphern als Existenz auf der Grenze beschreibbar ist, schlägt sich subjektiv als Ambivalenz nieder. Und diese Ambivalenz generiert zwei mögliche, strukturell analoge, aber im Effekt grundverschiedene, wenn nicht entgegengesetzte Lösungstrategien, sobald es darum geht, sie in widerspruchsfreie Identitäten aufzulösen und so die eigene Interkulturalität gewissermaßen 'im Sprung' aufzuheben. Denn widerspruchsfreie Identitäten sind nur auf dem Wege der konsequenten Selbsthomogenisierung zu haben, und das ist es, was die Ausgangsdisposition für zwei gegensätzliche Verhaltensweisen bestimmt [...] : Auf der einen Seite das, was man 'Überassimilierung' nennt und was der Flucht vor der eigenen Herkunft nahe kommt; auf der anderen Seite ein übersteigertes [...] Selbstbewußtsein, das jede Assimilation verweigert, weil sie einer Infragestellung [...] der eigenen Kultur gleichkäme."[500]

Anders ist es jedoch mit dem 'Marginal Man'. Er verharrt gewissermaßen "... zwischen der Selbstbehauptung und der Assimilation, ...[denn er kann oder]...will weder mit seiner Herkunft vollständig brechen..."[501], noch will er in die neue Gesellschaft, in der er bereits lebt vollständig eintauchen. Park ordnet diesem Zustand dem Begriff der moral dichotomy zu (sittliche Zweiteilung). Dieser ambivalente Zustand, ist seinen Ausführungen zufolge für jeden Immigranten während der Übergangsperiode charakteristisch: Alte Gewohnheiten sind noch nicht abgelegt worden und neue haben sich noch nicht gebildet.[502] Dieser ambivalente Zustand ist eine Periode des intensiven Selbstbewußtseins, in dem das eigene Selbst im Mittelpunkt der Wahrnehmung steht. Diese 'offene Situation der unvollständigen Determiniertheit', bezeichnet Park als Krise. " 'Krise' bezeichnet damit diesseits eines anomischen Zustandes jene Situation, aus der moderne Subjektivität nicht nur emanzipatorisch freigesetzt wird, sondern auf die sie gleichzeitig auch als individueller Verabeitungsmodus der Krise kompensatorisch antwortet. In diesem Sinne verstand Park die Übergangszeit des Immigranten als krisenhaft. Und die Unterbrechung [...], wenn nicht sogar die Kultivierung dieses Übergangs zu einer Lebensform, war genau die Situation des 'marginal man'."[504] Der krisenhafte Zwischenzustand, indem sich der 'Mann auf der Grenze' befindet, wird letztendlich zu einem Dauerzustand, und damit zu einem Persönlichkeitstyp. "Der 'marginal man' [...] realisiert damit prototypisch einen Selbst- und Weltbezug, für den die Krise nach und nach zur Lebensform sui generis und damit zur Normalität wird — eine Lebensform, die man noch weiter zuspitzen kann, die die exklusive Alternative von Selbstbehauptung oder Assimilation samt ihrer möglichen strategischen Homogenisierungsoptionen nicht nur prinzipiell verstellt, sondern auch pragmatisch sinnlos macht."[505] Dem 'Mann auf der Grenze' wird eine Assimilation durch eine homogene Gesellschaft nicht verweigert, sondern prinzipiell möglich gemacht, weil es eine homogene. Dem 'Mann auf der Grenze' wird eine Assimilation durch eine homogene Gesellschaft nicht verweigert, sondern prinzipiell möglich gemacht, weil es eine homogene Gesellschaft als solche nicht mehr gibt. Das heißt, alle Individuen, die Teil dieser modernen bzw. heterogenen Gesellschaft sind, entsprechen (mehr oder weniger) einem 'Mann auf der Grenze', denn "...das Lebende lebt...[immer]...an der Grenze seiner selbst, auf seiner Grenze."[506] Dabei verkörpern die Individuen, wie Turner (1920-1982) es in *Das Ritual, Struktur und Antistruktur* beschrieben hat, sogenannten Schwellenwesen, die "...weder hier noch da sind; sie sind weder das eine noch das andere..."[507] – sie positionieren sich zwischen den Positionen von Gesetz, Tradition oder Konventionen. Sie sind Passierende, die sich durch Ambiguität auszeichnen, denn sie durchschreiten "...einen kulturellen Bereich, der wenig oder keine Merkmale des vergangenen oder künftigen Zustands aufweist."[508] Was jedoch nicht bedeutet, um den Ausführungen von Marcel Mauss (1872-1950) zu folgen, daß sie damit frei von gesellschaftlichen oder auch kulturellen Einflüßen sind.[509] Sie sind trotz ihres Schwellenzustandes immer in eine gesellschaftliche Kultur eingebunden. So gesehen kann, wie Linder meint, der 'Marginal Man' als ein personifizierter "...Träger kulturellen Wandels...", betrachtet werden, der die Verkörperung von "...moderner Subjektivität..."[510] darstellt. Der 'Marginal Man' wird somit zu einem Transienten, der einen nicht zuweisbaren Transitraum einnimmt; er ist ein auf der Grenze verweilendes Subjekt – ein Schwellenwesen.

DAS OBJEKT – EINE SITUATION DER UNVOLLSTÄNDIGEN DETERMINIERUNG

Nicht nur das Subjekt befindet sich in einem Krisenzustand, sondern auch das Objekt, die Stadt. Städte, und besonders die großen Städte, schrieb Park "...are in unstable equilibrium. The result is that the vast casual and mobile aggregations which constitute our urban populations are in a state of perpetual agitation, swept by every new wind of doctrine, subject to constant alarms, and in consequence the community is in a chronic crisis."[511] Das Stadtleben bringt für Park, also eine instabile Lebensform hervor, die einem chronischen Krisenzustand gleichkommt. Und dieser Krisenzustand, der im städtischen Leben zum Vorschein kommt, verfestigt sich und wird zu einer dauerhaften Lebensform – genauer gesagt der 'urbanen' Lebensform. Die Urbanität ist ein krisenhaftes Dasein im Dauerzustand. Folglich verstärkt die Stadt den Effekt der Krise. Und die Freisetzung der Individuen aus ihren tradierten Gruppenbindungen führt zu einer "...Simmultanpräsenz..."[512] : eine Vielzahl von Lebensmustern, die in der Stadt nicht nur "...attributive und damit vernachlässigbare, sondern als konstitutive und damit unabweisbare Pluralität moderner Gesellschaft..."[513] ausdrücken. Diese Pluralität der Gesellschaft etablierte sich dabei nicht nur über die zur Verfügung stehenden Verkehrs- und Kommunikationsmittel, sondern vor allem durch die Segregation der städtischen Bevölkerung..."[514], die die Stadt zu einem "...Mosaik kleiner Welten..."[515] werden ließ, in der sich zwar die Lebensmuster der Menschen berührten, jedoch nicht miteinander vermischten. Das soziale Beziehungsgeflecht der Menschen ist auf ein absolutes Minimum reduziert worden – ein Minimum an sozialem Kontakt, das Knaller-Vlay eine >Limes Beziehung< nennt."[516] Doch gerade wegen dieser minimalen Berührungspunkte können die Menschen in andere Milieus wechseln. "They have multiplied the opportunities of the individual man for contact and for association with his fellows, but they have made these contacts and associations transitory and less stable."[517] "Die Stadt wurde so zu einem sozialen Raum, der die Freisetzung und Entfaltung von Individualität bis hin zum Exzentrischen nicht nur ermöglichte, sondern geradezu wünschenswert machte."[518] "The small community often tolerates eccentricity. The city on the contrary, rewards it."[519] Es zeigt sich also, daß in dem urbanen Raum das Beziehungsgeflecht der Individuen transitorisch ist und somit temporär und auf eine vielfältige Art und Weise zum Ausdruck kommt. Zusammenfassend kann man also sagen, daß Park mit dem 'Marginal Man' ein Konzept entwickelt hat, in dem sich der 'bodenlose Ort' des Subjekts zwischen der subjektformierenden Selbstbehauptung und der subjektauflösenden Assimilation generieren kann.

DER 'MARGINALE MANN' – ZWISCHEN DER 'EXOTIK' (DAS NEUE) UND DEM ' SABBAT' (DAS RITUAL) DER ERINNERUNG

Der 'Marginal Man' ist somit "...ein Subjektivitätskonzept, dessen Bauprinzip weder geschlossene Kohärenz, noch offene Inkohärenz...[meint], ...sondern etwas, das man als >situativ begrenzte Inkohärenz< beschreiben könnte..."[520], in der, wie de Certeau meint, sowohl die Exotik (das Neue) als auch der 'Sabbat der Erinnerung' (das Ritual) eine essentielle Lebensgrundlage darstellen.[521] Der 'Mann auf der Grenze' kreiert immer wieder ein neues kulturelles Phänomen, und damit einen Nicht-Ort, der weder in einen bestimmten Ort noch in einen spezifischen kulturellen Kontext integriert werden kann. Wie der 'Marginal Man' nimmt auch das kulturelle Phänomen des Nicht-Ortes eine Leerstelle ein, die einem "...prekären, niemals exakt zu bestimmenden Zwischen-raum..."[522] entspricht. Da der 'Marginal Man' nicht in diesen bestimmten Kontext hineinpaßt, "...sondern als Fremdkörper aus ihm herausfällt...[befindet er sich]...innerhalb eines spezifischen Kontextes an einem Ort, den man zugleich als Nicht-Ort bezeichnen kann."[523] Es besetzt einen unmöglichen Ort, der sich "...als Irritation, als Störung, als Widerstand..."[524] bemerkbar macht. Der 'Marginale Mann' und das von ihm erzeugte kulturelle Phänomen, zeichnen sich durch Unbestimmtheit, Ambivalenz und Widerständigkeit aus. Sie entsprechen einem heterogenen Konstrukt, das als "...ein diskontinuierlich und offenes Gebilde begriffen werden muß, dessen Grenzen sich permanent verschieben."[525] Dabei läßt sich das kulturelle Phänomen "...weder dem inneren, internen Bereich der Kultur noch dem äußeren, externen Bereich der Nicht-Kultur eindeutig zuordnen...", denn es besetzt eine "...Durchgangs- oder Übergangsstelle zwischen dem jeweiligen Innenbereich—der Kultur— und dem jeweiligen Außenbereich — der Nicht-Kultur —."[526] Es nimmt also wie der 'Marginal Man' eine ambivalente Zwischenstellung zwischen einem Innen- und einem Außenbereich ein.

ZWISCHENBILANZ III: DIE MACHT DER GRENZ(ÜBER)GÄNGER

Es ist somit erwiesen, daß Augés Abhandlung von den Nicht-Orten noch ganz im Zeichen der foucaultschen Disziplinartechniken steht, in denen die Individuen Teil eines Systems sind, dessen Spielregeln sie nicht entkommen können. Foucault selbst dagegen führt in dem Wille zum Wissen das Verständnis der Machtverhältnisse weiter, insofern jedes Individuum in diese verwoben ist. In diesen Machtverhältnissen agieren die Individuen als Widerstände, die sich als Irritation bemerkbar machen. Dabei kreiren sie Nicht-Orte, die als ein kulturelles Phänomen verstanden werden.

Auch die von Foucault bezeichneten Heterotopien, erweisen sich als kulturelle Phänomene und damit als Nicht-Orte, widerspenstige Orte – Orte die gewissermaßen außerhalb aller Orte liegen, in denen die wirklichen Plätze einer Kultur gleichzeitig repräsentiert, bestritten und gewendet werden." Sie sind dort, wo "...die Kräfte in einem anderen Raum operieren als dem der Formen [...] wo strenggenommen die Beziehung eine »Nicht-Beziehung« ist, der Ort ein »Nicht-Ort« und die Geschichte ein Werden."[527] Foucaults Definition der Heterotopie bezieht sich dabei auf Orte, die für den Moment aus der gesellschaftlichen Ordnung herausgefallen sind. Sie repräsentieren, wie die von Augé beschriebenen Nicht-Orte, sowohl architektonisch-räumliche Realisierungen als auch sozio-kulturelle Keimzellen. Sie verkörpern zum einen die Unterbrechung einer bestimmten sozialen Ordnung, sind aber zugleich auch ein physisch vorhandender heterogener Ort, der sich aus dem räumlichen Kontiuum des urbanen Netzwerkes abhebt. Dabei dient ihm als zentraler Begriff das 'Andere', um auf das 'Außen' dieser anderen Räume aufmerksam zu machen. Mit 'Außen' ist eine Kraft gemeint, die kein anderes Sein hat, als das eines Verhältnisses: sie ist eine Handlung, die sowohl mit anderen Handlungen in Beziehung steht, als auch auf diese einwirkt. Die Kraft entspricht einer Macht. Sie ist ein mannigfaltiges Beziehungsgeflecht von Kräften, die innerhalb einer Gesellschaft existieren.

Das 'Außen' erscheint bei Foucault also als Kraft, die in wechselseitigen Beziehungen zu anderen Kräften innerhalb eines sozial bestimmten Feldes steht. In ihm entspricht jedes Kraftverhältnis einem produktiven Machtverhältnis, das weder einer Institution noch einer Struktur zugesprochen werden kann. Die Macht dringt genauso durch die Beherrschten wie durch die Herrschenden, da sie durch alle in Beziehung stehenden Kräfte hindurchgeht. "In place of the autonomous figure shaping objects in its own image [...] this [...] social body is formed [...] by its inscription within a network of complex and constantly changing cultural relationships and discursive practices."[528] Macht setzt sich also aus einer Gesamtheit von Kräfteverhältnissen zusammen; ein Gemengelage von unterschiedlichen Zielen und Strategien der Individuen. Dabei vernetzt sie sich in individueller Ungleichheit, was dazu führt, daß es innerhalb eines Machtgefüges zu Unterbrechungen, Einschnitten und Diskontinuitäten kommen kann. Woraus folgt: da wo Macht ist, existiert auch Widerstand. Dieser Widerstand, ist wie Foucault darlegt, das nicht weg-zu-rationalisierende Widerlager, das innerhalb von bestehenden Machtverhältnissen, sowohl Grenzen formiert, markiert als auch überschreitet. Individuen, die sich als Gegenspieler einbringen, bewirken also das Zustandekommen von neuen Machtverhältnissen; sie sind der Umkehrpunkt (oder auch ein 'kritischer Punkt', wie Bourdieu dieses Phänomen bezeichnet hat); sie führen sich wie verschiebende Spaltungen in eine Gesellschaft ein. Jedes Machtverhältnis hat somit 'widerspenstige' Akteure, Grenzgänger sozusagen, die das soziale Gefüge in Bewegung halten.

Wichtig in diesem Zusammenhang ist, daß Foucaults Heterotopien, bzw. 'anderen Orte' immer als Mannigfaltige zu betrachten sind.[529] Sie sind nicht das eine Andere, sondern viele Andere. Die Mannigfaltigkeit dieser Gegenplatzierungen läßt sich besonders über Foucaults Verständnis von Macht verdeutlichen. Sein Ansatz geht von einem dezentralen Machtgefüge aus, das sich nicht an einem zentralen Ort lokalisieren läßt; und wenn, dann zentralisiert dieses sich einzig und allein über den Körper, der von diesen Mächten durchkreuzt werden kann. Jeder einzelne Körper ist in diesem Zusammenhang als eine raumstrukturierende Macht zu verstehen. Er ist wie das von ihm in den anderen Räumen beschriebene Schiff auf dem Meer: ein Ort ohne Ort, der in sich geschlossen und gleichzeitig dem Unendlichen des Meeres ausgeliefert ist. Sowohl das Schiff als auch der Körper besetzen eine vermittelnde Rolle zwischen zwei Intensitäten; sie über-setzen. Und während sie dieser Aufgabe nachgehen, fallen die von de Certeau beschriebenen Gegensätze, Differenzen, zusammen: Es entsteht eine Situation bzw. ein Durchgangsort, der etwas Vergangenes und etwas Zukünftiges 'hat', jedoch nichts Gegenwärtiges, denn was er gewinnt verliert er sofort wieder.

Eine Darstellung, wie sich dieser Durchgangsort nun genau entfaltet, bleibt Foucault jedoch in den *Anderen Räumen* schuldig. Zum Beispiel sind seine Ausführungen zum Raum des Spiegels, die er als eine Misch-oder Mittelerfahrung zwischen Utopie und Heterotopie darlegt, unklar. Er bietet zwar als Referenz das Schiff, als die Heterotopie von diesen anderen Orten an, die über die physikalischen Gegebenheiten hinausgehen, macht aber keine weiteren Aussagen darüber, wie sich die jeweiligen Positions-Verschiebungen dieses ortlosen Ortes nun genau im Raum manifestieren. Es wird nicht deutlich wie die Ortsverschiebungen des Schiffes in den Anderen Räumen von statten gehen. Lediglich in seinem zweiten Vortrag *Der utopische Körper*, den er innerhalb derselben Vortragsreihe gehalten hat (1966), deutet er zaghaft an, wie sich diese Positions-Verschiebungen möglicherweise vollziehen. In diesem zweiten Vortrag wird thematisch der 'utopische Körper' als Grundlage von räumlicher Erfahrung, als conditio sine qua non, herangezogen. Das Raumphänomen gruppiert sich dabei um einen 'utopischen Körper', der, um sich als Einheit erfahren zu können, immer einen heterotopen Raum bemühen muß: Den Spiegel. Durch die Beziehung, die er setzt, verbindet der Spiegel zum einen den 'utopischen Körper' mit seiner Umgebung und weist ihm zum anderen einen Platz zu. So wird der Körper zu einem nicht umgehbaren Ort – zu einem 'Nullkörper' wie ihn Foucault nennt, der aufgrund seiner Ortlosigkeit Positionsverschiebungen und damit Ortsveränderungen vollziehen kann.

Indem Foucault den Körper als das irreduzible Element von raumstrukturierender Macht heranzieht, löst er nicht nur den Ort aus seinen statischen Verankerungen, wie er bereits im Bild der Fahrt des Schiffes gezeigt hat, sondern gibt auch eine erste Erklärung darüber ab, wie sich diese Positionsveränderung vollzieht. Dabei spricht er dem Körper trotzdem jegliche an die Bewegungen geknüpfte Bewegungen aus dem Bereich des Realen ab. In diesem Punkt hebt sich Foucault von de Certeaus Denkansatz ab: Er (de Certeau) macht gerade das Veränderungspotential von Räumen an real existierenden Bewegungen fest. Bei ihm ist es das alltägliche Gehen, die Schritte der Fußgänger, die

Orte in Passagen verwandeln. Während sich Foucaults Platzierungen noch aus einer Konstellation von festen Punkten zusammensetzen, entspricht de Certeaus Raum einem Ort mit dem man etwas macht, in dem Bewegung stattfindet.

Die von ihm entwickelten Raumpraktiken beziehen sich dabei auf das Handeln von leiblichen Subjekten, die bildlich gesprochen einen urbanen Text hervorbringen, den sie schreiben, ohne ihn lesen zu können. Die Gehenden schaffen 'schreibend' den Raum. Sie definieren einen Ort, den sie nicht kennen und vernetzen die Grundstruktur von Orten, die hypothetisch in einen Stadtplan eingetragen werden können. Die vollzogenen Schritte hinterlassen eine Spur, die allerdings kartographisch nicht festgehalten werden kann: Sie sind die Abbilder der Schritte und zwar der vergangenen, losgelöst von einer räumlichen Verankerung. Die Schritte sind im zeitlichen Vollzug und folglich auch ihre Spuren; denn was die Individuen gewinnen, verlieren sie auch gleich wieder. Das Individuum, das den Raum körperlich und über die Rhetorik des Gehens erlebt, kann somit der potentiellen Ausübung einer technokratisch organisierten Macht, wie sie noch von Foucault in den Disziplinartechniken beschrieben worden ist, entgehen. Und während Augé den Begriff des Nicht-Ortes mit einem System in Verbindung bringt, dem die Individuen nicht entkommen können, meint de Certeau mit dem Begriff des Nicht-Ortes genau das Gegenteil: Indem die Individuen, sich den Raum über das Gehen aneignen – über die räumliche Sprache, schaffen sie Diskontinuitäten, die nicht mehr von dieser technokratischen Macht erfaßt werden können. Sie erhalten sozusagen die Macht über ihre narrativen Handlungen, diesem organisierten Kontrollsystem zu entkommen. Indem die Gehenden Eigennamen produzieren, entmächtigen sie den urbanen Text und produzieren damit Nicht-Orte, die im Sinne von Foucault zum einen auf das 'Andere', Außenliegende verweisen und zum anderen sich in einem ständigen Werden befinden. Indem de Certeaus Individuen den Prozess dem Zustand vorziehen, entziehen sie sich den jeweils gültigen Kodierungen und Kontrollmechanismen der technokratisch verankerten Orte. Die Gehenden lösen den verankerten Ort auf, in dem sie als Widerstände den Nicht-Ort kreiren und damit den Ort in einen befreiten Raum überführen.

In Raum wird gehandelt und er wird handelnd geschaffen. Er ist nicht mehr der unbewegte statische, sondern er entspricht einem von körperlichen als auch narrativen Handlungen erfüllten gesellschaftlichen Konstrukt, das sich über die Individuen und deren Beziehungen zueinander konstituiert. Als ein Geflecht von beweglichen Subjekten, definiert sich der Raum durch Interaktion und Aktivität, welche sich in ihm entfalten und sich, in ihm in den Spuren verzeitlichen. Der Raum kann damit als der 'praktische Umgang' mit einem Ort bezeichnet werden, sichtbar am Bild des Fußgängers, der die geometrisch als Ort definierte Straße mittels seiner 'narrativen Handlungen' in einen Raum bzw. Nicht-Ort verwandelt. Damit vollzieht sich eine Verschiebung von dem Ort als eine Anordnung von fixierten Elementen hin zum Raum als Belebung dieser Fixpunkte durch die Ortsveränderung eines sich in Bewegung sich befindlichen Subjektes.

Nicht-Orte sind generische Orte bzw. generische Nicht-Orte, die sich durch die Positionsveränderungen der Individuen im urbanen Raumgefüge auftun, denn "...die Markierung einer Position, einer 'Stellung' [...] erfolgt im Rahmen einer Bewegung."[530] Folglich gruppieren sich dann auch die im Raum stattfindenden Ereignisse um die Akteure, die den metrisch definierten Ort mittels ihrer Handlungen in einen nicht-metrisch definierten Nicht-Ort verwandeln. Das heißt, da es die Akteure sind, die im urbanen Raumgefüge in Bewegung sind, sind letztendlich sie es, die durch eine Positionsverschiebung einen Nicht-Ort im urbanen Raumgefüge erzeugen und markieren. Der Nicht-Ort wird somit als ein im Transit befindlicher Ort verstanden, der weder einem Passagier noch von einem Reisenden 'be-wohnt' wird, sondern vielmehr von einem Transienten, der sich in einem fortwährenden Transit befindet und über seine Positionsverschiebungen immer wieder neue Transformationen im urbanen Gefüge erzeugt. In diesem Verständnis sind dann auch die Subjekte nicht mehr, wie noch Augé in seinem Essay gemeint hat, dem Spiel der Orte und Nicht-Orte fatal ausgeliefert — sie sind aktiv an deren Produktion beteiligt.

Der Prozeß der Verortung ist hier also unmittelbar an die Präsenz eines Subjektes und dessen Beziehung zu seiner unmittelbaren Umgebung gebunden — ein Gedankengang den auch Lefèbvre verfolgt hat. Das Produzieren von Räumlichkeit ist auch bei ihm an die Erfahrung einer Körperlichkeit im Umgang mit anderen Kontexten geknüpft. Das heißt, Raum wird gesellschaftlich produziert, gleichzeitig ist er aber auch das Medium, das gesellschaftliche Beziehungen konkret werden läßt. Raum ist immer beides: Produkt und Medium. Das Subjekt nimmt wie der Charon ein vermittelnde Rolle zwischen verschiedenen Intensitäten ein. Es über-setzt, indem es im Vorübergehen Bruchstücke der räumlichen Sprache aufnimmt während es andere unbeachtet läßt. Die Erzählungen von Orten sind somit wie improvisierte Basteleien, die zu einer Collage zusammengefügt werden, deren spezielle Konstellation nicht kontrolliert werden können. Sie artikulieren sich in ihren Lücken, die zum bestehenden 'urbanen Text' Erzählungen produzieren, die aus Bruchstücken der Welt gebildet werden. Die Erzählungen schaffen Identität. Sie organisieren das unablässige Spiel einer wechselseitigen Beziehung, die den Raum in einen Ort und den Ort in einen Raum verwandeln. Das heißt, das Soziale und die Bedeutung des Sozialen entfaltet sich in Erzählungen und dem Erzähltem. Dazu soll die von Jürgen Habermas erarbeitete Theorie des kommunikativen Handelns herangezogen werden.[531] Habermas entwickelt dort den Begriff der 'Erzählung'. Für ihn ist in diesem Zusammenhang die Erzählung "...eine spezialisierte Form der konstativen Rede, die der Beschreibung von soziokulturellen Ereignissen und Gegenständen dient. Ihren narrativen Darstellungen legen die Aktoren ein Laienkonzept der »Welt« im Sinne der Alltags-oder Lebenswelt zugrunde [...] die in wahren Geschichten wiedergegeben werden können."[532]

Nach Habermas liegen die normativen Grundlagen der Gesellschaft in den Erzählungen, die als Mittel nötig sind, um soziale Interkationen erst zu ermöglichen. Der Handlungsraum der Gesellschaft generiert sich damit über die Ebene einer gemeinsamen Kommunikation. Die Gesellschaft teilt sich sozusagen über die 'Erzählungen' mit, deren Form und Inhalt wiederum Auskunft über gesellschaftliche Topoi bzw. Lebenswelten geben. Und die Lebenswelt, so Habermas, bildet sich immer in einem räumlichen Kontext, in dem "...sich die Situationshorizonte verschieben, erweitern oder verengen."[533] Die Erzählungen bilden den Kontext, der von Situation zu Situation unbegrenzt Grenzen zieht. Das heißt, Sozietät ereignet sich zum einen über die räumliche

Umwelt, die sowohl die Basis, als auch den Inhalt von Erzählungen darstellt und zum anderen über den situationsbedingten Akt des Erzählens. Es besteht in diesem Zusammenhang also ein enges Beziehungsgeflecht zwischen der Lebenswelt und den Individuen, die, laut Habermas, in ihren Erzählungen mit dieser Lebenswelt in Beziehung stehen. Dieser Gedankengang wird ebenfalls von de Certeau nachvollzogen; auch für ihn sind es die Erzählungen, die das unablässige Spiel der wechselseitigen Beziehungen organisieren.

Dies Geflecht von Erzählungen läßt sich nun über die 'großen und kleinen Erzählstrukturen' von Jean Francois Lyotard (1924-1988) weiter differenzieren.[534] Dabei erscheinen die 'großen Erzählungen' dann im Sinne von einer statisch-vorstrukturierten Prinzipien-Kette des gesellschaftlichen Alltagslebens, die vorab geplante Botschaften (Hinweisschilder) und Trends (Werbeplakate) und damit auch eine bestimmte Form von Macht übermitteln. Das heißt, die Symbole und Zeichen auf der urbanen Bühne entsprechen einer kalkulierten Zusammenstellung von oft non-verbalen Botschaften. Während die 'kleinen Erzählungen', die zwar größtenteils von den kodifizierten und geordneten großen Erzählsstrukturen inspiriert sind, sich aus einem Spiel von immer wieder neu entstehenden, situationsbedingten Alltags-Erzählungen der Individuen zusammensetzen. Sie haben einen polyvalenten Charakter, wie de Certeau meint, "...weil das Durcheinander der vielen Mikro-Erzählungen ihnen Funktionen verleiht [...] ganz nach dem Belieben der Gruppen, in denen sie zirkulieren."[535]

Die 'kleinen Erzählungen' geben den Individuen also die Macht, sich und damit auch gesellschaftliche Strukturen zu gründen. Während Augé davon ausgeht, daß den Passagieren der Nicht-Orte jegliche Handlungsparameter abhanden gekommen sind, sagen Habermas, Lyotard und de Certeau, daß das Erzählte, die Individuen aktiv an der Generierung von neuen Geschichten beteiligt. Die 'Erzählungen' eröffnen sozusagen das "...Theater zur Legitimierung tatsächlicher Handlungen... [und schaffen damit]...einen Bereich, der gewagte und zufällige gesellschaftliche Praktiken autorisiert."[536]

Dabei ziehen die 'Erzählungen' unentwegt Grenzen. Sie vervielfältigen sie über ihre Interaktionen zwischen Personen und Dingen und bilden dabei ein komplexes Netz von Differenzierungen. Die Funktion der 'Erzählungen' liegt jedoch nicht nur darin, Grenzen zu ziehen—sie sind auch für deren Überschreitung und Verschiebung verantwortlich. Dabei vollziehen sowohl die 'Erzählungen' als auch die Aktivitäten der Gehenden kontinuierlich neue Grenzsetzungen. Die erzählerischen Handlungen der Handelnden sind das Sprechen dieser Grenze. Als changierende Protagonisten zwischen einem Innen und einem Außen 'besetzen' sie dabei eine temporäre Durchgangsstelle, an der, Differenzen ohne eine erkennbare Hierarchie sich versammeln und wieder neu vermengen.

In diesem Prozeß übernimmt das Individuum die Aufgabe bzw. die 'Rolle' des operativen Zwischenglieds. Es erweitert und verschiebt den von Habermas beschriebenen Situationshorizont, über die Erzählstrukturen, immer, wieder neu. Dabei besetzt es, wie der von Park beschriebene Mann auf der Grenze einen Zwischenbereich, einen ortlosen Ort sozusagen, "...der niemals drinnen und niemals draußen...[ist]..., der stets an der Schwelle unterschwellig ist..."[537] und er verliert was er gerade gewonnen hat. "Er ist wie flüssig, unscharf."[538] Grenzen sind hier also nicht mehr im Sinne von etwas Begrenzendem zu betrachten, sondern entsprechen vielmehr einer Schwelle, auf der verschiedenartige Dissonanzen sich vermischen. Die Individuen sind nicht nur das verbindende Glied zwischen eigentlich Unverbundenem Innen und Außen, sondern bilden gleichzeitig eine Differenz. Grenzgänger sind damit nicht nur die Personifikation einer Grenze, sondern auch die Personifikation des Übergangs – eben Grenz(über)gänger. Und mit den Grenz(über)gängern marschieren die Erzählungen, wie die römischen fetialen "...den gesellschaftlichen Praktiken voraus...", immer um jeweils ein neues Feld zu öffnen.[539] Der Verortungsprozeß kann für diesen Zusammenhang also durchaus mit der Metapher des 'Feldes' erfasst werden. Es stellt ein Organisationsfeld dar, in dem sich für eine kurze Zeitspanne, zufällige "...Inseln für verschiedene Gemeinschaften..."[540] temporär organisieren und vermischen können.

4. Von den Feldern, den Brüchen und dem kritischen Punkt der (Orts)- Verschiebung

DER FELDBEGRIFF IN SEINER ANWENDUNG — EIN ÜBERBLICK

Der Terminus 'Feld' ist abgesehen von der Alltagssprache ein Begriff, der hauptsächlich in den Naturwissenschaften verwendet wird. Das Feld ist der dritte Pfeiler "...des naturwissenschaftlichen Weltbildes des Atomzeitalters."[541] Die beiden anderen sind die Planck-Heisenbergschen Quantenphysik und Einsteins Relativitätstheorie. Analog zu den physikalischen Feldtheorien der Physiker haben sich auch die Gestaltpsychologen mit dem Begriff des Feldes auseinander gesetzt — eine Thematik, die, in der ersten Hälfte des 20. Jahrhunderts "...als Reaktion auf die fragmentierte, atomistische Betrachtungsweise behavioristischer und strukturalistischer Theorien..."[542] in den Vordergrund gerückt ist. Unter der Anleitung von Max Wertheimer, der ein enger Freund Einsteins war, wurde das Feld als Wahrnehmungsfeld in die Gestaltpsychologie integriert. Kurt Lewin, ein Schüler Wertheimers und Köhlers, hat dann das 'Feld' auf soziologische Aspekte übertragen. Diesen neuen Ansatz von Lewin entwickelte Pierre Bourdieu in den 60er Jahren weiter und integrierte damit das 'Feld' als Begriff in die Sozialwissenschaften.

Neben der Physik, der Gestaltpsychologie und der Soziologie haben sich parallel dazu auch die Architekten und Urbanisten mit dem Phänomen des Feldes auseinander gesetzt. Sie beziehen sich dabei zunächst auf den Feldbegriff von Albert Einstein, wie die Arbeiten von Camillo Sitte und Antonio Sant'Elia zeigen. Im Verlauf ihrer Auseinandersetzung integrieren sie auch die in den Geisteswissenschaften erarbeiteten Theorien in ihre Denkmodelle (siehe: Alison and Peter Smithson, Bernard Tschumi und Raoul Bunschoten). Im folgenden Abschnitt soll sowohl deren Umgangsweise mit dem Begriff als auch die von ihnen herangezogenen feldtheoretischen Ansätze der hier erwähnten Fremddisziplinen kurz erläutert werden, ohne dabei eine Vollständigkeit anstreben zu können.

DER FELDBEGRIFF IN DER RAUMPLANUNG, DEM STÄDTEBAU UND DER ARCHITEKTUR

Der Terminus 'Feld' ist ein komplexer und vielschichtiger Begriff. In der Alltagssprache wird er gewöhnlich für eine offene oder bewaldete Landfläche oder ein abgegrenztes Terrain, das beispielsweise für den Ackerbau genutzt wird, verwendet. So auch in der

Raumplanung und dem Städtebau: Dort bezeichnet der Begriff ein real existierendes Feld bzw. ein Territorium. Wenn sich Raumplaner oder Städtbauer auf ein 'Feld' beziehen, meinen sie damit üblicherweise eine Fläche, die ein bestimmtes Territorium definiert. Dieses Verständnis hat seinen Ursprung in der Antike: Dort legte man Territorien mit Hilfe von Katasterplänen fest, um bereits bestehende oder um neu hinzugewonnene Bodenflächen verwalten zu können. An diesem Prinzip der Raumkontrolle sollte sich für lange Zeit auch nichts ändern. Das zeigen noch die Stadtgründungen im 16. Jahrhundert in Mittel und Südamerika durch die Spanier und auch die Art der Kolonialisierung Nordamerikas im 17. und 18. Jahrhundert durch die Holländer, Franzosen und Engländer. Der Gedanke, daß ein 'Feld' bzw. ein Territorium etwas Nicht Besitzbares und Flexibles sein könnte, war den neu gegründeten Städten und Staaten fremd. So wurde "...Schritt für Schritt [...] ein System der Triangulation, eine Methode der Projektion und ein Katalog von Zeichen ausgearbeitet..."[543], die zu einer systematischen Erfassung aller Flächen führen sollte. Diese Form der Flächenerfassung galt innerhalb der abendländischen Kulturen als ein essentielles Planungsinstrument, das nicht nur für die Aufteilung von Ackerflächen eingesetzt wurde, sondern auch für die Festlegung von zwischenstaatlichen Grenzlinien. Das von Thomas Jefferson im 18. Jahrhundert entwickelte Rastersystem für die Aufteilung und Kolonialisierung der Vereinigten Staaten zeigt ebenso: Sie diente jedoch nicht nur als Werkzeug, um den amerikanischen Westen zu strukturieren, sie fand ebenfalls ihre Anwendung in der Organisation von Städten.[544] Dieses Ordnungssystem offenbart einen auf Kontrolle und Repetition basierenden städtebaulichen Ansatz, der von einem isotropen Raumdenken geprägt ist. Alles ist gleich, von Rasterfeld zu Rasterfeld und "...so wenig die industrielle Rasterstruktur Vorschriften zu beinhalten..." schien, was auf den einzelnen Rasterfeldern der Stadt geschehen sollte, "...so sehr vereinfachte ihre koordinierte Funktion die Instrumentalisierung und Kontrolle dieser Elemente."[545]

Ein solch räumliches Ordnungsprinzip stand auch noch im Zentrum des Congrès Internationaux d'Architecture Moderne (CIAM), dessen Manifest – die Charta von Athen – die räumliche Stadtentwicklung nachhaltig beeinflussen sollte.[546] Die Anfang des 20. Jahrhunderts gegründete Bewegung, zu dessen Mitgliedern unter anderem Siegfried Giedion und Le Corbusier gehörten, ging von einer isotropen Raumkonstellation aus – von einem leeren und in alle Richtungen gleiche Eigenschaften aufweisenden Raum. Ein absoluter Raum sozusagen, der immer gleich und frei von einer jeglich gearteten Äußerlichkeit ist. Ihr Denkansatz basiert damit nicht, wie Corboz darlegt, auf einem Raumdenken, in dem der Raum sowohl der "...Abstand zwischen den Objekten, [...] als auch zugleich Bestandteil der Objekte..." ist, sondern sie sehen in dem Raum einen leeren Raum, der sozusagen "...zwischen den Körpern liegt."[547] Das heißt, ihr Raumverständnis basiert nicht auf dem Verhältnis "...zwischen den [...] Strassen-[...] und den Bauvolumen..."[548], die bis dahin das urbane Raumgefüge bestimmt haben, sondern beruht auf dem Konzept eines endlos leeren Raumes, in dem in einem Rastersystem gleichmäßig und in einem gebührenden Abstand, Volumen angeordnet sein können.

Demgegenüber steht der Raumgedanke von Camillo Sitte (1843-1903): Er setzt mit Der Städtebau nach seinen künstlerischen Grundsätzen (1889) dem isotropen Raum ein qualitatives Feld entgegen. Ein qualitatives Feld, das den Austausch zwischen dem

Raum und den darin enthaltenen Körpern meint und nicht mehr den Raum zwischen den Körpern, wie Corboz ausführt. Dies ist ein Ansatz, den ebenfalls Kevin Lynch (1918-1984) in *The Image of the City* aufgegriffen hat.[549] Auch wenn Sitte in seiner Publikation den Raum als solchen nicht direkt definiert hat, enthält Sittes Raumanalayse dennoch Raumqualitäten, die sich sowohl dem isotropen Raum als auch der kartesianischen Geometrie entziehen.[550]

Neben Sitte haben sich auch die Futuristen, eine aus Italien stammende Bewegung, mit dem Begriff des Feldes auseinander gesetzt. Dieser Gruppe stand Antonio Sant'Elia (1888-1916) nahe, ein Architekt, der mit 'La Città Nuova' (1913), das urbane Raumgefüge als ein "...ever-differentiating field of pressures and flows..."[551] beschreibt, welches keine materiellen Punkte vorweist, sondern lediglich Funktionen, Vektoren und Geschwindigkeiten. Dabei löste er das von einer Eindeutigkeit geprägte urbane Raumgefüge auf und setzte ihm eine aus Flüssen bestehende Räumlichkeit entgegen: "...the flows that compose its space are continuous with those actually forming the bodies within it."[552] Und das so entstandene Feld entspricht einem heterogenen und horizontal sich organisierenden Ordnungssystem, das sich aus simultanen jedoch unabhängig voneinander operierenden Systemen zusammensetzt – "...based on the circulation of force (-lines)."[553]

"Not one system ever predominates over the others, and though together they undouptedly form a unit, they singly maintain a certain autonomy and separateness due to their extension and resonance within broader, more comprehensive networks [...]. Here the very notion of conjunction takes on its maximal significance: these are conjunctions not of buildings or isolated structures but of imbricating systems, both at the molecular level of interpenetrating [...] masses and at the molar level of urban megasystems of transport, hydro-electric and informal lattices."[554]

Diese Betrachtung bezieht sich auf keine Form, sondern auf eine Agglomeration von aufeinander einwirkende Funktionen, "...each with its proper series of system elements [...] like conduits, circuitry [...] rotations [...] whose [...] value and role is defined only secondarily."[555] 'La Città Nuova' besitzt weder ein Innen noch ein Außen, ein bestimmtes Zentrum oder eine Peripherie – Sie setzt sich vielmehr aus einer Vielzahl von Kräften zusammen, die gleichzeitig nebeneinander operieren. "This notion of the field expresses the complete immanence of forces and events while supplanting the old concept of space identified with the Cartesian substratum and ether theory."[556]

In den 60er Jahren greift dann Colin Rowe (1920-1999) den Feldbegriff erneut auf. Für ihn setzt sich das urbane Raumgefüge aus einer Vielzahl von zufälligen und intentionalen Unfällen zusammen. Dabei ist nicht mehr das uniforme Gesamtkunstwerk von Bedeutung, sondern die verschiedenartigen Raster-Felder. So treffen in *Collision City* offene Felder (Idee) und geschlossene Felder (Tatsache) aufgrund von Überlagerugen aufeinander, deren Kollision sich als Einschnitt bzw. Bruch im urbanen Gefüge bemerkbar macht.[557]

Die Idee, eine Stadt könne in kein einheitliches Formsystem aufgenommen werden, greift auch Bernard Tschumi (geb.1944) in der 1981 veröffentlichten Publikation *The Manhattan Transcripts* auf.[558] Er bezieht sich dabei jedoch weniger auf Colin Rowe als auf Alison (1928-1993) und Peter Smithson (1923-2003). Sie verfolgen diese Richtung: "...we don't experience the city as a continuous thing anymore, rather as a series of events."[559] Tschumi interessieren ebenfalls die Ereignisse. Ereignisse, die das Ergebnis von Konflikten darstellen, die er, wie Bourdieu und Foucault, 'kritische Punkte' (turning points) nennt.[560] Tschumis Feldbegriff wird in seinen Manhattan Transcripts deutlich: Das Feld ist leer; es entwickelt sich aus den Konflikten im urbanen Raumgefüge, die aufgrund des Zusammenstoßes von unvorhersehbaren und unkontrollierbaren Ereignissen eine Schnittstelle bilden. Sie legen damit einen kritischen Punkt frei.

Für diese urbanen Dissonanzen interessiert sich ebenfalls Daniel Libeskind (geb.1946). Auch er versucht, wie er in dem Projekt für den Alexander Platz in Berlin (1993) dargelegt hat, über die Einschnitte, die Brüche und deren Verschiebungen etwas von einer Formation in eine andere zu lokalisieren, ohne dabei einer uniformen Ordnung zu folgen.[561] Statt ein bestimmtes Ordnungsprinzip anzustreben, beschwört er, ähnlich wie Tschumi, die Kontinuität der urbanen Diskontinuitäten herauf und schafft mit seinen 'Verdichtungen' (Überlagerungen) eine urbane Zone, die durchaus mit der Funktion eines vektoriellen Wirbelfeldes verglichen werden kann.

Ein weiterer Architekt, der den Feldbegriff auf das urbane Raumgefüge anwendet, ist Raoul Bunschoten (geb.1955). Bunschotens urbanes Feld entwickelt sich dabei in den Grenzbereichen, den zwischen den urbanen Schichten liegenden kritischen Punkten. Diesbezüglich interessieren ihn besonders die in diesen Bereichen entstehenden Konflikte und Krisen, die er an Hand von vier Invarianten (Erasure, Origination, Transformation und Migration) testet und evaluiert. Daraus werden dann laut Huber "...rekursive, dynamische [...] Prozesse [...] »gebaut«..."[562], die Bunschoten 'Felder' nennt. Hinter Bunschotens Feldbegriff steht die Erkenntnis, daß heute fast überall auf der Welt lokale Phänomene vorliegen, die global bedingt sind; d.h. sowohl die Architektur als auch die Raumplanung müssen, um diese Phänomene handhaben zu können, mit nicht-metrischen Kriterien arbeiten, um zwischen den lokalen und globalen und den "...intrinsischen und extrinsischen Betrachtungsweisen hin und her..."[563] springen zu können.

Neben Raoul Bunschoten hat sich der Architekt und Städtbauer Thomas Sieverts in der Zwischenstadt mit dem Feldbegriff auseinandergesetzt. Für ihn setzt sich das urbane Gefüge aus einer Ansammlung von "...mehr oder weniger dichten Feldern von Aktivitäten, Eigenschaften, Apellen, Zeichen, Botschaften und Erinnerungen, aus stabilen und flüchtigen Elementen..."[564] zusammen.

Auch Stan Allen bezieht sich in seinem Umgang mit dem urbanen Raumgefüge auf das Feld. Ihm geht es dabei nicht um die Objekte, sondern um das, was sich zwischen den Objekten entwickelt: den 'field conditions': "Field conditions [...] reassert the potential of the whole, not bounded and complete [...] they recognize that the whole of the city is not given all at once."[565] Wie Rowe, Libeskind und Tschumi geht er ebenfalls davon aus, daß das urbane Raumgefüge nie in seiner Gesamtheit wahrgenommen werden kann: "Consisting of multiplicities and collectives, its parts and pieces are remnants of lost orders or fragments of never-realised totalities."[566] Vor diesem Hintergund konzentriert er sich besonders auf die lokal sich im urbanen Gewebe ergebenden Differenzen: "...differences, it

is suggested, thrive at the local level, and not in the form of large scale semiotic messages."[567]
Innerhalb dieses Gedankenganges untersucht er dann die Dichte des Feldes und dessen
Beziehung zum Objekt: "One of the potentials of the field is to redefine the relation between figure and field [...] and if we think of the figure not as a demarcated object, but as
an effect emerging from the field itself [...] then it might be possible to imagine [...] these
two concepts as allied [...] Hence the study of these field combinations would be a study
of models that work in the zone between figure and abstraction, models [...] capable
of producing vortexes, peaks and protouberances [...]. What these field combinations
seems to promise in this context is the thickening within the field of the city."[568] Die Dichte
der Felder, von denen Allen hier spricht, erinnern an Colin Rowes Kollisionsfelder – auch
er geht von Überlagerungen und Verdichtungen im urbanen Gefüge aus. Jedoch versteht Allen hier nicht, wie das Rowe noch getan hat, das Feld als Rasterstruktur im Sinne
von Jeffersons Rastersystem, sondern legt sein Augenmerk eher auf ein sich verdicken-
denes Überlagerungsfeld, das sich an dem Denkmodel eines in wechselseitiger Überlagerung befindenden metrischen und nicht-metrischen Raumes, den Gilles Deleuze
and Felix Guattari in den 1000 Plateaus entworfen haben, orientiert.

Zusammenfassend läßt sich feststellen, daß sich die im 20. Jahrhundert entwickelnden theoretischen Denkmodelle, von der kartesianischen Ordnung mehr und mehr
abgewendet, und sich den feldtheoretischen Ansätzen zugewendet, haben. Jedes sich
im urbanen Gefüge entwickelnde Feld wird so zu einem prozessualen Feld, das nicht
mehr länger mit einer kartesianischen Ordnung gemessen werden kann – ein Ansatz,
der seine Entsprechung in der Vorstellung findet, daß sich das urbane Raumgefüge aus
einer Vielzahl von Fragmenten unterschiedlicher Herkunft zusammensetzt, in dem diverse
Kräfte aufeinander einwirken. Statt nach einem einheitlichen Formsystem zu suchen, gehen die hier
genannten Architekten und Urbanisten den im urbanen Gefüge entstehenden Brüchen und Kollisio-
nen nach. Das heißt, antstatt Entwicklungen auf ihre Kontinuitäten hin zu untersuchen, werden jetzt
ausschließlich die im urbanen Gefüge entstehenden Differenzen bzw. Unterbrechungen untersucht.
Die Komplexität des urbanen Raumgefüges als Ganzes zu erfassen ist letztendlich unmöglich.

DAS FELD UND DIE FELDTHEORIEN IN DER NATURWISSENSCHAFT (PHYSIK)

Neben der Raumplanung und dem Städtebau hat sich vorallem die Physik mit dem Feldbegriff intensiv auseinander gesetzt. Die Physik verbindet mit dem Feld eine, mit einem
bestimmten physikalischen Zustand des Raumes verbundene Erscheinung, die durch eine
oder mehrere Funktionen der Ortskoordinaten und auch der Zeit – den sogenannten
Feldgrößen oder Feldfunktionen – darstellt. Jedes Feld ist ein Kraftfeld und das bedeutet:
An jeder Stelle des Raumes wirken sich Kräfte auf einen Körper aus. Dabei unterscheidet
man zwischen den Skalarfeldern und den Vektorfeldern. Während man beim Skalarfeld
jedem Raumpunkt eine Zahl zuordnet (wie z. B. eine Temperaturangabe) ordnet man
einem Vektorfeld einen Raumpunkt (Vektor) zu.[569] Dabei haben sich sowohl die Feldtheorien des elektromagnetischen Feldes von James Maxwell (1831-1879) und Michael

Faraday (1791-1867) als auch die des Gravitationsfeldes von Albert Einstein (1879-1955) durchgesetzt. Hier soll zunächst auf Einsteins Feldtheorie eingegangen werden, die er erstmals in seiner Publikation *Zur Elektrodynamik bewegter Körper* (1905) (auch unter dem Namen *Spezielle Relativitätstheorie* bekannt), entwickelt.[570]

Der Kern der speziellen Relativitätstheorie ist die Raum-Zeit-Einheit: Raum kann immer nur im Zusammenhang mit der Zeit betrachtet werden. Das heißt, es ist nur möglich eine einzelne Raumstelle anzugeben, wenn man die Zeit mitberücksichtigt. Dabei besitzt jede Raumstelle einen eigenen Ereignischarakter.[571] Räumliche und zeitliche Maßstäbe können also nicht unabhängig voneinander betrachtet werden. Um jedoch eine Messung vornehmen zu können, ist ein absoluter Wert notwendig: die Lichtgeschwindigkeit. Dieser Wert wird von Einstein als Konstante angenommen, d.h. er gilt als Maßstab für die Messung der Distanz — er stellt die Relation zwischen Strecke und zeitlicher Dauer (cm/sek.) her, in der die absolute Geschwindigkeit (Lichtgeschwindigkeit) eine Relation von Raum und Zeit möglich macht.[572] Raum und Zeit sind relativ zueinander. Diese Erkenntnis baut auf der Entdeckung des Mathematikers Herman Minkowski (1864-1909) auf, der die Zeit als vierte Dimension eingeführt hat.[573] Die Relativität von Raum und Zeit ist also nur möglich, da die Lichtgeschwindigkeit als Größe konstant ist; sie ist immer gleich und es gibt zum anderen keine größere Signalgeschwindigkeit. Das trifft allerdings nur für die Bedingungen des Vakuums zu.

Indem Einstein die Lichtgeschwindigkeit als eine Konstante festgelegt hat, waren Zeit und Raum nicht länger etwas heterogenes: "[T]he continous 4-dimensional manifold could no longer be separated into a three-dimensional section evolving in one dimensional time."[574] "[A] mutual relation of events to the frame in which they are registered."[575] Das heißt, zwei Personen, die sich relativ zueinander mit konstanter Geschwindigkeit bewegen, sind zwar denselben Naturgesetzen unterworfen, doch ist es möglich, daß beide Personen ein und dasselbe Ereignis ganz anders wahrnehmen.[576] Das Prinzip der relativen Gleichzeitigkeit, welches eine wichtige Folgerung der speziellen Relativitätstheorie darstellt, geht davon aus, daß es keine universelle Gleichzeitigkeit gibt. Jedes Ereignis ist immer in einem Bezugssystem und kann nie ohne eine Person erfasst werden.[577] "By making time in this way relative and contingent, space-time and the field were conceived as a new entity, irreducible to their component dimensions, objectively unresolvable with respect to their infinitely varied regions (different speeds=different times)."[578]

Die Anfänge dieses Raumverständnisses sind im 19. Jahrhundert zu finden: Zu nennen sind einmal die Entdeckungen in der Thermodynamik und zum anderen die im Anschluß daran entwickelten elektromagnetischen Feldtheorien, auf die jetzt eingegangen wird. "Maxwell's [...] theory of electromagnetic processes went far [...], but was unable to make the final conceptual break he was obliged to posit a material vehicle or medium for this electromagnetic field: the luminiferous ether."[579] Auch das von Albert Abraham Michelson (1852-1931 und Eduard Morely (1838-1923) ausgeführte Michelson-Morely Experiment (1887), das zum Ziel hatte, diesen Äther und seine Geschwindigkeit relativ zur Erde auf ihrer Bahn um die Sonne nachzuweisen, schlug fehl. Zwischen dem Michelson-Morely Experiment und Einsteins spezieller Relativitätstheorie wurde noch um 1900 die Lorentz-Transformation (relativistische Längenkontraktion) von

Hendrik Antoon Lorentz (1853-1928) entwickelt. Die 'Lorentzkontraktion' beschreibt dabei ein Phänomen der späteren speziellen Relativitätstheorie. "It was than a momentous conceptual leap if only a short mathematical step that Einstein took to emancipate the field concept entirely from any association with a substratum."[581]

"The Einsteinian field, and its corresponding notion of space and time dispensed entirely with the need to posit a material substratum as a carrier for forces and events by identifying the electromagnetic field – and ultimately gravitational fields as well – with the new metrical one. This notion of "the field" expresses the complete immanence of forces and events while supplanting the old concept of space identified with the Cartesian substratum and ether theory."[582] Das 'Feld' in diesem Zusammenhang ist somit ein fortwährend sich neu entwickelndes Konstrukt, das keine materiellen Punkte vorweisen kann, sondern lediglich Funktionen, Vektoren und Geschwindigkeiten.

DER FELDBEGRIFF IN DER GEISTESWISSENSCHAFT (GESTALTPSYCHOLOGIE)

Analog zur Physik ist der Terminus auch in der Gestaltpsychologie von Max Wertheimer (1880-1943), Wolfgang Köhler (1887-1967) und Kurt Koffka (1886-1941) verwendet worden. Für sie wird die Feldtheorie der Physik zur wissenschaftlichen Theorie der menschlichen Interaktionen. Jeder Lebensraum des Menschen wird subjektiv wahrgenommen, es gibt keine objektiv erfassbare Mensch-Umwelt-Interaktion. Die Konzeption der Feldtheorie in der Gestaltpsychologie basiert auf der Annahme, daß die subjektive Sicht der Dinge menschliches Handeln beeinflusst. Das heißt, Dinge können nicht objektiv wahrgenommen werden, sondern nur so wie sie für den Betrachter zu sein scheinen. Dabei wird das menschliche Verhalten durch das gesamte Umfeld geprägt, das von äußerst vielfältigen Einflüssen bestimmt wird: wie zum Beispiel vergangene Ereignisse, zukünftig erwartete Ereignisse und die aktuelle Stimmung. Verhalten bzw. Handeln ist nach der Feldtheorie immer Feldhandlung. Im Kontext der gestaltpsychologischen Feldtheorie beginnt jede Analyse des Verhaltens mit der Untersuchung einer Situation, in der Handlungen auftreten. Dabei wird die Situation nicht in Bezug auf ihre physikalische Beschaffenheit aufgefaßt wird, sondern so wie sie die Person erlebt.

Die Feldtheorie Kurt Lewins (1890-1947) steht auch in der gestalt-theoretischen Tradition.[583] Lewin, der bereits zur zweiten Generation der Gestaltpsychologen gehört, überträgt allerdings aus den gestalttheoretischen Wahrnehmungsfeldern von Wertheimer, Köhler und Koffka den Feldbegriff auf die soziale Sphäre. Auf die unterschiedlichen feldtheoretischen Untersuchungen wird hier nicht eingegangen, es soll jedoch auf die folgenden Publikationen hingewiesen werden: Field theory in *Social psychology, Feldtheorie in den Sozialwissenschaften, Principles of topological psychology* und *field theory as human-science: contributions of Lewin's Berlin group.*[584] Lewins Feldbegriff geht in seinen Grundzügen von einer Gesamtheit gleichzeitig bestehender Tatsachen und Aktionen aus, die voneinander abhängig begriffen werden. Dabei ging es ihm besonders darum, das psychologische Feld als die Grundlage für das Verhalten eines jeden Individuums für jeden Zeitpunkt seiner Entwicklung rekonstruieren zu können. Jeder Moment im Leben eines Individuums wirkt auf dieses und kann rekonstruiert werden. Menschen

"...handeln nicht primär in der Welt wie sie ist, sondern wie sie sie wahrnehmen. Diese wahrgenommene [...] Welt einschließlich der Selbstwahrnehmung der Person [...] ist der »Lebensraum«."[585] Da jedes Individuum eine individuelle Entwicklungsgeschichte hat, ist laut Lewin auch nur eine individuelle Erklärung für das betreffende Individuum möglich. Aus diesem Grund bezeichnet er dann das 'psychologische Feld' als 'individuell erlebter Lebensraum', in dem sich, wie Huber darlegt, das Individuum auf bestimmte Punkte und Orte beziehen kann. "Lewins Raum ist strukturiert."[586] Er entspricht einem 'hodologisch-dynamischen' Raum, der sich aus Pfaden und Wegen zusammensetzt. Da man es "...bei psychologischen Wegen [...] mit Entwicklungen zu tun hat, die [...] nicht reversibel sind, finden die damit einhergehenden "...geistigen Ortsveränderungen..."[587] entlang gerichteter Wegstrecken statt. Dadurch ändert sich die Gesamtstruktur des geistigen Feldes."[588] Die 'Lokomotion des Individuums', "...die ja nichts anderes darstellt als eine menschliche Handlung..."[589], erfolgt also aufgrund eines Kraftfeldes bzw. Machtfeldes, das entlang den Wegen jederzeit und überall im Lebensraum herrscht. Dabei wirken "...sowohl auf das Feld als auch auf die Wege [...] Kräfte in Form von Vektoren."[590] Das Feld setzt sich aus zwei Elementen zusammen: Als "...Wissens-und Wahrnehmungsstruktur..." (Lebensraumes) und als ein Vektor-Feld "...von Willenskräften und inneren Antrieben..."[591] (Spannungen und Konflikte). Den äußeren Kräften stehen also stets die inneren Kräfte der Person gegenüber. Alle Handlungen in diesem Feld stehen in einer wechselseitigen Beziehung zueinander und "...mit jeder neuen Erfahrung verändert sich die subjektive Wahrnehmung und Vorstellung der »Welt in der wir leben«."[592] Um es zusammen zu fassen: Lewin entwickelt mit der Aufnahme "...des physikalischen Begriffs des Feldes sowie topologischer und vektorieller Begriffe eine psychodynamische Feldtheorie..."[593], die er mit den Begriffen der 'Energie', der 'Spannung', 'Konflikt' und der 'Kraft' besetzt hat.

DER FELDBEGRIFF IM URBANEN KONTEXT

Wie im vorangegangenen Abschnitt gezeigt wurde, findet der Feldbegriff in sehr unterschiedlichen Disziplinen Anwendung. Im Bereich der Raumplanung und dem Städtebau kommt der Begriff in zwei sehr gegensätzlichen Formen zum Ausdruck. Während die traditionelle Architektur- und Städtebautheorie von einem real existierenden Feld, wie z.B. dem eines Rasterfeldes ausgeht, hat sich eine Gruppe innerhalb dieser Disziplin von diesem Modell abgewendet. Sie begreift das 'Feld' als substanzlos, wie die hier angeführten Ansätze bezeugen. Dieser Paradigmenwechsel von einem physisch vorhandenen, hin zu einem substanzlosen Feld, hat sich zum einen durch die Entdeckung des elektromagnetischen Feldes von Faraday und Maxwell vollzogen, und zum anderen durch Einsteins Untersuchung zum Gravitationsfeld. Diese Wissenschaftler ermöglichten es das Feld als eine "...Gesamtheit der Werte einer physikalischen Größe...[zu sehen]... die den Punkten des Raumes oder eines seiner Teilgebiete zugeordnet sind, ohne daß die Anwesenheit eines materiellen Substrats in diesen Punkten vorausgesetzt werden muß."[594] Die Entdeckungen in der Physik haben die Kunst, die Gestaltpsychologie und die Soziologie und auch den Städtebau und die Architektur dazu bewogen, das Feld von einem anderen völlig neuen Aspekt heraus zu betrachten. Dabei stellt sich heraus, daß die Architekten und Urbanisten, die sich mit diesem neuen Verständnis beschäftigt haben, das Prinzip eines mobilen Grundes, durch das sich das Feld fortwährend in etwas Neues verwandeln kann, aufgestellt haben. Also: Anstelle eines immanenten Figur/Grund Verhältnisses, setzt sich ein Feld nun aus verschiedenen Strömen zusammen, in denen die positionsverschiebenden Interaktionen der auftauchenden Kräfte-Punkte ihren Ausdruck finden können. Ein Feld entspricht damit einem Substrat, das sich aus Strömen zusammensetzt.

Das heißt, anstelle eines Bezugsrahmens des Figur/Grunds, der zum einen die Beziehung zwischen einem Objekt (Figur) zu dessen Grund definiert und zum anderen die Wechselwirkung zwischen den Objekten und dem dazwischen liegenden Zwischenraum beschreibt, wird nun das Feld gesetzt: es produziert sich in der Wechselwirkung zwischen zwei sich überlagernden Gliederungssystemen (das wird weiter unten bei Gilles Deleuze und Felix Guattari sowohl mit dem 'glatten und dem gekerbten Raum' als auch bei Derrida mit dem 'Wirkungsfeld der Différance' gezeigt werden). Jedes Feld ist dabei auf einen homologen Träger angewiesen, über den es sich verwirklichen kann.

Der Raum kann damit als ein praktischer Umgang mit einem Ort verstanden werden, in dem die Existenz des Ortes nicht von einem statischen Feld eidetischer Formen bestimmt wird, sondern von lokal bestimmbaren Ereignis-Momenten zwischen aufeinander treffenden Gliederungssystemen, die sich durch die Positionsverschiebungen der Individuen entwickeln, wie sie von Bourdieu im weiteren Verlauf über das Feld der kulturuellen Produktion beschrieben werden. Die biographische Spur (Feldlinie), die sich aus der Differenz der aufeindertreffenden Gliederungssysteme ergeben hat, könnte hypothetisch in eine Karte eingetragen werden, wenn sie nicht bereits über das hinausweisen würde was gerade geschehen ist, was im dritten Kapitel über die rhetorische Macht der verhallenden Schritte schon ansatzweise ausgeführt wurde und weiter unten mit Derridas 'Spiel der Différance' vertieft werden wird. Daraus läßt sich schließen, daß sich das Feld aus einer dynamischen Konfiguration von sich bewegenden Elementen konstelliert, in Interaktion zwischen verschiedenen Gliederungssystemen. Dies wird im folgenden Abschnitt gezeigt.

DAS (MACHT)- FELD DER KULTURELLEN PRODUKTION

Das von dem französischen Soziologen und 'Machtanalytiker' Pierre Bourdieu (1930-2002) entwickelte *Feld der kulturellen Produktion* ist vor allem ein soziales Handlungsfeld, in dem jedes Element eines Feldes seinen Wert aus den Beziehungen und Relationen erhält, die es zu anderen Elementen unterhält. "In Feldbegriffen denken heißt relational denken." Bourdieu hat mit dieser Deutung ein Konzept geschaffen, das sich nicht mit den jeweiligen Praxisinhalten, sondern mit der 'relativen' Gesamtheit der Eigen-schaften eines sozialen Raumes auseinandersetzt. Und so konzentriert er sich dann auch nicht, nur auf den individuell gelebten Lebensraum, wie das noch bei Wertheimer, Köhler, Koffka und Lewin der Fall gewesen ist, sondern bezieht sich mit der Begrifflichkeit des sozialen

Feldes auf einen 'sozialen Raum' bzw. auf soziale Handlungsfelder, die sich mehr mit der mit der 'Ausführung von Praktiken' beschäftigen als Praxisinhalte zu bestimmen.[596]

DAS SOZIALE FELD – DIE GESAMTHEIT DER GESELLSCHAFTLICHEN INTERAKTIONEN

Bourdieus Feldtheorie geht von einer relativen Autonomie bestimmter Teilregionen des sozialen Raumes aus. Diese Teilregionen entsprechen 'sozialen Handlungsfeldern', sie sind das Spannungsfeld bzw. die Spannungsfelder durch die sich die Akteure einbringen können.

Jedes Feld ist so gesehen ein relativ eigenständiges Konstrukt, das nach seinen eigenen Gesetzmäßigkeiten strukturiert ist, und die jeweiligen Akteure, die sich auf den Feldern aufhalten, besitzen unterschiedliche Einflußmöglichkeiten, die von der individuellen Position innerhalb ihres jeweiligen Feldes und den spezifischen Dispositionen, die der Angehörige eines Feldes mitbringt, abhängen. Bourdieu ist der Überzeugung, daß "...die Gesamtheit der Eigenschaften (bzw. Merkmale) die innerhalb eines fraglichen sozialen Universums wirksam sind [...], die soziale Welt in Form eines – mehrdimensionalen – Raums darstellen."[597] Dabei interessiert ihn nicht die Gesellschaft als solche, sondern vielmehr der soziale Handlungsraum, der sich für ihn aus zwei Kategorien zusammensetzt: a.) "...als objektivierte Geschichte in Gestalt von Institutionen (Feld)...[und b.)]...in Form leibhaftig gewordener Geschichte (Habitus)."[598]

Das soziale Handlungsfeld konstituiert sich über drei Ebenen: 1. Verschiedene, relativ autonom operierende Felder, die hier im Sinne von Kraft- bzw. Machtfeldern zu verstehen sind. 2. 'Habitus', hinter dem ein Akteur steht, dessen soziale Fähigkeiten sich aus gesellschaftlich erworbenen Dispositionen zusammensetzen und 3. Synthese, die sich aus dem Aufeinandertreffen von 'Habitus' und 'Feld' ergibt. Bourdieu postuliert damit "...eine Homologie zwischen dem Feld der Stellungnahmen [...] und dem Raum der Stellungen im Produktionsfeld..."[599], dessen Beziehungsgeflecht durch die auf dem Feld auftretenden 'Mächte bzw. deren Wirkungsgruppen' strukturiert wird. Das heißt, die sich auf dem Feld auswirkenden Mächte, bzw. Wirkungsgruppen, verkörpern Kräfte, die dem Feld "...zu einem beliebigen Zeitpunkt kraft ihrer jeweiligen Stellung gegeneinander und miteinander, seine spezifische Struktur...[verleihen. Dabei]...determiniert die Zugehörigkeit zu diesem Feld selbst auch jede dieser Kräfte: jede verdankt nämlich der besonderen Stellung, die sie in diesem Feld einnimmt [...] einen besonderen Typus, der die Art ihrer Verbindung mit dem [...] Kräftefeld, einem System von Themen- und Problem-Beziehungen, bestimmt."[600]

Wie bei de Saussures' (1857-1913) 'langue/parole' Modell bezieht hier jedes Element, das sich auf dem Feld befindet, seinen Wert (Kraft/Macht) aus den Beziehungen und Relationen, die es mit den anderen Elementen unterhält.[601] "Analytisch gesprochen wäre ein Feld als ein Netz oder eine Konfiguration von objektiven Relationen zwischen Positionen zu definieren." Dabei sind diese Positionen "...in ihrer Existenz und auch in ihren Determinierungen [...] objektiv definiert, und zwar durch ihre aktuelle und potentielle Situation (situs) in der Struktur der Distribution der verschiedenen Arten von Macht [...], deren Besitz über den Zugang zu den in diesem Feld auf dem Spiel stehenden spezifischen Profiten entscheidet, und damit auch durch ihre objektiven Relationen zu anderen Positionen."[602]

Felder bilden ein Geflecht von Beziehungen und Positionen, in dem sich die Akteure immer wieder neu positionieren (können) – wobei deren Positionierung von ihrer aktuellen Position in der Feldstruktur abhängt. Da s Feld entspricht somit einem Ort von Kräfteverhältnissen "...und von Kämpfen um die Veränderung dieser Verhältnisse...[und ist]...folglich ein Ort des permanenten Wandels."[603] Je offener ein Feld dabei ist, desto eher können sich die 'Machtverhältnisse' verändern; und je mehr ein Feld institutionalisiert worden ist, umso weniger besteht die Chance einer Veränderung.[604] Dazu Huber:

"Das kritische Aufspannen eines [...] Feldes verfolgt bei Bourdieu einerseites eine Erhaltungsstrategie, andererseits eine Strategie der Häresie, der Infragestellung der etablierten Ordnung. Beides zusammen bildet die Basis kontextueller Veränderungen innerhalb der [...] Felder."[605]

Dabei arbeiten die Akteure dann auch "...nicht in einem Vakuum, sondern in realen sozialen Situationen, die durch eine Anzahl objektiver sozialer Zusammenhänge regiert werden."[606] Folglich hängen die Positionierungen dann auch immer von ihrer aktuellen Position in der Feldstruktur ab und das sich Positionieren im Feld ist hier nicht methodologisch von dem "...Feld der Positionen zu trennen, die man bezieht – also von den »Stellungnahmen« – verstanden als ein strukturiertes System der Praktiken und Äußerungen der Akteure."[607] Die Spiel-Strategien der Akteure sind mittels ihrer gegenseitigen Positionierungen und deren Stellungnahmen zu verstehen, die in dem Begriff des Habitus ihren Ausdruck finden.

DAS KONZEPT DES 'HABITUS' – DER 'LEBENSRAUM' DES AKTEURS

Der Begriff des 'Habitus' kommt aus dem Lateinischen und bedeutet soviel wie (erworbene) Haltung und Gehabe. Bourdieu hat diesen Begriff gemeinsam mit dem Soziologen Norbert Elias (1897-1990) offiziell als Fachbegriff in die Soziologie eingeführt. Elias meint mit 'Habitus' den Zustand zwischen Denken, Fühlen und Handeln.[608]

Bourdieu umfasst mit dem Begriff jedoch die 'objektive' Kategorisierung von Personen, die einer bestimmten Gruppe angehören, und auch das Konzept ein der Verinnerlichung kollektiver Dispositionen auf das Subjekt. 'Habitus' ist ein...System von dauerhaften Dispositionen strukturierter Strukturen, die geeignet sind, als strukturierende Strukturen zu wirken[...]; Erzeugungs- und Strukturierungsprinzip von Praxisformen und Repräsentationen, die objektiv 'geregelt' und 'regelmäßig' sein können, ohne im geringsten ein Resultat einer gehorsamen Erfüllung von Regeln zu sein."[609] Für Bourdieu wird der 'Habitus' als ein Generierungsprinzip von Verhaltensstrategien verstanden, die die Praxis regeln, ohne dabei jedoch bestimmte Regeln zu erfüllen.[610] Das heißt, der 'Habitus' ist zwar in seiner Zweckmäßigkeit kollektiv abgestimmt, jedoch weist er dabei keinerlei Planung auf. Und so greifen die sozialen Akteure in den sich niemals wiederholenden Situationen auf ihre jeweiligen Dispositionen zurück, die sich wie in einem Improvisationsspiel, immer wieder neu transformieren. Der 'Habitus' wird als "...Gefühl fürs Spiel/ feel for the game beschrieben [...] das den Akteuren ermöglicht, in gewissen Situationen in nicht rein berechnender Weise zu agieren und zu reagieren."[611] Ferner ist der 'Habitus' einem ständigen Wandel ausgesetzt – was daran liegt, daß die

Akteure aufgrund ihrer hinzugewonnen Erfahrungen ihn ständig modifizieren. Dazu Schwingel: "Die [...] soziale Laufbahn und die dabei sich vollziehende Sozialisation fügen den frühen Prägungen neue, den 'Habitus' (mehr oder weniger) modifizierende Erfahrungen hinzu."[612] Das heißt, der 'Habitus' entspricht zwar etwas 'dauerhaftem', also etwas permanent vorhandenem, er ist jedoch einer ständigen Veränderung unterworfen und zur Anpassung gezwungen.[613] Die Akteure sammeln Erfahrungen und erweitern somit ihren 'Habitus'. Der 'Habitus' gewährleistet "...die aktive Präsenz früherer Erfahrungen, die sich in jedem Organismus in Gestalt von Wahrnehmungs-, Denk und Handlungsschemata niederschlagen."[614] Damit wird klar, daß der 'Habitus' nicht angeboren ist, sondern gesellschaftlich und historisch bedingt ist. Im 'Habitus' wirken drei Schemata: "1. die Wahrnehmungsschemata, welche die alltägliche Wahrnehmung der sozialen Welt strukturieren [...], 2. die Denkschemata, zu denen (a) die »Alltagstheorien« und Klassifikationsmuster zu rechnen sind, mit deren Hilfe die Akteure die soziale Welt interpretieren und kognitiv ordnen, (b) ihre impliziten ethischen Normen zur Beurteilung gesellschaftlicher Handlungen, d.h. ihr »Ethos« [...], und (c) ihre ästhetischen Maßstäbe zur Bewertung kultureller Objekte und Praktiken, kurz ihr »Geschmack« [...], 3. schließlich die Handlungsschemata, welche die (individuellen oder kollektiven) Praktiken der Akteure hervorbringen."[615]

Der 'Habitus' generiert also über die Wahrnehmungs-, Denk- und Handlungsschemata "...einen sozialen Sinn [....], der den Akteuren als Orientierungssinn im Feld [...] dient."[616] Er (der Habitus) funktioniert als eine Art Wahrnehmungs-, Denk- und Handlungsmatrix, die "...das Verhältnis eines...[Akteurs]...zu seinem Werk stets durch die Beziehung vermittelt, die er aufgrund seiner Stellung zum [...] System der objektiven Beziehungen unterhält, welche das [...] Kräftefeld bilden."[617] Und das "...Recht auf Eintritt in ein Feld wird durch den Besitz einer besonderen Konfiguration von Eigenschaften legitimiert."[618]

Der Habitus ist somit ein Produkt der Erfahrungen der Akteure im Bereich der Wahrnehmung, des Denkens und Handelns als auch ein Produzent von sozialen Praktiken. Dabei eignen sich die Akteure ihre habituellen Strukturen nicht durch gezielte pädagogische Maßnahmen an, sondern über die Nachahmung von anderen Akteuren. Dazu Bourdieu: "In allen Gesellschaften zeigen die Kinder für die Gesten und Posituren, die in ihren Augen den richtigen Erwachsenen ausmachen, außerordentliche Aufmerksamkeit: also für ein bestimmtes Gehen, eine spezifische Kopfhaltung, ein Verziehen des Gesichts, für die jeweiligen Arten sich zu setzen, mit Instrumenten umzugehen."[619]

Durch explizite Überlieferungen und vielfältige Spielformen wird der 'Habitus' strukturiert, in dem der Akteur Handlungen imitiert.[620] Das Verhältnis zwischen dem Feld, dem Akteur und dem Habitus wird also durch "...die Positionen, Stellungnahmen und Dispositionen des individuellen Akteurs geregelt...[bzw. durch]...dessen »Gespür für Spiel«..."[621] Und das Spiel, sowie deren Abgrenzungen und Positionierungen folgen dabei feldspezifischen 'Spielregeln', die immer kulturelle Legitimation und soziale Macht zur Folge haben. Das heißt, die "...Spiel-Strategien des Akteurs..." können dabei in der "...Funktion der Konvergenz von Position und Stellungnahme...." verstanden werden, die durch den 'Habitus' vermittelt werden.[622] Und "...die Veränderung dieser Positionen und Stellungnahmen hinterlassen eine »biographische Spur« des Habitus...", die Bourdieu 'trajectoire' nennt: "Im Unterschied zu den gewöhnlichen Biographien beschreibt der Verlauf — trajectoire — die Reihe der Positionen, die ein Schriftsteller in aufeinanderfolgenden Zuständen des literarischen Feldes nacheinander einnimmt, wobei es sich versteht, daß sich die Bedeutung dieser aufeinanderfolgenden Positionen, die Veröffentlichungen [...], nur in der Struktur eines Feldes, daß heißt [...] relational bestimmen läßt."[623] Diese Bewegungsabläufe, die "...lokal in bestimmten Sektoren des Feldes... [und] ...global zwischen den Sektoren der Felder..."[624], schreiben sich also mit Hilfe der Akteure und deren 'Habitus' über die 'trajectoire' auf dem Feld ein. Und "...die dazwischen liegenden Übergänge...[und deren]... unvermeintlichen »kritischen Punkte« der Felder und Sektoren...", die sogenannten »Turning Points«, werden durch das von dem "...Akteur, Habitus und Trajektor geformte Kapital..."[625] der Akteure immer wieder umgeformt. Dieser Umformungs-Prozess führt dabei zu einem "... sozialen Altern des Feldes und deren Akteure."[626] Man kann diesem sozialen Alterungsprozess mit einem Palimpsest vergleichen (ein antikes Schriftstück, von dem der ursprüngliche Text getilgt und wieder neu beschriftet wurde): wie der Nicht-Ort, auf dem sich das verworrene Spiel der Akteure durch die 'trajetoires' (Spuren) immer wieder neu einschreibt (= sozialer Alterungsprozess). Somit entspricht das Feld einem "...potentiell offenen Spiel-Raum mit dynamischen Grenzen [...] das keiner erfunden hat und das viel fließender und komplexer ist als jedes nur denkbare Spiel."[627]

VON DEN KRITISCHEN PUNKTEN DER SOZIALEN (MACHT)- FELDER

Das Feld ist also für Bourdieu ein von sozialen Interaktionen erfülltes 'Feld', auf dem sich wie bei einem Palimpsest, die immer neu hinzukommenden Interaktionen des alltäglichen Lebens über die alten einschreiben. Dabei produzieren die Individuen immer wieder neue Spannungen — Spannungen, die entstehen, wenn sich eine markierte Position eines Individuums verschiebt.

Bourdieus 'Feld' kann unter diesem Gesichtspunkt also durchaus als ein soziales 'Kraftfeld' verstanden werden, auf dem sich die Individuen immer wieder neu in Relation setzen können. Diese Form des 'Feldes' findet seine Entsprechung in Foucaults Machtanalytik — ein Konzept, das auch von einem sich polyzentral organisierenden Kraftfeld ausgeht. Dabei spricht Foucault, ähnlich wie Bourdieu von der Macht als Prozess. Bei beiden hat Macht keinen zentralen Ort — vielmehr existieren eine Vielzahl von Mächten, die sich in einem unendlichen Prozess des Werdens und des Vergehens befinden. Macht zentralisiert sich somit nicht mehr als eine Substanz, sondern sie äußert sich einzig allein durch sich polyzentral organisierende Kräfte, die sowohl bei Bourdieu als auch bei Foucault immer nur in der raumstrukturierenden Macht der Akteure zum Ausdruck kommen können.[628] Der Akteur ist hier sozusagen das Subjekt, auf das die Macht zurückgreift — oder mit anderen Worten ausgedrückt: er ist das Zugriffs-Subjekt von (raumstrukturierender) Macht.[629] Das heißt, die Akteure, gleich wel che Position sie auf den Feldern inne haben, sind die thematische Voraussetzung, die conditio sine qua non jeglicher räumlicher Erfahrung. Sie sind, wie Dreyfus und Rabinow ausführen, die essentiellen Organisatoren dieses Schauspiels.[630] Folglich formieren sich alle im Raum auftretenden Phänomene um die Akteure herum. Die Akteure sind, das Zentrum,

"...der Nullpunkt der Welt, der Ort, an dem Wege und Räume sich kreuzen."[631] Foucaults Definition des Nullpunktes spiegelt sich in Bourdieus Theorie der sozialen Felder. Während Foucault den Diskurs über den Nullpunkt in der Heterotopie sucht, sucht Bourdieu ihn in einer Homologie zwischen dem Feld der Stellungnahmen und dem Raum der Stellungen im Produktionsfeld, den er 'critical turning-point', nennt. Der kritische Punkt entspricht also einer transformativen Durchgangsstelle, einem ortlosen Ort, über den sich die Umformung der biographischen Spur verwirklichen kann. Der kritische Punkt verkörpert die Schnittstelle, an der sich das 'biographische Kapital' (Bourdieu) der Akteure transformieren kann. Und eine Transformation dieses 'biographischen Kapitals' kann sich immer nur dann vollziehen, wenn sich auch bereits auch eine Positions-Verschiebung eingestellt hat – wenn also eine Grenze 'zum Anderen hin' überschritten worden ist.

IM FELD DER RÄUMLICHEN ÜBERLAGERUNG

Die Strukturalisierung des Feldes ist eine Thematik, mit der sich Felix Guattari und mehr noch, Gilles Deleuze bereits in den 60er Jahren in seinen Publikationen *Logik des Sinns* (1969) und *Woran erkennt man den Strukturalismus* (1967) auseinandergesetzt hat.[632] Deleuze beschäftigt sich dort mit dem Feldbegriff auf sehr unterschiedliche Art und Weise. Während er in der 1967 erschienenen Publikation mit dem Orginaltitel *Was ist der Strukturalismus*, den Feldbegriff noch sehr an das von Jacques Lacan entwickelte Konzept eines leeren Feldes anlehnt, gibt er in *Logik des Sinns* dem Begriff die Bedeutung eines 'Transzendentalen Feldes', in dem "...Singularitäten und Potentiale auf der Oberfläche [...] spuken."[633] Heterogene Serien von Singularitäts-Ereignissen sozusagen, die ohne jegliche Richtung "...sich in einem weder stabilen noch instabilen, sondern »metastabilen« System organisieren...[und verknüpfen]...Ein wenig wie bei den chemischen Elementen, von denen wir wissen, wo sie sind, noch bevor wir wissen, was sie sind.." kennen wir ihre Existenz, Verteilung und "...singularen Punkte."[634] Dieses sich aus Singularitäts-Ereignissen zusammensetzende transzendentale Feld, erweitern Deleuze und Guattari in der 1980 erschienen gemeinsam Publikation *Mille Plateaus, Kapitalismus und Schizophrenie*. Sie entwickeln mit dem Bild des 'rhizomatischen Plateaus' (Konnexion, Heterogenität, Mannigfaltigkeit, Kartographie, Decalcomanie und der asignifikante Bruch) das 'Feld' in den Überlagerungen des 'nicht-gerichteten glatten' und des 'gerichteten gekerbten' Raumes.

KONNEXION, HETEROGENITÄT, MANNIGFALTIGKEIT UND DER ASIGNIFIKANTE BRUCH – DAS RHIZOM

Gilles Deleuze & Felix Guattari fordern in den Tausend Plateaus den Leser auf, nicht mehr singular, sondern pluralisitisch zu denken – eine Haltung, die die Autoren mit dem Begriff des Rhizoms erfassen. Der Begriff ist der Botanik entliehen und bezeichnet dort einen Wurzelstock, einen Erdspross mit Speicherfunktion. Die Autoren verwenden ihn im übertragenen Sinne, weil seine Bedeutung das Verhältnis zu den hierarchischen Strukturen gut zeigen kann. Im übertragenen Sinne gleicht das 'Rhizom' dann "...einer Wurzelknol-le."[635] Man darf es jedoch nicht mit den Abstammungslinien eines Baumes verwechseln, da es sich im Unterschied zu den Baumwurzeln mit beliebigen Punkte verbinden kann – "...wobei nicht unbedingt jede [...] Linie auf eine [...] gleichartige Linie verweist; es bringt ganz unterschiedliche [...] Verhältnisse ins Spiel."[636] Das heißt, im Gegensatz zu der Struktur eines Baumes entspricht das 'Rhizom' einem a-zentrischen, nicht hierarchischen und asignifikanten System. "Es hat kein organisierendes Gedächtnis und keinen zentralen Automaten und wird einzig und allein durch eine Zirkulation von Zuständen definiert."[637] Es handelt sich bei dem 'Rhizom' von Deleuze und Guattari also um ein wucherndes Gefüge strukturloser Intensitäten, das weder eine Position noch einen festen Punkt, oder gar einen Anfang und ein Ende hat, sondern lediglich eine Mitte, von der aus es wächst und sich ausbreitet. "Im Gegensatz zu einer Struktur, die durch eine Menge von Punkten und Positionen definiert wird [...] besteht das Rhizom nur aus Linien [...]. Man darf solche Linien [...] nicht mit den Abstammungslinien des Baumtyps verwechseln [...]. Im Gegensatz zum Baum ist das Rhizom kein Gegenstand der Reproduktion [...]. Das Rhizom ist eine Anti-Genealogie. Es ist ein Kurzzeitgedächtnis oder Anti-Gedächtnis."[638]

Dabei kann es die unterschiedlichsten Formen annehmen, "...von verästelten Ausbreitungen in alle Richtungen [...] bis zur Verdichtung von Zwiebeln und Knollen [...]. Es wächst dazwischen, zwischen anderen Dingen."[639] Und "...das Verfahren des Rhizoms besteht in der Variation, Expansion und Eroberung, im Einfangen und im Zustechen."[640] Die Autoren erarbeiten sechs Prinzipien, die ein Rhizom ausmachen: Konnexion, Heterogenität, Mannigfaltigkeit, Kartographie, Decalcomanie und der asignifikante Bruch, von denen im folgenden Abschnitt die Phänomene der Konnexion, Heterogenität, Mannigfaltigkeit und des asignifikanten Bruchs hervorgehoben werden sollen.

Konnexion und Heterogenität: Laut Deleuze und Guattari kann innerhalb eines Rhizoms jeder beliebige Punkt mit einem anderen beliebigen Punkt verbunden werden. Wobei damit keineswegs lokalisierbare Konnexionen gemeint sind, "...in der ganz unterschiedliche [...] Akte zusammengeschlossen sind."[641] Es paart unaufhörlich verschiedene "...Kettenglieder, Machtorganisationen, Ereignisse aus Kunst, Wissenschaften und gesellschaftlichen Kämpfen."[642] Das Rhizom oszilliert: es zeichnet sich durch Bewegungen aus, die immer neue Konstellationen hervorrufen. Dabei verbinden die Autoren das Prinzip der Konnexion mit dem der Heterogenität. "Nicht der unmittelbar reine Zustand eines Sachverhaltes ist von Bedeutung, sondern der Aspekt seiner Uneinheitlichkeit."[643]

Mannigfaltigkeit: Eine Mannigfaltigkeit kann weder über ein Objekt noch über ein Subjekt bestimmt werden, sondern nur durch "...Bestimmungen, Größen, Dimensionen, die nicht wachsen, ohne daß sich dabei..."[644] etwas verändert. "Wir bezeichnen jede Mannigfaltigkeit als 'Plateau', die mit anderen Mannigfaltigkeiten durch äußerst feine unterschiedliche Stränge verbunden werden kann, so daß ein Rhizom entstehen und sich ausbreiten kann."[645] Mit dieser Art und Weise der Betrachtung kritisieren Deleuze und Guattari die Autorität der Einheitlichkeit, die sich zu sehr auf eine vorgegebene Ordnung beruft. Mannigfaltigkeiten unterstehen keiner übergeordneten Struktur. Sie bestehen aus einem von affekten durchbrochenen Gefüge "... mit unterschiedlichen Geschwindigkeiten, Überstürzungen und Geschwindigkeiten, immer in Beziehung zum Außen."[646]

Der asignifikante Bruch: Ferner kann, den Autoren zufolge, ein Rhizom an jeder Stelle unterbrochen oder gar zerissen werden; und jedesmal wenn es zu einer Unterbrechung des Rhizoms kommt, entsteht ein asignifikanter Bruch — asignifikant, da er weder erklärbar noch mit einer Bedeutung versehen werden kann. Treten also Differenzen auf, erfordert dies laut Angélil "...eine Auseinandersetzung mit dem Phänomen des Bruchs..." und folgt man Deleuzes und Guattaris Argumentation "...stellt der Bruch ein inhärentes Prinzip..." des rhizomorphen Gefüges dar.[647]

'Rhizome' weisen trotz ihrer komplexen und auf den ersten Blick eher chaotisch erscheinenden Beschaffenheit "...eine ihnen eigene Form der Konsistenz auf."[648] Für Deleuze und Guattari besteht ein 'Rhizom' aus Plateaus.[649] Sie sind das Verbindunggselement, das komplexe Zusammenhänge erfassen kann. Plateaus haben weder einen Anfang noch ein Ende, sie sind zwischen den Dingen zu finden. Sie sind der Zwischenbereich, der in unterschiedliche Richtungen expandieren kann. "Plateaus sind durch eine Streuung von Ereignissen gekennzeichnet. Sie sind nicht hierarchisch organisiert und bilden keine Einheit..."[650] obwohl sie Charakteristika aufweisen, die einen Zusammenhalt gewährleisten. Plateaus können komplexe Zusammenhänge miteinander verflechten. Sie bilden das vermittelnde Element des 'Rhizoms'. Sie sind die vibrierende Intensitätszone einer Mannigfaltigkeit, in der sich das 'Rhizom' weiter entwickeln kann. Dies rhizomorphe Gefüge führt zu einer Räumlichkeit, die von den Autoren mit dem Begriff des 'glatten und gekerbten Raumes' spezifiziert wird.

DAS NICHT- METRISCHE FELD DES NICHT- GERICHTETEN GLATTEN RAUMES

Das Modell des glatten und gekerbten Raumes, stammt ursprünglich aus dem Bereich der Musik und wurde von dem Komponisten Pierre Boulez (geb.1925) entwickelt. Sein Prinzip besagt, daß man den "...glatten Zeit-Raum besetzt, ohne zu zählen, während man in einem gekerbten Zeit-Raum zählt, um ihn zu besetzen."[651] Boulez differenziert in seinem Modell also zwischen dem metrischen und nicht-metrischen-, dem gerichteten und dem nicht-gerichteten Raum. Dabei interessiert ihn besonders, wie etwas 'Glattes', 'Gerichtetes' in einen Zustand des 'Geriffelten' übergeht, wie zum Beispiel "...die Oktave durch 'Maßstäbe ohne Oktave' ersetzt werden kann."[652]

Um dies jedoch tun zu können, mußte Boulez durch sogenannte Einschnitte die Räume erst bestimmen. So legte er fest, daß der eine Schnitt des Raumes mit einem Maßstab bestimmt werden kann, während der andere Schnitt an beliebiger Stelle, also in unregelmäßigen Abständen, gemacht werden kann. Zwischen den einzelnen Einschnitten breiten sich Frequenzen in Intervallen aus, die in der Musik als 'modulo' bezeichnet werden, wobei das 'modulo' konstant (gerader eingekerbter Raum) oder unregelmäßig (kurvige eingekerbte Räume) sein kann. Ist jedoch kein 'modulo' vorhanden, geschieht die Anordnung der Frequenzen ohne Einschnitt: "...[S]ie geschieht 'statistisch', auf einem Teilraum, der beliebig klein sein kann."[653] Die Anordnung der Frequenzen hängt jedoch davon ab, ob diese gleichmäßig (gerichter glatter Raum) oder ungleichmäßig (nicht gerichter glatter Raum) dicht sind. Zusammengefaßt besagt Boulez

Prinzip: "Das Geriffelte ist also das, was das Festgelegte und Variable miteinander ver-
flicht, das unterschiedliche Formen ordnet und einander folgen läßt und was horizontale
Melodielinien und vertikale Harmonieebenen organisiert [...] das Glatte ist kontinuierliche Variation, die kontinuierliche Entwicklung der Form und die Verschmelzung von Har-
monie und Melodie zugunsten einer Freisetzung von im eigentlichen Sinne rythmischen
Werten, die reine Linie einer Diagonale quer zur Vertikalen und Horizontalen."[654] Dieses
oszillierende Korrelat zwischen dem Geriffelten und dem Glatten bildet die Basis für das
Verständnis des 'Glatten' und des 'gekerbten' Raumes, mit dem sich Gilles Deleuze und
Felix Guattari beschäftigt haben. "[D]er glatte Raum wird unaufhörlich in einen gekerbten Raum übertragen und überführt; der gekerbte Raum wird ständig umgekrempelt, in
einen glatten Raum zurückverwandelt [...]. Die faktischen Vermischungen sind allerdings
kein Hindernis für eine Unterscheidung in der Theorie [...]. Es ergibt sich also eine ganze
Reihe von Fragen gleichzeitig: die einfachen Gegensätze zwischen beiden Räumen; die
komplexen Unterschiede; die faktischen Vermischungen und die Übergänge vom einen
zum anderen; die Gründe der Vermischungen, die keineswegs symmetrisch sind."[655] Der
glatte Raum ist der Raum mit der kleinsten Abweichung. Er ist nicht homogen "... außer
zwischen unendlich dicht beieinanderliegenden Punkten..."[656], deren Verbindung sich
unabhängig von vorgegeben Wegen vollzieht. Der glatte Raum ist als ein Feld zu betrachten, das keine 'Leitungen und Kanäle' vorweisen kann. Dieser heterogene Raum
ist weder zentriert, metrisch- oder gar über die euklidische Geometrie zu definieren. Er
entspricht einem rhizomorphen Gebilde, in dem mehrere, verschiedene Ereignisse simultan stattfinden können. Der glatte Raum fungiert als eine Art Vermittler, der Ungleiches
miteinander korrelieren läßt. Er konstruiert sich aus koexistierenden Strukturen und stellt
dennoch eine Konstante dar.

Außerdem werden die Punkte im glatten Raum immer der Linie untergeordnet (am
Beispiel des Menschen: er paßt sich dem Raum (Umwelt), mit seiner Bekleidung und dem
jeweiligen Unterschlupf an. "Im glatten Raum ist die Linie ein Vektor, eine Richtung und
keine Dimension oder metrische Bestimmung. Er ist ein Raum, der durch örtlich begrenzte Operationen mit Richtungsänderungen geschaffen wird. Diese Richtungsänderungen
können von der Art der Strecke abhängig sein [...] aber sie können sich auch aus der
Variablität des Ziels oder des zu erreichenden Punktes ergeben."[657]

Der glatte Raum wird also mehr über die Ereignisse, die sich auf einer Strecke
ergeben können, als über bereits geformte oder wahrgenommene Dinge verstanden.
Die Strecke repräsentiert also etwas Abstraktes, sie weist keinen Umriß auf und grenzt
nichts ein. Die Punkte formieren nicht den Verlauf der Strecke, sondern das dazwischen
liegende ergibt die Strecke. Dabei weicht die Linie unentwegt von der Horizontalen, der
Vertikalen und der Diagonalen ab — sie wechselt unaufhörlich ihre Richtung. "[D]iese mu-
tierende Linie ohne Außen und Innen, ohne Form und Hintergrund, ohne Anfang und Ende,
eine solche Linie, die ebenso lebendig ist wie eine kontinuierliche Variation, ist wahrhaft
eine abstrakte Linie und beschreibt einen glatten Raum."[658] Richtungsänderungen können
zum einen von der Art der Strecke abhängig sein; oder sich auch aus der "...Variablität des
Zieles oder des zu erreichenden Punktes ergeben, wie zum Beispiel die Nomaden in der

Wüste, die sich auf eine örtlich begrenzte und vergängliche Vegetation zubewegen."[659] Die zu durchschreitenden Strecken sind also nicht immer offensichtlich, was jedoch nicht bedeutet, daß sie ausdruckslos und immateriell sind. Folgende Beispiele zeigen diese Art der 'Streckenermittlung': Auf einer Fläche wie der des Meeres, des ewigen Eises oder der Wüste, kann man sich nicht nur auf den "...Himmel als Maßstab..."[660] beziehen, vielmehr erfordert es eine haptische Wahrnehmung, die sich auf die jeweilige Erfahrung des Menschen stützt. "Haptisch ist ein besseres Wort als taktil, da es nicht zwei Sinnesorgane einander gegenüberstellt, sondern anklingen läßt."[661] Der glatte Raum kann also nicht mit den Maßeinheiten erfaßt werden. Die Menschen, die sich auf diesen Raum eingelassen haben – von den Autoren auch 'Nomaden' genannt, befinden sich dabei immer in einer absolut lokalen Zone[662], die eine "...Serie von lokalen Vorgängen mit unterschiedlichen Orientierungen erzeugt."[663] Das bedeutet: Die lokale Zone (Ort) ereignet sich nicht in einem festgelegten Ort, sondern sie ist in einer "...unendlichen Folge von..."[664] lokalen, immer offenen Vorgängen zu finden. Daraus folgt, daß der glatte Raum sich nicht über die Ausdehnung im Raum definiert, sondern er definiert sich über ein "...intensives Spatium..."[665], also einen Zwischenraum, der sich zwischen zwei 'eingekerbten Räumen' positionieren kann. "Der glatte Raum liegt zwischen zwei eingekerbten Räumen: zwischen dem Wald mit seinen vertikalen der Schwerkraft und der Landwirtschaft mit ihrem Raster und ihren durchgängigen Parallelen [...]. Aber 'zwischen' bedeutet auch, daß der glatte Raum von den beiden Seiten kontrolliert wird, die ihn begrenzen."[666]

DER GEKERBTE UND METRISCH GERICHTETE RAUM

Der gekerbte Raum verkörpert den geschlossenen, durchstrukturierten Raum, in dem eine hierarchische Ordnung besteht, deren Regeln ein Fixum darstellen. Er verkörpert einen Raum von statischen Beziehungen, der das Singulare und das allgemein Stetige in sich trägt. Dieser Raum repräsentiert die Existenz der Seßhaften (z.B. des Staatsapparates, der in einer geregelten Struktur für Ordnung und Stabilität sorgt). Er ist immer an einen festen Ort gebunden, der "...durch Mauern, Einfriedungen und Wege zwischen den Einfriedungen eingekerbt..."[667] ist. Demzufolge ist die Linie im gekerbten Raum auch dem Punkt untergeordnet, weil die Bewegung von einem Punkt zum nächsten vollzogen wird. Konkret: Der Mensch paßt sich die Umwelt so an, daß sie seinen Bedürfnissen entspricht. Der gekerbte Raum kann somit auch "...ein Raum der Säulen..."[668] sein. "Er wird durch den Fall von Körpern, die Vertikalität der Schwerkraft, die Aufteilung der Materie in parallele Schichten und die lamellare oder laminare Strömung eingekerbt. Die vertikalen Parallelen haben eine unabhängige Dimension gebildet, die in der Lage ist [...] den ganzen Raum in alle Richtungen einzukerben und dadurch homogen zu machen."[669] Innerhalb dieses homogenen Raumes gelten die Regeln der universellen Anziehungskräfte und demnach auch die der Geometrie des Euklids sind, "...in erster Linie Parallelen der Schwerkraft und entsprechen den Kräften, die die Schwerkraft auf alle Elemente eines Körpers ausübt, der diesen Raum ausfüllen soll."[670] Auf den Staat bezogen: Die Schwerkraft (gravitas) macht das Wesen eines jeden Staates aus. Was jedoch nicht bedeutet, daß der Staat aufgrund der 'gravitas' ohne jegliche Geschwindigkeit existiert. Ganz im Gegenteil — der Staat ist auf Geschwindigkeit geradezu angewiesen. Aus diesem Grund versucht er auch die Bewegungen unentwegt im Raum zu regulieren. Er tut dies, indem er darauf aus ist, sie aufzulösen und wieder neu zusammenzusetzen. Dabei zielt der Staat darauf ab, den sich 'bewegenden (nomadischen) Körper' in einen 'bewegten (seßhaften) Körper' zu überführen. Aus diesem Grund ist der eingekerbte Raum ein relativer und damit auch ein globaler Raum. Trotz seiner Ausdehnung, ist er sowohl ein begrenzter als auch ein begrenzender Raum.[671] Er ist begrenzt, da er sich zum einen auf bereits ausgerichtete Verbindungen und Richtungen beschränkt und zum anderen ist er begrenzend, da er sich ständig abzuschotten versucht. Konkret: die Stadtmauer ist ein Beispiel aus der Vergangenheit, die Reisepasskontrolle an Grenzübergängen ein Beispiel aus der Gegenwart. Stadtmauer oder Reisepasskontrolle sind also Regulatoren, die die Bewegung kontrollieren — sie stellen ein Hindernis dar, das die Bewegung des glatten Raumes bricht.

IN DER ÜBERLAGERUNG — ZWISCHEN DEM GLATTEN UND DEM GEKERBTEN RAUM

Doch so offensichtlich der Gegensatz zwischen dem gekerbten und dem glatten Raum auf den ersten Blick auch sein mag, eine genaue Definition dieser beiden Räume ist nicht leicht zu geben. Zwischen den beiden Räumen existieren nämlich eine Vielzahl von sogenannten Mischformen, die mit beiden Begriffen erfasst werden. Man kann also nicht von dem gekerbten und dem glatten Raum sprechen. Beide Räume sind einer ständigen Vermischung und damit auch einer Überschneidung, einer Überlagerung ausgesetzt: "...[S]o wie ein glatter, stark gerichteter Raum' die Neigung zeigt, auf einen geriffelten Raum hinauszulaufen...", hat ein geriffelter Raum die Tendenz, sich einem glatten Raum anzugleichen."[672]

Fassen wir also noch einmal die Gegensätze zwischen dem gekerbten und dem glatten Raum zusammen: Das Glatte und das Gekerbte unterscheiden sich zunächst einmal durch ihre gegensätzliche Beziehung vom Punkt zur Linie. Im glatten Raum unterstehen die Punkte der Linie und im gekerbten Raum untersteht die Linie den Punkten. Außerdem besitzt die Linie im glatten Raum keine Dimension. Sie ist zwar gerichtet, doch ändert sie stets ihre Richtung, d.h. die Linie des glatten Raumes ist stets offen und glatt. Der gekerbte Raum jedoch besitzt eine Dimension. Er ist damit meßbar und demzufolge geschlossen. Der dritte Unterschied liegt in der Oberfläche dieser beiden Räume. Da der gekerbte Raum über die Maßeinheiten bestimmt wird, ist seine Oberfläche dementsprechend geschlossen und man teilt ihn mit Hilfe von bereits festgelegten Intervallen ein. Die Einschnitte des glatten Raumes können an beliebigen Stellen vorgenommen werden, weil dieser Raum nicht über Zahlen gemessen werden kann, müssen keine präzisen Abstände eingehalten werden, um dessen Oberfläche zu ermitteln. So einfach die hier aufgeführten Gegensätze auch sein mögen, eine klar und eindeutige Definition der Räume läßt sich nicht fomulieren, denn es ist unwahrscheinlich, daß der Seßhafte sich ausschließlich über den gekerbten Raum definiert und der Nomade ausschließlich über den Glatten. Konkret: "Es ist offensichtlich, daß der seßhafte Bauer vollen Anteil am Raum [...] der taktilen Qualitäten hat."[673] Auch bei der Stadtentwicklung läßt sich diese Uneindeutigkeit feststellen: die Seßhaftwerdung hätte sich niemals ohne das Vorhandensein des glatten Raumes vollzogen. Um diesen Ort der Stabilität nämlich gewährleisten zu können, war das 'nomadische Absolutum', das den lokalen Ort des glatten Raumes ausweist, notwendig. Daraus läßt sich schließen: Gerade die Uneindeutigkeit zeichnet die polis aus.[674]

An Hand dieses Beispiels kann man also sehr gut erkennen, wie der glatte Raum weiter besteht, obwohl ein gekerbter Raum aus ihm hervorgegangen ist. Jeder Raum, sei er glatt oder gekerbt, braucht immer den jeweils anderen, um sich zu formieren. Dabei sind bestimmte Richtungs-Tendenzen zu beobachten. Ähnlich wie bei Heidegger, der den Raum erst über den Ort entstehen läßt, lassen die Autoren den gekerbten Raum aus dem glatten entspringen. Nach Deleuze und Guattari ist dieser Vorgang auch genau umgekehrt möglich: ein glatter Raum kann aus einem gekerbten entstehen – was für Heidegger undenkbar gewesen wäre.[675] Der gekerbte als auch der glatte Raum entwicklen sich also immer im Korrelat, wobei die Autoren dem glatten Raum eine größere Bedeutsamkeit zugesprochen haben, da er über ein größeres 'Deterritorialisierungsvermögen' verfügt. Zudem müssen die dabei entstandenen Formationen auch nicht immer symmetrisch sein, ganz im Gegenteil: Sie setzen sich sehr häufig aus asymmetrischen Anteilen zusammen.

Konkret: Die Wüste, das Meer oder das ewige Eis sind also das (All-) Umfassende, das sich in einen Horizont oder Hintergrund verwandeln kann, wobei die 'polis' die dahinterstehende Kraft sein kann, die den glatten Raum einkerbt. Nur durch die Konstante 'Erde' ist dieser Formierungsprozeß möglich. "Die Erde, wird also durch dieses Element, das sie im 'unbeweglichen Gleichgewicht' hält und eine Form möglich macht, zur Umgebung, zum Globus und zum 'Grund'."[677] Das heißt: Neben der Wüste, dem Meer und dem ewigen Eis kann auch die Erde Teil des glatten und eingekerbten Raumes sein, nämlich immer dann, wenn es um das Wechselspiel zwischen der Agrikultur und dem Stadt-Raum geht. Die Erde, der Raum des Glatten, trägt in sich die Voraussetzung für diese asymmetriche Mischung zwischen der 'polis' und dem 'nomadischen Absolutum'.

Ein weiteres Beispiel, für diese uneindeutige Trennung zwischen dem gekerbten und glatten Raum, ist das Meer. Das Meer, der Archetyp des glatten Raumes, hat als erstes Element eine Einkerbung erfahren müssen, indem die Kaufleute mit Hilfe der Geographen und Astronomen ihre Handelsrouten in das Meer eingekerbt haben. Doch trotz aller technischen Hilfsmittel mußten sich die Kapitäne nach dem Wind richten, einem Element, das dem glatten Raum angehört. Auch hier kann man also keine klare Unterscheidung zwischen einem gekerbten oder einem glatten Raum herstellen – beide Räume bedingen und formieren sich gegenseitig. Auch heute noch muß sich die Route, die der Kapitän dem Schiff gibt, der Beschaffenheit des Meeres unterordnen (z.B. Strömungen und Untiefen). Mit der Beendigung eines jeden Einkerbungsvorganges, ob dieser nun auf dem Meer, in der Wüste oder auf dem ewigen Eis stattfindet, gibt der eingekerbte einen glatten Raum frei. So wie ein "...glatter, stark gerichteter Raum die Neigung zeigt, auf einen geriffelten Raum hinauszulaufen...[hat]...ein geriffelter Raum [...] die Tendenz [...], sich einem glatten Raum anzugleichen."[678] Paul Virilio beschreibt diesen Vorgang, in seiner Publikation L'insécurité du territoire am Beispiel eines Unterseebootes.[679] Es verkörpert eine Transformation, weil es nämlich unter jegliche Raster hinwegtaucht, erfindet es dadurch ein neues Nomadentum und stellt somit einen neuartigen glatten Raum dar. Es wird deutlich, daß es zwei Bewegungen auf dem Meer gibt: die eine, die das Glatte einkerbt und eine andere, die, ausgehend von dem Eingekerbten, wieder hin zum Glatten führt.

Der Gegensatz zwischen 'glatt' und 'gekerbt' führt also immer zu Überlagerungen, die wie die vorangegangen Beispiele gezeigt haben, nicht immer leicht erkennbar sind. Diese Überlagerungen bilden folglich immer wieder neue Komplikationen, da sie aufgrund ihres Wechselspieles nie symmetrische Bewegungen hervorrufen, sondern immer nur asymmetrische. Demnach kann der Mensch dann auch "...eingekerbt in Wüsten, Steppen oder Meeren...[oder]...sogar geglättet in Städten wohnen...[und durchaus]... ein Stadt-Nomade sein."[680] So wird der glatte Raum ständig in einen gekerbten überführt und der gekerbte Raum ständig in einen glatten Raum überführt. Beide Räume bedürfen also einander, können nur qua ihrer wechselseitigen Vermischungen und Überlagerungen existieren.

VON DEM FELD DER SICH VERSCHIEBENDEN REISE AN 'ORT UND STELLE'

Dabei können 'seltsame' Reisen entstehen, wie die einer 'voyage in place'. Auf ihr bewegt man sich nicht und trotzdem bewegt man sich. "Eine Reise an Ort und Stelle, das ist der Name aller Intensitäten."[681] Da diese Reisen oftmals nur von Nomaden vollzogen werden, können sie dann auch nicht mit Maßstäben wie eine Distanz, Bewegung, Zeit oder Psyche gemessen werden. Die hier gemeinte Intensität bezieht sich auf einen glatten Raum, also auf eine Fläche, eine Gegend, auf die sich der Reisende einläßt. "Reisen unterscheidet sich weder durch die objektive Qualität von Orten, noch durch die meßbare Quantität der Bewegung, noch durch irgend etwas was im Geiste stattfindet, sondern durch die Art der Verräumlichung, durch die Art im Raum zu sein, oder wie der Raum zu sein. Im Glatten oder im Gekerbten reisen und ebenso denken."[682] Dieses 'sich Einlassen' in den glatten Raum ist also etwas Komplexes, das von der Psyche nicht ohne weiteres aufgenommen werden kann, da dieses Feld, in das der Reisende eintaucht, unendlich ist. Das mag daran liegen, daß dieses Feld keinerlei Umrisse und Markierungen aufweist. Zu Recht weisen die Autoren dann auch darauf hin: "[I]m Glatten zu reisen ist ein [...] schwieriges, ungewisses Werden."[682] Es ist deshalb so schwierig, sich auf einen glatten Raum einzulassen, weil keine Markierungen oder vorgegebene Routen existieren — der Weg liegt wie unsichtbar vor dem Reisenden und die Spuren der zurück gelegten Strecke sind bereits von den Elementen wieder ausgelöscht worden. So sieht es auch Merleau-Ponty, wenn er in der Phänomenologie der Wahrnehmung darlegt, daß wir immer nur Ausschnitte und niemals die ganze Komplexität der Welt wahrnehmen können, da wir nur über "...einen begrenzten Gesichtskreis und ein beschränktes Vermögen..."[684] verfügen. Da das Blickfeld eines jeden einzelnen beschränkt ist, kann jede Empfindung und Wahrnehmung nur eine bloß partielle sein. "Nicht schlechthin ich selbst bin es, der da sieht und fühlt, da sichtbare Welt und fühlbare Welt nicht schlechthin die ganze Welt sind."[685] Oder anders ausgedrückt: Wir nehmen die Welt nicht "...hinter dem Rücken unseres Bewußtseins... [war]...sondern vor uns als Gliederung unseres Feldes."[686] So muß der Reisende also immer (nur) nach vorne schauen und sich auf die lokal vorgefundenen Zeichen und Symbole konzentrieren, die sich in der Landschaft formiert haben – "...die Wasserstelle ist nur da, um wieder verlassen zu werden."[687] "Die Orientierungspunkte bleiben nicht gleich, sondern ändern sich je nach der Vegetation, den Besetzungen und jahreszeitlichen Niederschlägen. Die Anhaltspunkte haben kein visuelles Modell [...] sie bilden sich [...] nach geordneten Differenzen."[688]

Der Reisende läßt sich in einen glatten Raum ein, indem er in die Landschaft 'eintaucht', er verschmilzt mit ihr. Dabei schaut der Reisende immer nur auf das, was gerade vor ihm liegt. "Der [...] glatte Raum mit naher Anschauung hat einen ersten Aspekt, nämlich die kontinuierliche Variation seiner Richtungen, seiner Anhaltspunkte und seiner Annäherungen; er operiert von nah zu nah. Zum Beispiel die Wüste, die Steppe, die Eiswüste oder das Meer, ein lokaler Raum reiner Verbindung. Anders als häufig gesagt wird, sieht man dort nicht von weitem, und man sieht diesen Raum auch nicht aus der Ferne, man sieht niemals 'von Angesicht zu Angesicht' und ebensowenig ist man drinnen (man ist 'auf'...)."[689]

Der Reisende ist zwar in die Landschaft (wie der glatte Raum) eingetaucht, doch bewegt er sich auf ihr; er ist nicht in ihr wie in einem Behälter-Raum (wie ein eingekerbter Raum). Das Reisen im glatten Raum ist ein 'sich-aufhalten'; die "...Bestandteile seiner [dem Reisenden] Wohnstätte sind im Hinblick auf den Weg entworfen."[690] Der Reisende bewegt sich nicht auf einen bestimmten Aufenthaltsort zu, sondern er hält sich auf, während er in Bewegung ist. Somit ist er ein Transient. Er hält sich auf, indem er sich bewegt. Der Transient ist der 'Nomade', gleich ob er sich nun in der Steppe, in der Wüste oder auf dem ewigen Eis 'aufhält', er ist schon 'Zu Hause'. Auch im 'Zu Hause' folgt er Wegen, die ihm nicht unbekannt sind: auch er hat Gewohnheiten. Dabei konvertiert der 'Nomade'/ der Transient jeden Punkt auf seiner Reise in eine absolut lokale Zone (Ort). Die Erde ist für ihn kein Territorium mehr, denn er wohnt in den dazwischen liegenden Orten und erfindet damit eine "...mobile Territorialität."[691] Die 'Nomaden' schaffen ebenso die Wüste [...],wie die Wüste sie geschaffen hat...[Die Nomaden sind]...ein Deterritorialisierungsvektor."[692] Der Transient fasst seine Reiseroute nicht in der Gesamtheit sondern in Fragmenten auf, und deshalb ist sein Prozess der Verortung nicht an einen bestimmten Ort gebunden, "...sondern in der unendlichen Folge von lokalen Vorgängen."[693] Der Ort entspricht einer ständig im Fluß befindlichen 'trajectoire', einem 'Objekt=x' – ein Begriff, den Deleuze in Woran erkennt man Strukturalismus benutzt. Dabei hat das 'Objekt=x' die Eigenschaft nicht dort zu sein, wo man es sucht. Man kann sagen, daß es "...an seinem Platz fehlt...", denn nur von dem "...was seinen Ort wechseln kann...[kann man sagen,]...daß es an seinem Ort fehle."[694] Diesen Ansatz hat Deleuze von Lacan entliehen.[695] Dabei unterscheidet sich das 'Objekt=x' nicht von seinem Ort, "...doch gehört zu diesem Ort, daß er sich beständig verschiebt, wie es zum leeren Feld gehört, daß es unablässig springt."[696] Und wenn die Serien, die von dem Objekt=x durchlaufen werden, notwendige "...Verschiebungen darstellen, die im Verhältnis zueinander relativ sind, so weil die relativen Orte ihrer Glieder in der Struktur zunächst von dem absoluten Ort eines jeden [...] in jedem Moment im Verhältnis zu 'Objekt=x' abhängen...″[697], das fortwährend in Bewegung ist und im Verhältnis zu sich selbst verschoben ist. Aus diesem Grund bildet die Verschiebung dann auch ″...kein von außen hinzugefügtes Merkmal, sondern die grundlegende Eigenschaft, die es ermöglicht, die Struktur als Ordnung der Orte unter wechselnden Verhältnissen zu definieren.″[698]

Das 'Objekt=x' ist also keineswegs etwas Unbestimmbares. Man kann es bestimmen ″...selbst in seinen Verschiebungen [...]. Es ist einfach nur nicht zuweisbar: das heißt...″ obwohl es immer an seinem Platz ist, ″...ist es nicht auf seinen Platz fixierbar...[Es ist]...als eine Gattung oder Art identifizierbar [...]. Es hat also nur Identität, um sich dieser zu entziehen.″[699] Aus diesem Grund ist das 'Objekt=x' für die ″...Strukturordnung der leere [...] Ort, welcher es dieser Ordnung ermöglicht, sich in einem Raum, der ebenso viele Richtungen wie Ordnungen umfaßt...″[700] immer wieder neu mit dem Kontext zu verbinden. Dabei kommunizieren die Strukturordnungen nicht an einem Ort, sondern sie sind in einem Netz ″...alle durch ihren leeren Platz oder das leere 'Objekt=x' miteinander verbunden.″[701] Und so wird die ganze Struktur von diesem Dritten (Objekt=x) bewegt. ″Indem das Objekt=x die Differenzen in der ganzen Struktur verteilt, die differentiellen Verhältnisse mit seinen Verschiebungen wechseln läßt, konstituiert es das Differenzierende der Differenz selbst. Die Spiele benötigen das leere Feld, ohne das nichts voranginge noch funktionierte.″[702]

Es kann also kein Spiel ohne das leere Feld, den Nullpunkt stattfinden. Er ist es, ″...der mit seiner Allgegenwart, mit seiner unaufhörlichen Verschiebung [...] den Sinn in jeder Serie und von einer Serie zur anderen erzeugt und nicht aufhört die beiden Serien zu verlagern.″[703] Die von Deleuze und Guattari dargestellte Räumlichkeit, spiegelt eine alternative Herangehensweise an die Begrifflichkeit von Ort und Raum wieder: Der Raum ist nicht mehr ein dualistisches Gebilde, sondern eine 'Existenz-dazwischen'. Um den Gegensatz zwischen Raum und Ort zu überbrücken, haben sie ergänzend zu dem von Platon entwickelten Raumverständnis einen dritten Begriff eingeführt: Die Differenz. Diese beschreibt dabei weder den Raum noch den Ort, sondern das dazwischen liegende Dritte, den Nicht-Ort, ihn, dieses Feld, besetzen und verlassen die 'Nomaden' – die Transienten.

DAS WIRKUNGSFELD DER 'DIFFÉRANCE'

Im Zentrum von Jacques Derridas (1930-2004) 'Feld ohne Grenzen' steht das 'Spiel der Différance' – ein von ihm entwickelter Denkraum, der über den Prozess der Verschiebung das Zentrum verfehlt. Inspiriert von Sigmund Freud und den Philosophen Friedrich Nietzsche, Ferdinand de Saussure, Edmund Husserl, Jacques Lacan, Martin Heidegger, Emmanuel Lévinas und Jean-François Lyotard zielt er darauf ab die Metaphysik ad absurdum zu führen.[704] Wie auch Jacques Lyotard beginnt Derrida seine philosophische Arbeit im Rahmen von Husserls Phänomenologie, die Gewichtigkeit, die Husserl der Stimme gibt, (als Ausdruck der Innerlichkeit des Bewußtseins) mit der Analyse der Schrift zu überwinden. Husserls Gewichtung der Stimme setzt Derrida eine 'Gleichursprüng lichkeit' von Schrift und Stimme entgegen: für Derrida, ein Logozentrismus, mit dem er ausdrückt, daß das geschriebene Wort genau denselben Verschiebungen unterliegt wie das gesprochene.[705] Er bezieht sich dabei auf das von de Saussure formulierte 'Prinzip der Differenz', welches die Sprache als ein System von Zeichen versteht, die jeweils aufeinander verweisen.[706] "Das Spiel der Differenzen setzt in der Tat Synthesen und Verweise voraus, die es verbieten, daß zu irgend einem Zeitpunkt, in irgend einem Sinn, ein einfaches Element als solches präsent wäre und nur auf sich selber verweise. Kein Element kann je die Funktion eines Zeichens haben, ohne auf ein anderes Element, das selbst nicht einfach präsent ist, zu verweisen."[707]

In diesem Zusammenhang geht es Derrida vor allen Dingen darum, die 'Differenz' innerhalb des Begriffs der Struktur anzuwenden – die Strukturalität der Struktur zu denken. Er konzentriert sich darauf, die bei de Saussure noch vorhandene Totalität bzw. den Abschluss der Struktur zu überspringen.[708] Dazu Derrida: "Wenn sich die Totalisierung [...] als sinnlos herausstellt, so nicht, weil sich die Unendlichkeit eines Feldes nicht [...] mit einem endlichen Diskurs erfassen läßt, sondern weil die Beschaffenheit dieses Feldes – eine Sprache, und zwar eine endliche Sprache – eine Totalisierung ausschließt: dieses Feld ist in der Tat das eines Spiels, das heisst unendlicher Substitutionen [...] eines begrenzten Ganzen. Dieses Feld erlaubt die unendlichen Substitutionen [...] weil es endlich ist, das heißt, weil ihm im Gegensatz zum unausschöpfbaren, allzu großen Feld der klassischen Hypothese etwas fehlt: ein Zentrum, das das Spiel der Substitution aufhält und begründet."[709]

Indem er also nach dem an- bzw. abwesenden Zentrum in der Struktur fragt, setzt er sich über den bislang gedachten Abschluß der Struktur hinweg. "Das Zentrum ist nicht das Zentrum" auch wenn die 'zentrierte Struktur' "...auf widersprüchliche Weise kohärent..."[710] ist. Rückblickend wurde "...die Strukturalität der Struktur [...] immer wieder [...] reduziert: und zwar durch einen Gestus, der der Struktur ein Zentrum geben und sie auf einen Punkt der Präsenz, auf einen festen Ursprung beziehen wollte. Dieses Zentrum hatte nicht nur die Aufgabe, die Struktur zu orientieren [...] und zu organisieren [...] sondern es sollte vor allem dafür Sorge tragen, daß das Organisationsprinzip der Struktur dasjenige in Grenzen hielt."[711]

Und indem das Zentrum die Struktur organisiert, kann das Spiel der Elemente ungestört stattfinden. "Man hat daher immer gedacht, daß seiner Definition nach einzige Zentrum in einer Struktur genau dasjenige ist, das der Strukturalität sich entzieht, weil es sie beherrscht."[712] Dagegen setzt Derrida: Das Zentrum liegt sowohl innerhalb "... als auch außerhalb der Struktur."[713] Dabei kann die Präsenz eines Zentrums, niemals sie selbst sein; "...sie ist immer schon in ihrem Substitut ueber sich selbst hinausgetrieben worden..."[714] und das Substitut ersetzt dabei nur schon Präexistentes. Dabei stellt er fest, daß es kein Zentrum gibt und das Zentrum niemals in "...der Gestalt eines Anwesenden gedacht werden kann."[715] Es besitzt weder einen festen noch natürlichen Ort, denn es ist "...eine Art von Nicht-Ort, worin sich ein unermüdlicher Austausch von Zeichen abspielt..."[716] (vgl. auch de Certeau). Die Abwesenheit eines Zentrums hat zur Folge, daß "...das zentrale, originäre oder transzendentale Signifikat niemals absolut, außerhalb eines Systems von Differenzen, präsent ist...[Es ist also]...die Abwesenheit eines

104

transzendentalen Signifikats...[das]...das Feld und das Spiel des Bezeichnens ins Unendliche..."[717] erweitert.

DER RAUM ZWISCHEN SIGNIFIKAT UND SIGNIFIKANT

In seinem Buch *Die Schrift und die Differenz* führt Derrida den Begriff différance als Wort-Metapher ein, durch die er seine Hauptaussage veranschaulicht: Es gibt nichts Gegenwärtiges; das Gegenwärtige, das Sein findet immer nur in einer Verschiebung statt. Im folgenden wird seine Ableitung dargestellt.

Das Wort différence kommt aus dem Lateinischen: differre als transitives Verb bedeutet es u.a. auseinander tragen, verbreiten, auch aufschieben, verschieben, verzögern; als intransitives Verb verschieden sein, sich unterscheiden; das Substantiv differentia meint Verschiedenheit, Unterschied. Die gleiche Bedeutung hat auch das französische Substantiv différence; wobei das französische Verb différer zwei Hauptbedeutungen hat: zeitlich aufschieben (trans.), sich voneinander unterscheiden, abweichen (intrans.)

Derrida benutzt für seine différance die Bedeutungen des französischen Verbs: verschieden sein (Verräumlichung) und aufschieben (Temporisation). In dem Substantiv der différence steckt aber auch die Bedeutung des Adjektivs different= verschieden, zwischen verschiedenen Dingen und des Substantivs différend= Zwist, Streitigkeit. Derrida spielt nun mit einzelnen Buchstaben, die im Vertauschen ein je anderen Sinn des Wortes ergeben. Différent, différend ist ein Wort, das "...man [...] schreiben kann, wie man will, mit t oder d am Ende..."[718], wobei die unterschiedliche Schreibweise allerdings die Bedeutung des Wortes verändert (siehe oben). In dem Wort différence tauscht er das 'e' mit dem 'a' aus und erhält damit différance, was sich phonetisch nicht von différence unterscheidet, beide erscheinen in der Lautschrift so: [difeʹʀa˜s]. Es wird also deutlich, daß die Orthographie den Sinn bzw. die Bedeutung ändert, phonetisch allerdings kein Unterschied hörbar ist. (Das Suffix 'ance' hält die différance in der Schwebe zwischen etwas Aktivem und Passivem, also zwischen etwas Verbindendem und Unterschiedenem[719]). Das 'a' und 'e', das 'd' und 't' verweisen somit auf die unhörbare aber sichtbare Differenz zwischen Hören und Sehen, zwischen Sprechen und Schreiben, zwischen Zuhören und Lesen, zwischen Rede und Schrift. Die Besonderheiten des Wortumfeldes von différence liegen also darin, daß sie in geschriebener Form in eindeutiger Bedeutung verstanden werden können, hörend allerdings nur im Zusammenhang ihres Kontextes. Das 'a' ist ein Beispiel für den schweigenden Unterschied, der sich nur in der Schrift offenbart. "Das a der différance ist also nicht vernehmbar, es bleibt stumm, verschwiegen und diskret [...]. Denn ich kann Sie, in dem Augenblick, indem ich davon spreche, nicht wissen lassen, von welcher différence ich rede. Ich kann von dieser graphischen différence nur sprechen, indem ich mich sehr gewunden über eine Schrift äußere und jedesmal genau angebe, ob ich auf die différence mit e oder auf die différence mit a verweise [...]. Man wird einwenden, daß die graphische Differenz aus denselben Gründen in der Nacht versinkt und nie die Fülle eines

empirisch erfaßbaren Ausdrucks errreicht [...]. Wenn jedoch unter diesem Gesichtspunkt der ausgeprägte Unterschied in der differ()nce zwischen dem e und dem a sich
dem Blick und dem Gehör entzieht, legt dies wohl auf die treffende Art nahe, daß man
sich hier auf eine Ordnung verweisen lassen muß, die nicht mehr der Sinnlichkeit angehört."[720] Das stille 'a' der différance erzeugt ein dazwischen. Es steht zwischen den
Silben 'differ' und 'nce', und stellt eine Distanz her, eine 'Falte', ein Intervall, eine Verräumlichung. "Unhörbar ist die Differenz, zwischen zwei Phonemen, die allein ihr Sein
und Wirken als solche ermöglicht [...]. Die Differenz, welche die Phoneme aufstellt und
sie, in jedem Sinne des Wortes, vernehmbar macht, bleibt an sich unhörbar."[721]

Die différance ist "...demnach eine Struktur oder eine Bewegung, die sich nicht mehr
von dem Gegensatzpaar Anwesenheit/Abwesenheit her denken läßt..."[722], sondern sie
verkörpert das 'Spiel der différance', indem sich die Zeichen immer auf etwas anderes als
das Gegenwärtige beziehen. "Die différance bewirkt, daß die Bewegung des Bedeutens
nur möglich ist, wenn jedes sogenannte »gegenwärtige« Element, das auf der Szene der Anwesenheit erscheint, sich auf etwas anderes als sich selbst bezieht, während es das Merkmal
[...] des vergangenen Elementes an sich behält und sich bereits durch das Merkmal seiner
Beziehung zu einem künftigen Element aushöhlen läßt."[723]

Dabei kann etwas aber immer nur im Verhältnis zu etwas 'Anderem' präsent sein;
eine différance kann erst durch die Verschiedenheit zu etwas anderem hervorgebracht
werden.[724] Also kann auch nur das hervorgehoben werden, was als solches nie gegenwärtig ist. "Offenbar werden kann, was sich zeigen, sich als ein Gegenwärtiges prä-
sentieren kann, ein in seiner Wahrheit gegenwärtiges Seiendes, in der Wahrheit eines
Anwesenden oder des Anwesens des Anwesenden. Wenn die différance das ist (ich
streiche das »ist« durch), was die Gegenwärtigung des gegenwärtig Seienden ermöglicht,
so gegenwärtigt sie sich nie als solche. Sie gibt sich nie dem Gegenwärtigen hin."[725]

Derridas Intention ist es also einen Weg zu finden, seinen Gegenspieler, das 'Präsens',
auszulöschen. Indem er das bereits ausgelöschte Präsens 'ist' durchstreicht (siehe Zitat oben),
kreuzt er es also doppelt aus.[726] Damit radiert Derrida die Präsenz des Präsens aus. Die
Gegenwart ist also weder sichtbar, vorstellbar noch lesbar — sie entzieht sich vollkommen.

DIE SPUR UND DAS INTERVALL ALS AUSDRUCK DER 'DIFFÉRANCE'

Um die unterschiedliche Bedeutung der différance hervorbringen zu können, setzt er die
'Spur' ein, die zunächst einmal für die durchstrichene Präsenz des Präsens steht. Wobei
die Spur und damit auch die différance hier nicht von der Gegenwart oder vom Anwesen
des Anwesenden her gedacht werden können — sie ist eher als ein zeitliches 'Aussetzen' oder
'Aufschieben' und als ein räumliches 'sich unterscheiden' zu sehen (siehe lat. Bedeutung).
"Das Zeichen stellt das Gegenwärtige in seiner Abwesenheit dar [...] Das Zeichen wäre
also die aufgeschobene (différée) Gegenwart."[727] Die Anwesenheit der Gegenwart
würde nämlich bedeuten, daß es keine différance gebe und demnach dann auch keinen
(Rück)- Bezug (Vergangenheit) oder gar Spur. Statt seine Bedeutung aus einer direkten
Verbindung zu einem gegenwärtigen Signifikat zu schöpfen, generiert Derrida die Spur

in der différance dann auch ausschließlich über etwaige Verweisungen innerhalb eines gegebenen Sprachsystems.[728] "Jeder Begriff ist seinem Gesetz nach in eine Kette oder in ein System eingeschrieben, worin es durch das systematische Spiel von Differenzen auf den anderen, auf die anderen Begriffe verweist. Ein solches Spiel, die différance, ist nicht einfach ein Begriff, sondern die Möglichkeit der Begrifflichkeit, des Begriffsprozesses und – systems überhaupt."[729]

Die Gegenwart wird also auf dem Umweg von der Spur ermöglicht, was die reine Präsenz des Präsens unmöglich macht, da jeder gegenwärtige Moment durch seine Retention aus einer Spur eines bereits vergangenen Momentes konstituiert worden ist. Die Spur bezieht sich also weniger auf die Zukunft, "...als auf die sogenannte Vergangenheit und die sogenannte Gegenwart durch eben diese Beziehung zu dem, was es nicht ist: absolut nicht ist, nicht einmal eine Vergangenheit oder eine Zukunft als modifizierte Gegenwart."[730]

"Man kann die Spur – also die differ- ance – nicht von der Gegenwart oder von dem Anwesen des Anwesenden her denken." Die Spur steht vielmehr für den Verweis auf etwas 'Anderes'.[732] Das 'Andere' hat also eine Spur gelegt, und erst in der Spur von etwas anderem kann das Präsens existent sein. Die Spur als différance ist also die Bedingung dafür, daß etwas präsent sein kann. Innerhalb der Spur übernimmt das Intervall, der Abstand zwei Aufgaben: es trennt, verschiebt und bezeichnet die Zeichen. "Ein Intervall muß es von dem trennen, was es nicht ist, damit es selbst sei, aber dieses Intervall, das es als Gegenwart konstituiert, muß gleichzeitig die Gegenwart in sich selbst trennen und so mit der Gegenwart alles scheiden, was man von ihr her denken kann, das heißt, in unserer metaphysischen Sprache, jedes Seiende, besonders die Substanz oder das Subjekt. Dieses dynamisch sich konstituierende, sich teilende Intervall ist es, was man Verräumlichung nennen kann, Raum-Werden der Zeit oder Zeit- Werden des Raumes (Temporisation)."[733]

Der Aufschub (Temporisation) ist eine Zeitlichkeit; d.h. die Zeit ist zum einen die trennende Instanz, die die Zeichen voneinander scheidet und zum anderen vereitelt sie mit Hilfe der Verschiebung die Präsenz des Präsens. Die räumliche Trennung der Zeichen, die sich anhand der Spur hervorheben, hat ihre Entsprechung also in der Zeit. Die Spur weist demnach nicht nur auf das 'Andere' hin, sondern auch auf ein Früheres, Späteres, Vergangenes oder Zukünftiges.[734] Derrida betont, daß die différance eine Bewegung in sich birgt. "Nach einem Schema wird die Bewegung der Spur als ein Streben des Lebens beschrieben."[735] "...[S]o bezeichnen wir mit der différance jene Bewegung, durch die sich die Sprache oder jeder Code, jedes Verweisungssystem im allgemeinen »historisch« als Gewebe von Differenzen konstituiert."[736] Da sich das Zeichen, Signifikat (hier: a,e,d,t) jedoch immer nur über die Spur hervorheben kann, wird der Vorgang der Bezeichnung immer verfehlt. Weil die Zeichen über den Umweg der Spur immer zuerst auf andere Zeichen verweisen, kommen sie im Verhältnis zu sich, immer schon zu spät an und da sie stets die Spuren von anderen Zeichen in sich tragen und demzufolge nie ganz bei sich sein können, verfehlen sie sich. So wird die différance ständig in Bewegung gehalten. Das 'Spiel der différance' kann daher auch kein immanentes Zentrum oder gar eine Hierarchie aufweisen. Aufgrund der zeitlichen Verschiebung hat sich eine Spaltung und damit auch eine Verschiebung der Gegenwart ereignet – die Präsenz des Präsens ist aus dem Zentrum des Seins verschoben worden.

"Diese zentrale Präsenz ist aber niemals sie selbst gewesen, sie ist immer schon in ihrem Substitut über sich selbst hinausgetrieben worden [...]. Infolgedessen muß man sich wohl eingestehen, daß es kein Zentrum gibt, daß das Zentrum nicht in der Gestalt eines Anwesenden gedacht werden kann, daß es keinen natürlichen Ort besitzt, daß es kein fester Ort ist, sondern eine Funktion, eine Art von Nicht-Ort, worin sich ein unendlicher Austausch von Zeichen abspielt."[737]

Mit der sprachlichen Neubildung zeigt Derrida auf, daß die Spielbewegung, aus der sich die Differenzen entwickeln, auf keinen Anfang zurückgeführt werden können: "Die différance, die diese Differenzen hervorbringt, geht ihnen nicht etwa in einer einfachen und an sich unmodifizierten, indifferenten Gegenwart voraus. Die différance ist der nicht-volle, nicht einfache Ursprung der Differenzen. Folglich kommt ihr der Name »Ursprung« nicht mehr zu."[738] Zur Begründung zieht Derrida dazu das Verb différer heran. Différer weist auf die Abgrenzung durch Verschiedenheit hin, indem jedes Element im Entstehen auf seinen Kontext angewiesen ist und somit nicht ursprünglicher sein kann als dessen Kontext und différance weist auf die zeitliche Verschiebung hin, in der jedes Element erst gar nicht 'bei sich' ist. Es kann also nicht die Funktion des Ursprunges übernehmen. Demzufolge kann die différance dann auch nicht auf einen Ursprung zurückgeführt werden.

Derridas Denkraum entspricht einer offenen Textur von Differenzen, deren Gewebe weder einen Ursprung noch ein Zentrum hat. Es handelt sich hier also um einen grenzenlosen Raum, dem nur durch die Wiedereinführung des Präsens, eine Grenze gesetzt werden kann. Das bedeutet allerdings, daß es außerhalb der Textur nichts gibt. Die différance umfaßt das Ganze – sie ist ein Innen ohne Außen. Die différance ist also das systematische 'Spiel der Differenzen', der Verräumlichung, durch die sich die Elemente immer aufeinander beziehen müssen. Diese Verräumlichung verkörpert und repräsentiert die Herstellung von Intervallen, also des Raumes dazwischen, der Differenz.

"Nichts – kein präsent und nicht differierend Seiendes – geht also der différance und der Verräumlichung voraus. Es gibt kein Subjekt, das Agent, Autor oder Herr der différance wäre und dem sie sich möglicherweise empirisch aufdrängen würde. Die Subjektivität ist – ebenso wie die Objektivität – eine Wirkung der différance, eine in das System der différance eingeschriebene Wirkung. Das a der différance bringt daher auch zum Ausdruck, daß die Zwischenräume Verzeitlichung, Umweg, Aufschub sind, mittels derer die Intuition, die Wahrnehmung, der Konsum, mit einem Wort der Bezug zur Gegenwart, zu einer gegenwärtigen Realität, zu einem Seienden, immer differiert (différés) werden. Diese Differierung geht auf die Differenz selbst zurück, von dem aus ein Element nur dann funktionieren und bezeichnen, nur dann einen Sinn haben oder geben kann, wenn es im Rahmen der Ökonomie der Spuren auf ein anderes, vergangenes oder zukünftiges Element verweist."[739] In der différance ist demnach beides berücksichtigt: der Abstand, das Intervall, das die Zeichen von den Zeichen trennt, ist zugleich aber auch der Aufschub im Hinblick auf die 'Sinnerfüllung' des jeweiligen Zeichens. Diese beiden Prozesse der Verzeitlichung (des Raumes) und der Verräumlichung (der Zeit) bilden die Struktur einer jeden Schrift. Die gesprochene

Sprache kommt also nicht ohne diese Grundstruktur aus — was bedeutet, daß sich die Gegenwart des Gesprochenen immer nur auf seinen Kontext, nicht aber auf sich zurückbeziehen kann.

Derrida hat hier also die Gewichtung der Zeichen — Signifikat (Inhalt des Zeichens [a]) und Signifikant (Laut-oder Schriftbild des Zeichens [â] [ä] [ã]) verändert, indem er, den Signifikanten auf einen transzendentes Signifikat hin ausrichtet. "Nicht nur scheinen sich Signifikant und Signifikat zu vereinigen, sondern in dieser Verschmelzung scheint der Signifikant zu erlöschen oder durchsichtig zu werden, um dem Begriff die Möglichkeit zu geben sich selbst als das zu zeigen, was er ist, als etwas, das auf nicht anderes als auf seine eigene Präsenz verweist."[740]

Die Schrift ist ein Signifikat von Signifikanten, in der die Spur an die Stelle des an den Ort gebannten Zeichens tritt. Sie löst diesen immanenten Ort also auf, indem sie die Zeichen in Bewegung setzt und impliziert damit nicht nur eine Markierung, sondern auch eine Bewegung bzw. eine Verschiebung. Die Verschiebung des Ortes materialisiert sich in der Spur. Sie zeigt den Ort da an, wo er nicht mehr ist. Auch in der Beziehung zwischen gesprochener und geschriebener Sprache erscheint der Nicht-Ort. Er zeigt sich in der Flüchtigkeit des Momentes; denn was er gewinnt, verliert er auch gleich wieder.

ZWISCHEN DEM BRUCH UND DER VERSCHIEBUNG — DER ORT IM TRANSIT

Derrida hat dieses 'Spiel der Differenz' auf andere Bereiche übertragen, wie die des Filmes, des Tanzes oder der Architektur. Dabei hat er besonders sein Interesse auf l'archit-tecture gerichtet. Architektur steht seiner Meinung nach in enger linguistischer Verwandschaft mit dem Wort 'écriture' (l'archit-tecture — archi-écriture). In dem erstmals 1986 publizierten Essay *Am Nullpunkt der Verrücktheit—Jetzt die Architektur* weist er auf diese Verwandschaft hin: Architektur ist "...eine Schrift des Raumes, eine Weise der Verräumlichung, die dem Ereignis einen Platz einräumt."[741]

Eine weitere Komponente dieses Gedankens ist dabei, die Architektur als Ereignis zu betrachten. Nicht mehr das Gebäude an sich ist der 'Ort', sondern der Ort wird über das Ereignis erst geschaffen. Folglich kann der Ort, an dem das Ereignis stattfindet, nicht als ein geschlossenes 'Behältnis' betrachtet werden.[742] Der Ort, von dem Derrida spricht, hat ereignishafte Dimensionen—Dimensionen, die sich über die ..."Sequenz, offene Serialität, Narrativität, Kinematik, Dramaturgie und Choreographie..."[743] ausdrücken (vgl. Abb. 4-25). Diese 'Ereignis-Dimension' eröffnet aber auch die Möglichkeit, das Ereignis als eine aus dem Zufall sich formierende Passage zu betrachten. Zum Beispiel Ereignisse, die "... durch [...] die Kinematographie markiert sind. Markiert: provoziert, bestimmt oder umschrieben, befangen, auf jeden Fall immer in einer Szenographie der Passage mobilisiert (Übertragung [transference], Übersetzung [translation], Überschreitung [transgression]) von einem Ort zum anderen."[744] Der von Derrida verwendete Begriff der Passage meint hier einen Transit und bezieht sich damit auf eine Bewegung, die einen transformativen Durchgang von einem Ereignis zu einem anderen beschreibt. Die in der Passage sich formierenden Ereignisse beschreiben somit einen Transit — er ist etwas temporäres, er befindet sich in einem fortwährenden Werden und wieder Verfallen. Folglich entspricht das Ereignis einem Schwellen-Ort, durch den neue Grenzen for miert, markiert und überschritten werden können. Und so marschieren die Ereignisse, wie die von de Certeau beschriebenen Erzählungen, den gesellschaftlichen Praktiken voraus, mit der Absicht, ihnen ein neues Feld zu öffnen.[745]

Für Derrida entsteht der Ort eines Gebäudes durch das Ereignis und indem die Gebäude ihre Gestalt durch Abgrenzung, Differenzierung und Opposition verliehen bekommen, kann Architektur dann auch nicht mehr als 'Architektur' verstanden werden: "Weder Architektur, noch Anarchitektur: Transarchitektur. Sie setzt sich mit dem Ereignis auseinander, sie bietet ihr Werk nicht Benutzern, Getreuen oder Bewohnern, Betrachtern, Ästheten oder Verbrauchern an, sie beruft sich auf das andere, damit es seinerseits das Ereignis, Zeichen [...] oder Gegenzeichen [contre-signe] erfindet."[746] Folglich ist die Einheitlichkeit eines Objektes (Gebäudes) dann auch nicht mehr erfassbar. "Sie wird abgelenkt in ein einzelnes, aber auf zweifache Weise gegliedertes Feld (da Relationen nie Objekten entsprechen)."[747] Dabei entwickeln sich, nach Kwinter, zwei verschiedene Arten von Relationen: diejenigen, die kleiner sind als das Objekt selber und diejenigen, die größer und ausgedehnter sind als das Objekt. Diese setzen sich aus Agglomerationen von Aktionen, "...Affektivität und Materie...[zusammen, bestehend aus]...einem spezifischen 'Regime' (Der Macht der Wirkungen), welches das soziale Feld eine bestimmte Zeitlang erfaßt. Man könnte sagen, daß die Methodik ein solches Feld konfiguriert, und zwar insofern, als sie Körper, Materialien, Bewegungen und Techniken im Raum organisiert, verbindet und verteilt [...]. Darum wäre es [...] auch falsch, den Begriff der 'architektonischen Substanz' auf Baumaterialien und geometrische Körper, die sie hervorbringen und eingrenzen, zu beschränken."[748] Dadurch wird das Objekt (Gebäude oder das urbane Raumgefüge) nicht verdrängt — es muß lediglich von einem neuen Winkel betrachtet werden: Wie ein "...Scharnier, welches an der Schnittstelle zwischen diesen beiden Gliederungssystemen produziert wird (und selber produziert)."[749] Man muß die Architektur somit als "...ein Element begreifen, das untrennbar mit der Welt von Kraft, Wille, Aktion und Geschichte verbunden ist und in einem ständigen Austausch mit ihr steht."[750] Weil die Gebäude nicht von ihren räumlichen Konfigurationsbeziehungen heraus verstanden werden können, sondern "...anhand der Ereignisse und Eigenschaften [...] oder Zustandsübergänge..."[751], die nicht im voraus bestimmt werden können, jedoch kontinuierlich in Erscheinung treten. Somit setzt sich die Welt nicht mehr "...aus vorgegebenen [...] Formen, sondern [...] aus metastabilen Gestalten...[zusammen,]...die in einem Strom ständig neu entstehender Differenzen treiben."[752] Derrida bindet das Objekt an das Ereignis: Sowohl das Gebäude als auch das urbane Raumgefüge entfalten sich durch ein Ereignis zu einem Ort — einem Ort der einer ständigen Neuentfaltung und Verschiebung unterworfen ist. Es gibt somit keinen fixierbaren Ort, der in Form eines immanenten Punktes zum Ausdruck kommt. Folglich können die stattfindenden Bewegungen auch nicht als herkömmliche Bewegungen aufgefaßt werden. Die Bewegungen der Punkte entsprechen der Chance beim "...Würfelwurf, der formalen Erfindung, der kombinierenden Transformation, dem Umherirren."[753] Diese Art des 'Umherwanderns' hat zur Folge, daß jede Begebenheit dem Zufall überlassen ist. Das Individuum ist also einem permanenten Prozeß der Neuorientierung ausgesetzt; weil alles vom Zufall bestimmt wird und es demnach auch keinen fixierbaren Ort gibt, befindet das Individuum sich in einem fortwährenden Prozeß des Loslassens und wieder-neu-Erfassens. "[Place] is now to be found in the restless dislocation of passing between identifiable places and in the process disidentifying these places themselves." [754] Es handelt sich hier also um "...eine diskontinuierliche Serie von Augenblicken und Attraktionen." [755] Man kann dies auch mit einem Punkt auf einer Linie beschreiben, wobei der Punkt einen transitorischen Ort beschreibt, der weder etwas enthält, noch in etwas enthalten ist. Da der Punkt keine unabhängige Einheit darstellt, sondern sich immer auf einen anderen Punkt beziehen muß, kann er als solcher auch nichts enthalten und nichts kann ihn enthalten. Er beschreibt eine Unterbrechung, einen Bruch, (vergleichbar dem Vorgang bei Derridas 'Spiel der différance') der sich ständig der Gegenwart entzieht, ohne sich dabei selber zu verlieren. "Jeder Punkt ist ein Bruchpunkt, er unterbricht absolut die Kontinuität des Textes oder des Rasters. Aber der Unter-brecher hält die Gesamtheit und die Unterbrechung und den Bezug zu anderen aufrecht, das [sic!] selbst zugleich als Attraktion und als Unterbrechung, als Inferenz und als Differenz strukturiert ist: als Bezug ohne Beziehung." [756]

Der Punkt besitzt also eine Art magnetische Anziehungskraft, die Fragmente eines zersprungen Systems versammelt, um die "...im freien Zustand befindliche Energie in einem [...] Feld zu binden." [757] Durch seine Eigenschaft als Punkt übt er eine Anziehung aus, und damit eine Kraft, die "...das Dis-jungierte als solches..." [758] versammelt und miteinander verbindet. Er konzentriert und zerstreut zugleich. Er ist "...das Stigma eines augenblicklichen Jetzt, gegen das alles zusammenläuft und augenscheinlich seine Teilung aufhebt." [759] Er entspricht einem "...Transaktionspunkt...[, der sich]...mit der Architektur konstituiert, die er seinerseits dekonstruiert oder teilt." [760] Er ist als ein offener Ort zu verstehen: "[A place] that has more to do with motion than stability, dislocation than location, point than containing surface." [761]

Derridas Ort ist nicht mehr der herkömmliche Ort. Weil auch der Ort dem Zufall überlassen ist, weist er demnach auch keine Stetigkeit oder gar Stabilität auf – alles ist einem ständigen Prozess des Werdens und wieder Verfallens ausgesetzt. Der Ort entsteht und verfällt und seine Anziehungskräfte kreieren dabei eine Art Palimpsest, das aus der individuellen Erinnerung des Menschen und aus den Grenzen seiner möglichen Erfahrung bildet.

DER KRITISCHE PUNKT – DAS EREIGNIS

Um den Prozeß der Verortung zu beschreiben, benutzt Derrida vier Schlüssel-Begriffe: das Ereignis, das Objekt, die Bewegung und (mit ihr) die Zeit – dabei ist das Ereignis die treibende Kraft, die das Objekt, die Bewegung und die Zeit in sich aufnimmt. Das Ereignis ist sowohl der treibende Motor in der Produktion neuer (Orts-) Möglichkeiten als auch das dritte Element, das zwischen verschiedenen Gliederungssystemen vermittelt. Damit knüpft Derrida an die Postmoderne, die das kontemporäre urbane Raumgefüge als ein dynamisches System sieht, daß "...so massiv, so dicht und so komplex..." ist, daß man es nicht in seiner Totalität erfassen kann, sondern nur "...an bestimmten lokalen Punkten..." [762], zwischen den Schichten ihrer Entfaltung. Im wissenschaftlichen Sprachgebrauch wird im allgemeinen 'Ereignis' als ein Vorgang umschrieben, der in einem bestimmten Zeitintervall eine

Veränderung in einem Raum hervorruft.[763] In der Architektur wird seit deStijl das 'Ereignis' als ihre vierte Dimension betrachtet.[764] Das Ereignis ist dynamisch: "...entweder im Wandern des Auges oder in der Bewegung eines Akteures."[765] Es übernimmt somit eine partizipatorische Rolle, denn "...es bezieht den Benutzer in den Raum mit ein und wird so zu einem »user interface«..."[766] oder einem »spectacle« wie es die Situationisten nennen. In den Naturwissenschaften wird im Zuge der Erforschung von nicht-linearen Systemen in den 60er Jahren, der Begriff des Ereignisses dann mit dem Terminus der Singularität verknüpft. Weil eine ausführliche Beschreibung des Begriffes jedoch den Rahmen dieser Arbeit sprengen würde, sei hier auf Joachim Hubers Publikation Urbane Topologie, Architektur der randlosen Stadt, (Kapitel 5) und Sanford Kwinters Artikel Das Komplexe und das Singuläre und Landschaften des Wandels, Boccinis 'Stati d'animo' als allgemeine Modelltheorie, in Arch+ No. 119/120 hingewiesen. Hervorzuheben für diesen Zusammenhang ist die von den Naturwissenschaften gemachte Aussage, daß ein Ereignis einer Singularität entspricht.

"Was aber sind Singularitäten genau?"[767] Ganz allgemein bezeichnen Singularitäten Punkte in einem kontinuierlichen Prozeß...[, in dem eine]...Entwicklung plötzlich zum Erscheinen einer bestimmten 'Qualtität' führt."[768] Sie repräsentieren "...kritische Werte oder qualitative Merkmale, die an verschiedenen Punkten des Systems auftreten, je nachdem in welchem Zustand das System zu einem gegeben Zeitpunkt [...] gerade ist."[769] Das heißt, Singularitäten entsprechen kritischen Punkten oder Momenten innerhalb eines Systems, "...an denen die Qualitäten [...] in einem System eine fundamentale Veränderung erfahren..."[770] wobei sich diese Transformation immer nur graduell vollzieht. Konkret: Der Wandel von Wasser zu Eis und von Eis zu Wasser. Singularitäten beschreiben ebenfalls Wandlungen, "...die sich [jedoch] auf unerklärliche Weise miteinander verweben [...] obwohl sie ihren Ursprung auf völlig unterschiedlichen zeitlichen und phänomenalen Skalen haben."[771] Ereignisse können somit nicht mit mechanischer und uniformer Zeit erfasst werden. Dazu ein kurzer Exkurs in die Geschichte der Zeit und der Zeitmessung:

Bis zur Erfindung der mechanischen Zeitmessung wurde die Zeit durch Beobachtungen des Kosmos und der Natur vorgenommen. Um soziales und kulturelles Leben zu organisieren war eine möglich exakte Zeitmessung notwendig, die allerdings an physisch existente Orte gebunden war: Ein wenn wurde ausschließlich mit einem wo in Verbindung gebracht. Mit der Erfindung der mechanischen Zeitmessung, der Uhr, wird die bis dahin als real geltende Zeit auf eine abstrakte Zeit überführt. Die Zeit und die Dauer der Zeit erscheint nicht mehr lokal und ortsspezifisch, sondern nun allgemein und und für alle Vorgänge gleich. Als Folge dieser Gleichschaltung konnte später, eine global gültige Weltzeit eingeführt werden, die analog zu der ortlosen Raumbestimmung eine über den ganzen Globus verteilte ortlose Zeitbestimmung ermöglichte. Damit hörte die Zeit auf als eine ortsgebundene Zeit zu existieren — sie ist nicht mehr real. Die artifizielle Zeit ist die industriell wahrgenommene Zeit, die Dauer einer Zeitspanne wird von jedem Individuum unterschiedlich erlebt. Reale Zeit besitzt jedoch, wie Kwinter ausführt, "...keinen einheitlichen Strang...", der einer universalen Ordnung gleich kommt, sondern ist durch "...eine komplexe, interaktive [...] Vielheit von separaten eigenständig korrelierenden Zeitdauern..."[772] geprägt — ganz wie die von Derrida beschriebenen Ereignisse. Solche Ereignisse hat Einstein in seiner speziellen Relativitätstheorie in ähnlicher Weise untersucht und festgestellt, eine universelle Gleichzeitigkeit existiert nicht. Jedes Ereignis ereignet sich in einem individu-ellen Bezugsrahmen, es ist immer nur in Relation zu Raum und Zeit zu erfassen.[773]

Zusammengefasst: Ereignisse sind Bestandteil von dynamischen Bezugssystemen, die sich aus einer fließenden Vielheit zusammensetzen – vorausgesetzt die Zeit ist 'real'. Und eine aus Vielheit und fließenden Strömen zusammengesetzte Welt, besteht "...nicht aus vorgegebenen, idealen Formen, sondern vielmehr aus metastabilen Gestalten, die in einem Strom ständig neu entstehender Differenzen treiben."[774] Damit ist eine Differenz gemeint "...die an irgendeinem Punkt entlang eines bestimmten Stroms erzeugt wird und mit einem anderen Strom..."[775] eine Differenz erzeugt.

Die Ereignisse erzeugen Differenzen, indem sie Informationen transportieren und dabei zwischen den Ebenen innerhalb eines Systems eine Transformation (vgl. Eis/Was-ser) hervorrufen, die immer von 'orts-spezifischer' Natur ist. Ereignisse, Singularitäten verkörpern also innerhalb eines Bezugsystems Differenzen – Differenzen, die einzig-artig sind und innerhalb und über ein System hinaus, Transformationen hervorbringen können.

Ferner sind Ereignisse Teil eines dynamischen und ungewiss ausgehenden Pro-zesses, der Virtuelles mit Aktuellem in Verbindung bringt; wobei das Virtuelle in diesem Zusammenhang nicht als etwas 'nicht-Reales' verstanden werden darf. "Es existiert, so könnte man sagen, als freie Differenz, die noch nicht mit anderen Differenzen zu einer augenfälligen Form verbunden ist."[776]

Das heißt, Virtuelles muß nicht erst realisiert, sondern lediglich aktualisiert werden, denn es besitzt bereits einen entwicklungsfähigen Übergang "...von einem Zustand in einen anderen. Das Virtuelle wird [innerhalb eines Das Virtuelle wird [innerhalb eines Ereignisses] gesammelt, selektiert – sagen wir inkarniert – und verläßt ein Moment Ereig-nis, um in einem anderen zu emergieren – andersgeartet und einzigartig."

Das von Derrida in seinem Essay beschriebene 'Ereignis' kann also durchaus als Singularität, als kritischer Punkt betrachtet werden. Ein Ereignis inkarniert – und verläßt ein Moment Ereignis, um in einem anderen zu emergieren – andersgeartet und einzig-artig."[777] Das von Derrida in seinem Essay beschriebene 'Ereignis' kann also durchaus als Singularität, als kritischer Punkt betrachtet werden. Ein Ereignis verändert und un-terbricht die Kontinuität eines bestehenden Systems oder Rasters. Das Ereignis ist mit den Worten Foucaults, ein "...turning point...[not]...a logical sequence, but rather the mo-ment of erosion, collapse [...] or problematisation [...] of a setting within which a drama may take place."[778] Jeder Nicht-Ort entspricht einem singulären Ereignis, das in einer individual wahrgenommenen Zeit stattfindet.

ZWISCHENBILANZ IV: DER KRITISCHE PUNKT DER (ORTS)- VERSCHIEBUNG IM FELD DER WECHSELSEITIGEN WIRKUNG

Das Feld entspricht wie gezeigt wurde einer dynamischen Konfiguration von Elementen, die sich in einer wechselseitigen Interaktion zwischen verschiedenen Gliederungssyste-men bewegen. Ein Feld entwickelt sich in den Brüchen, die sich aus den Spannungen einer Positionsverschiebung ergeben haben. Folgt man dabei Bourdieus Ansatz setzt sich ein Handlungs-Feld aus den Interaktionen der Individuen aus einem Handlungsfeld zusammen, in dem jedes individuelle Feld sich aus den Beziehungen und Relationen konstituiert, die es zu anderen Elementen unterhält. Jedes Feld ist so gesehen ein relatives Konstrukt, durch das sich die Individuen einbringen können. Dabei produzieren sie Spannungen – Spannungen, die immer wieder neu entstehen, wenn sich die Position eines Individuums verschiebt.

Die Spannung, die sich aus dem Verhältnis zwischen zwei Intensitäten aufbaut, wird durch die Positionen und die Dispositionen der Individuen geregelt – ihre Spielstrategien. Für Bourdieu bildet sich damit eine Homologie zwischen dem Feld der Stellungnahmen (der Individuen) und dem Raum der Stellungen im Feld, dessen Beziehungsverflechtungen, nach Bourdieu, durch die im Feld auftretenden Mächte strukturiert werden. Jedes Feld entspricht damit einem offenen Spiel-Raum mit dynamischen Grenzen. Die Spielstrategien der Individuen können somit als eine Konvergenz von Positionen und Stellungnahmen verstanden werden, die sich über ihren individuellen Habitus vermitteln. Dabei hinterlassen die Individuen eine biographische Spur, die Bourdieu 'trajectoire' nennt; sie beschreibt die jeweiligen Positionierungen, die ein Akteur auf dem Feld einnimmt, und die dazwischen liegenden Übergänge, die 'turning points', die kritischen Punkte verkörpern die Positionsverschiebungen der Akteure, durch die sich die Umformung ihres biographischen Kapitals vollzieht. Das Gesellschaftsfeld, so Deleuze und Guattari, verweist hier nicht mehr "...auf eine äußere Grenze, die es [...] beschränkt, sondern auf immanente innere Grenzen, die sich fortwährend verschieben, dabei das System vergrößern und sich selbst in der Verschiebung rekonstruieren."[779]

Bourdieus Feld wird als ein dezentrales Machtfeld verstanden, das nicht an einem (zentralen) Ort lokalisiert werden kann. Es zentralisiert sich einzig und allein im Körper, der von diesen Mächten durchkreuzt wird. Foucaults Thematisierung der Macht ist diesem Ansatz vergleichbar: Auch er spricht von einem prozessualen Machtfeld, in dem sich die Individuen immer wieder neu in Relation setzen können. Folglich geht die Macht nicht mehr von einem zentralen Ort aus, sondern sie geht von polyzentralen Kräften aus, die sowohl bei Bourdieu als auch bei Foucault in der raumstrukturierenden Macht der Individuen zum Ausdruck kommen. Aus diesem Grund gruppieren sich dann die im Raum stattfindenden Ereignisse um die Individuen herum. Sie sind der Nullpunkt, der ortlose Ort, über den Wege und Räume sich kreuzen.[780] Auch Bourdieu spricht von einem Nullpunkt, dem er den Begriff des 'critical turning point' zuordnet. Der kritische Punkt entspricht, wie Foucaults Nullpunkt, damit einer transformativen Durchgangsstelle, durch die sich die Umformung der biographischen Spur verwirklichen kann.

Dies von Foucault und Bourdieu entwickelte Machtfeld kann mit dem Begriff des Rhizoms von Deleuze und Guattari verglichen werden. Auch dort finden, indem sich beliebige Punkte mit anderen beliebigen Punkten verbinden können, Positionsverschiebungen statt. Dabei spielen die Plateaus eine wichtige Rolle. Sie sind die kritischen Elemente, eine Übergangstelle, eine Stelle im Transit. Diese Übergangstelle stellt die Differenz, die zwischen Entitäten eine Verbindung flicht und zugleich eine Transformation ermöglicht. Das Rhizom, das sich aus unterschiedlichen Plateaus konstituiert, ermöglicht somit das Werden und das Verfallen des Feldes. Die Ereignisse sind für diesen Vorgang die conditio sine qua non, die ohne jegliche Richtung, in einem weder stabilen noch in-stabilen, sonderen metastabilen System sich organisieren und verknüpfen. Und weil die Ereignisse dabei nicht "...die Oberfläche [...] besetzen, sondern auf ihr herumspuken, ist die [...] Energie nicht auf der Oberfläche lokalisiert, sondern mit der Bildung und Neu-bildung verbunden...[Mit anderen Worten]...das Lebende lebt an der Grenze seiner selbst, auf seiner Grenze..."[781], in der Veschiebung – vergleichbar dem 'Marginal Man' von Ezra Park. Auch er lebt auf der Grenze, einer Schwelle, über die die verschiedenar-tigsten Dissonanzen, wie Homi Bhabha dargelegt hat, zum oszilieren gebracht werden. Die oben genannten Charakteristika des Rhizoms finden dann in der von Deleuze und Guattari festgestellten Differenzierung zwischen einem gekerbten und einem glatten, einem metrischen und nicht-metrischen Raum eine räumlich relevante Umsetzung. Indem die Autoren einen meßbaren Raum (Metrik) und einen nicht meßbaren Raum (Nicht-Metrik) in ihren Untersuchun-gen gegenüberstellen, thematisieren sie mehr noch als Bourdieu, wie die über das Feld auftretenden Differenzen, die durch die Positionsverschiebungen der Individuen räumlich zum Ausdruck kommen.

Der glatte, nicht gerichtete Raum ist in diesem Ensemble der Raum mit der kleinsten Abweichung. Er entspricht einem Raum des Kontakts: Er ist taktil und nicht visuell erfass-bar, wie der euklidische Raum.[782] Er ist als ein heterogenes Feld zu betrachten, ohne Leitungen und Kanäle, also ohne Vorgaben. Diese Art von Feld besetzt einen Raum, der nicht meßbar ist, der nur erforscht und erlebt werden kann, wenn auf ihm entlangegangen wird. Wie der Nicht-Ort, auch er ist nicht durch Messungen zu erfassen, sondern nur durch Bewegungen erlebbar.

Im glatten Raum, von Deleuze und Guatttari, ist die Linie ein Vektor und keine Dimension. Dieser Raum wird durch örtlich begrenzte Operationen mit Richtungsänderungen geschaffen, die ganz von der Art der Strecke abhängen. Dabei befinden sich die Individuen, die von den Autoren als Nomaden bezeichnet werden, immer in einer absolut lokalen Zone. Das heißt, der glatte Raum produziert sich durch lokale Ereignisse, die sich auf einer Strecke ergeben. Dabei weicht die Linie unentwegt von der Horizontalen, der Vertikalen und der Diagonalen ab – sie wechselt unaufhörlich ihre Richtung.

Der gekerbte Raum verkörpert den geschlossenen, durchstrukturierten Raum, dessen hierarchische Ordnung, ein Fixum darstellt. Die Seßhaften repräsentieren diesen Raum. Er ver-körpert einen homogenen Raum, in dem die Regeln der universalen Anziehungskräfte gelten und demnach dann auch die Regeln des Euklids ihre Anwendung finden. Der gekerbte Raum entspricht einem begrenztem und einem begrenzendem Raum. Er ist begrenzt, da er sich zum einen auf bereits bestehende Verbindungen und Richtungen beschränkt und zum anderen ist er begrenzend, da er sich ständig abzuschotten versucht.

Doch eine genaue Unterscheidung und Deutung zwischen diesen Räumen ist nicht leicht auszumachen, da sowohl der gekerbte als auch der glatte Raum nur aufgrund der wechselseitigen Überlagerung existieren kann. Ein Seßhafter kann "...eingekerbt in Wüsten, Steppen oder Meeren wohnen...[ein Nomade]...geglättet in Städten."[783] Jedes Feld ist also auf einen homologen (sprich einen dimensionalen und begrenzten) Raum angewiesen, über den es sich verwirklichen kann. Der glatte und der gekerbte Raum sind aufeinander angewiesen. Auch der Nicht-Ort ist auf einen homologen Raum (vgl. gekerbte Raum) angewiesen. Der Raum ist ein Ort mit dem man etwas macht.[784] Er ist ein dynamisches System, das sich über die wechselseitige Interaktion der Individuen zwischen einem metrischen- und nicht-metrischen Raum produziert. "It fully expresses the two simultaneous components of [...] place: the objective, given aspect and the subjective... [perceived]...aspect."[785] Der Raum kann damit als der praktische Umgang mit einem Ort definiert werden. "The body and the man-made object have a reciprocal relationship — each needs the other in order to recognize itself."[786]

Dabei kann wie Deleuze und Guattari anführen, eine seltsame Reise entstehen, eine 'Reise an Ort und Stelle'. Das Individuum bewegt sich, hält sich bereits schon auf, während es sich bewegt. Dieser Vorgang stellt die Grundlage des Transits. In ihm ist das Individuum 'zu Hause', es konvertiert jeden Reise-Punkt in eine absolut lokale Zone. Dabei erfassen die Individuen ihren Weg nicht in der Gesamtheit, sondern auf fragmentarische Weise: Sie basteln 'Eigennamen' und fügen sie zu einer Collage zusammen.[787] Das sich dabei produzierende Feld weist also weder einen Umriss noch eine vorgegebene Route auf — der Weg ist immer unsichtbar vor den Individuen, in dem die Spuren der zurückgelegten Strecke bereits wieder ausgelöscht worden sind.

Der Ort ist damit nicht an eine bestimmte Lokalität gebunden, sondern in der unendlichen Folge von lokalen Vorgängen zu suchen. Dabei hat er die Eigenschaft nicht dort zu sein, wo man ihn sucht. Er entspricht einem ständig im Fluß befindlichen ortlosen Ort, einer 'trajektoire' oder einem 'Objekt=x'.[788] Er ist ein leerer Ort, der sich ständig verschiebt. Was jedoch nicht bedeutet, das man ihn nicht bestimmen kann. "...[I]ndem das Objekt=x die Differenzen in der ganzen Struktur verteilt, die differentiellen Verhältnisse mit seinen Verschiebungen wechseln läßt, konstituiert es das Differenzierende der Differenz selbst."[789] Wie sich nun diese verschiebenden Differenzen im Feld konstituieren und strukturieren, beschreibt Derrida in dem von ihm entworfenen 'Spiel der différance'. Im Zentrum seiner Analyse steht dabei die Struktur und das Prinzip der Differenz, über die er versucht, die Totalität der Struktur zu überwinden. Mit diesem Spiel, in dem sich die Zeichen immer auf etwas anderes als das Gegenwärtige beziehen, löscht er die Präsenz des Präsens aus. Die Präsenz des Präsens kann niemals sie selbst sein, da sie immer schon in ihrem Substitut über sich selbst hinausweist. Dabei besitzt das Präsens besitzt weder ein Zentrum, noch einen festen oder einen natürlichen Ort, sondern belegt vielmehr einen Nicht-Ort, über den sich ein unermüdlicher Austausch der Zeichen abspielen kann.

Dieses Spiel überträgt Derrida auf die Architektur: "Wir erscheinen uns selbst nur im Ausgang von einer Erfahrung der Verräumlichung, die bereits durch die Architektur markiert ist. Das was [uns] durch die Architektur zustößt...", entspricht einer räumlichen Schrift, die einem "...Ereignis einen Platz einräumt."[790] Nicht mehr das Gebäude ist der Ort, der Ort und das Gebäude müssen sich erst über das Ereignis kreieren. Die Individuen "...bemächtigen sich des [...] Objektes auf ihre Weise, und wenn der Architekt sich nicht bereits selbst vom Programm abgewendet hat, werden die Nutzer es übernehmen, dem Objekt den unvorhersehbaren Zweck, an dem es ihm mangelt, zuzuweisen."[791] Indem die Gebäude nicht mehr von ihren räumlichen Konfigurationsbeziehungen heraus verstanden werden können, ist die Einheitlichkeit des Objekts dann auch nicht mehr gewährleistet. Die Einheitlichkeit des Gebäudes muß aus einem anderen Blickwinkel heraus betrachtet werden: Das Objekt kann als ein dynamisches System von verschieden aufeinander einwirkenden Kräften verstanden werden, die dem Objekt eine attributive Gestalt verleihen. Genauer gesagt, bildet sich die Einheitlichkeit eines Objektes durch ein zweifach sich gliederndes Feld – des Subjektes und des Ereignisses. Sie sind es, die durch eine unaufhörliche Umverteilung von Werten stattfindet, die nicht im voraus bestimmt werden können, jedoch zufällig und kontinuierlich in Erscheinung treten.

Das heißt, sowohl das Objekt als auch das Ereignis entfaltet sich in der wechselseitigen Überlagerung von Virtuellem und Realem zu einem sich in der Verschiebung befindlichen Ort, einen Nicht-Ort. Der Nicht-Ort beschreibt dabei einen transitorischen Ereignis-Punkt, der weder etwas enthält noch in etwas enthalten ist. Der Punkt stellt jedoch keine unabhängige Einheit dar, er muß sich immer erst auf einen anderen (Kontext)-Punkt beziehen. So entspricht diese auf den Moment reduzierte Vereinigung einem nicht reproduzierbaren Ereignis, das unabdingbar mit den beständig evolvierenden Besonderheiten einer unerbittlichen Abfolge von unvorhersehbaren Emergenzen konfrontiert ist. Jeder Punkt ist somit auch ein asignifikanter Bruch-Punkt. Als Bezug ohne Beziehung versammelt er, der Unterbrecher in einem fort die Teile eines zersprungenen Systems, um sowohl die Unterbrechung, als auch den Verweis zu anderen aufrecht zu erhalten. Es gibt somit keinen Ort mehr, der in Form eines immanenten Punktes zum Ausdruck kommt. Der Nicht-Ort verkörpert einen transformativen Durchgangsort, der sowohl unvorhersehbare Veränderungen provoziert als auch für deren Transformation bzw. Aktualisierung verantwortlich ist. Der Nicht-Ort kann somit als eine Singularität, als ein kritischer Punkt verstanden werden, der die Kontinuität einer bestehenden Ordnung zum einen unterbricht und sie verändert. Der Nicht-Ort provoziert, versammelt, selektiert, überträgt, aktualisiert und überschreitet – immer um ein neues Feld zu öffnen.

Zusammenfassend läßt sich feststellen, daß die hier dargestellten Denkmodelle die bislang vorherrschende Dominanz eines lokal fixierten, dreidimensionalen, kartesianischen Ordnungsprinzip zugunsten eines feldtheoretischen Raumdenkens aufgegeben haben. Was jedoch nicht heißt, daß sie den kartesianischen Raum dabei aufgegeben haben. Sie haben lediglich seine Bedeutung verschoben, denn jedes Feld, ist immer auf einen homologen, dreidimensionalen Raum angewiesen. Das heißt, der glatte (nicht-metrische) Feld-Raum steht mit dem gekerbten (metrischen) kartesianischen Raum in einer wechselseitigen Beziehung – sie sind unabdingbar aufeinander angewiesen und können sich nicht gegenseitig ausschließen.

Mit einem solchen Denkansatz, der das statische Feld eidetischer Formen einen nebengeordneten Platz zuweist, kann der Ort sich als unstatischer, in Bewegung befindender, entfalten. Das heißt, der Ort entsteht in der wechselseitigen Überlagerung zwischen einem metrischen und nicht-metrischen Raum und wird durch das Subjekt und das Ereignis in ein Feld überführt. Der Raum ist somit nicht mehr der eines Objektes und seiner Platzierung, sondern der Raum eines Subjektes, seiner Wahrnehmung und Handlung. Das Spannungsfeld von Subjekt und Objekt schafft eine Umgebung der Neufindung, des Nicht-Wissens, der Unsicherheit – einen Ort, den niemand kennt.

"Weiterhin also verzichten wir auf Sicherheit des Standortes, auf das Bleiben, verzichten auf Geschlossenheit, teilen uns nach Kriterien von Grund, der das Weiterleben sichern soll."[792]

5. Bilanz: (K)ein Ort Nirgends,
   Der Transitraum im urbanen Netzwerk

Gegenstand der vorliegenden Studie ist die Auseinandersetzung mit dem Ort und dessen Positionierung in einem urbanen Raumgeflecht, das sich durch seinen transitorischen Charakter auszeichnet. Das Quellenmaterial für einen ersten Anhaltspunkt lieferte dabei das Erscheinungsbild der gegenwärtigen urbanen Raumstruktur, die sich aufgrund von Kapital-, Informations-, Bilder-, Migrations- und Technologieströmen, nicht mehr durch eindeutige Begrenzungen, wie dem eines klar definierbaren Randes zwischen der Stadt und dessen Umland definieren läßt, sondern seine Entsprechung in einem offenen System von simultan operierenden Durchlaufstationen bzw. Knotenpunkten findet, die über ein komplexes Netz lokal, regional und international anfallende Verkehrs-, Menschen-, Informations-, Bilder- und Warenströme zum einen aufnehmen, sie miteinander verbinden und weiterleiten.

Diese Transformation, in der sich der urbane Raum aus einer Vielzahl von Zentren unterschiedlichen Ursprungs zusammensetzt, die sich in einem ständig verändernden Netzwerk über den ganzen Globus ausgebreitet haben, hat zu einer Freigabe des Ortes aus seinen räumlichen Verankerungen im urbanen Kontext geführt. Eine Freigabe, die jedoch nicht impliziert, daß der Ort nun seiner Daseinsberechtigung bzw. Existenz beraubt worden ist — er hat sich lediglich von der klassischen Begrifflichkeit eines statisch verankerten Ortes emanzipiert und sich in den Bereich einer transitorischen Erfahrung verschoben.

Die Entwicklung, die den Paradigmenwechsel von einer ortsgebundenen Raumvorstellung hin zu einer gewissermaßen ortlosen Form der abstrakten Raumbetrachtung nachvollzieht, steht im Mittelpunkt dieser Arbeit. Die vorliegende Analyse konzentriert sich auf die Frage: wie positioniert und produziert sich der aus seinen Verankerungen gelöste Ort in einem urbanen Raumgefüge, das sich ebenfalls nicht durch seine Dauerhaftigkeit oder gar Stabilität auszeichnet?

INSTABILITÄT ALS CHANCE

"Was wir benötigen…", so der Soziologe Mike Featherstone, "…ist die Verbreitung der generellen Einsicht, daß die Stadt ein Prozeß ist, daß Orte Prozesse sind und nicht eine einzige, unveränderliche Identität haben." Sowohl der urbane Raum als auch der Ort stellen keine "…statische Realität dar…", sondern unterliegen einer Wirklichkeit, "…die durch Interaktionen, Erfahrungen, Erzählungen, Bilder und Darstellungen verschiedener Gruppen aktiv hervorgebracht und verändert wird."[793] Eine solche Herangehensweise ist innerhalb der vorliegenden Arbeit ebenfalls nachvollzogen worden. Sie begreift den urbanen Raum aus dem Blickwinkel eines sich aus unendlich vielen Wirklichkeiten und ständig sich in der Veränderung befindlichen Konstruktes, an dem Einzelne und auch einzelne Gruppen über ihre narrativen Handlungen aktiv beteiligt sind. Insofern liegt das Augenmerk der Studie auf dem Prozeß der Veränderung, die nur den letzten Stand einer bereits stattgefundenen Transformation im urbanen Raumgefüge anzeigt. Die damit in Verbindung stehenden Mechanismen der Fragmentierung, die Durchdringung des Innen- und Außenraumes, sowie die Mobilisierung und die Individualisierung der Menschen, sind auf die Globalisierung und Virtualisierung des urbanen Raumes zurückzuführen.

Statt, wie noch in der Moderne die Instabilität des urbanen Raumes als das Symptom einer Krise zu begreifen und (Auswegs)-Möglichkeiten in vergangenen Denkansätzen oder Zuflucht in (utopischen) Zukunftsmodellen zu suchen, um der damit verbundenen unerträglich erscheinenden Ungewissheit besser aus dem Weg gehen zu können, ergreift die vorliegende Studie genau diese Ungewissheit als Chance auf, um dem aus seinen räumlichen Verankerungen gelösten Ort, analysieren zu können. Denn nur über eine Veränderung, die eine Störung bzw. eine Unterbrechung im urbanen Raum impliziert, kann ein anderes und neues Phänomen auftreten – ob nun von sozio-kultureller- oder architektonisch-städtebaulicher Natur. Aus diesem Grund wurde das Prinzip, den urbanen Raum sowohl auf physisch erkennbare als auch auf nicht sichtbare Brüche hin zu untersuchen, als Paradigma herangezogen. Diese Herangehensweise, die sich aus dem Differenzierungsprozess der Moderne entwickelt hat, wird aufgegriffen – wobei die Klage über den dadurch entstehenden Verlust einer urbanen Einheit hier nicht mehr relevant ist. Das heißt, die Koexistenz unvermittelter Teile, die den Charakter eines differentiellen Raumes ausmachen, wird nicht als ein Verlust oder als ein Hinderniss verstanden, sondern als eine Möglichkeit gesehen, sich Zugang zu einem äußerst komplexen, ungewissen, instabilen und sich ständig in der Veränderung befindlichen urbanen Raumes zu verschaffen.

Das urbane Gewebe auf das Differenzierende der Differenz, also auf solche Brüche bzw. Unterbrechungen hin zu untersuchen, ermöglicht nicht nur den aus seinen räumlichen Verankerungen gefallenen Ort im Raum zu (re)-positionieren, sondern eröffnet weitreichende Perspektiven für dessen (Neu)-Produktion. Darauf deuten die im dritten Kapitel beschriebene Entstehung von transitorischen Räumen, die Positionsverschiebungen der Subjekte und die damit einhergehenden Grenzüberschreitungen, sowie die Positionierung der im vierten Kapitel herangeführten kritischen Ereignis-Punkte, die über ein dynamisches Feld zwischen den Schichten von sich überlagernden Gliederungssystemen die Verwirklichung dieser Punkte sowohl aufzeigen, versammeln, aktualisieren als auch weiterleiten, hin.

Dabei war nicht nur entscheidend, die im urbanen Raum entstandenen Brüche zu erkennen, sondern sie auch zu lokalisieren und zu benennen. Nur so konnte ihnen eine räumliche Relevanz zugesprochen werden. Maßgebende Indikatoren für die Dekodierung von den Brüchen waren dabei die in Erscheinung tretenden Ereignisse, die

sich aus den Verschiebungen, der sich im urbanen Raum bewegenden Subjekte, ergeben bzw. ergeben haben. Sie entsprechen im Sinne von Derrida, einem ständig sich
in der Verschiebung befindlichen Transaktionspunkt, der einem transformativen Durchgangsort gleich kommt — sozusagen einem aus der urbanen Ordnung herausgefallenen
Zwischen-Raum, der einen Transit ermöglicht.

Das Ereignis in die wechselseitige Wirkung zwischen einem Objekt und einem
Subjekt zu legen, durch die eine Veränderung im urbanen Raum erfahren werden kann,
entspricht jedoch einer Sichtweise, die in der traditionellen Architekturtheorie nur von
wenigen in Betracht gezogen wird, da sie unter Ausschluß des Subjektes von der Existenz zweier statisch im Raum bestehenden Bedingungen ausgeht: der Figur und dem
Grund. In der vorliegenden Analyse geht es deshalb darum, eine Möglichkeit zu finden,
den Ort neu zu positionieren, das Verhältnis zwischen Figur und Grund aus einem anderen
Bezugsrahmen heraus zu betrachten. Die in dieser Studie herangezogenen Denkansätze
haben dies unter Beweis gestellt. Alle Beispiele eint, daß sie nicht mehr das Objekt als
Ort in den Vordergrund heben, sondern den Ort in eine wechselseitige Wirkung zwischen
Objekt und Subjekt stellt.

Durch eine solche Sichtweise, ist das immanente Figur/Grund Verhältnis einer vitruvianischen
Firmitas genauso in Frage gestellt, wie der vitruvianische Mensch. Das heißt, der klassische Bezugsrahmen der euklidischen Geometrie, in dem sowohl das Objekt (Figur/Grund) als
auch das Subjekt (der vitruvianische Mensch) bislang eingebettet waren, erfährt in der
vorliegenden Arbeit eine Verschiebung. Dabei ist das kartesianische Raumdenken nicht
mehr von maßgebender Bedeutung. Maßgebend ist die Konfiguration eines dynamischen Systems von sich bewegenden Subjekten, die über eine Interaktion zwischen einem
metrischen und einem nicht-metrischen Raum einen Transit generieren.

Die hier angewandte Herangehensweise, die der Dominanz eines statisch im Raum
verankerten Objektes nicht mehr nachkommt, impliziert jedoch nicht die Überwindung seiner physischen Existenz. Vielmehr geht es darum, das Objekt in den Prozeß der Verräumlichung neu einzubinden. Dann ist nicht mehr seine monolitisch-dominante Gestalt von Relevanz, sondern seine sich ständig verändernde Präsenz, seine attributive Präsenz. Denn
die Subjekte bemächtigen sich sowohl des Architektur- als auch des urbanen Objektes
auf ihre Art und Weise, d.h. sie produzieren sich ihren individuellen Ort. "In dieser Konstellation kann [...] der Architekt damit spielen, seine eigenen Pläne zu vereiteln, aber er
kann nicht beanspruchen, das Objekt als Ereignis zu beherrschen."[794] Durch eine solche
Betrachtungsweise, in der die Variabilität des Programms vermehrt im Vordergrund steht
und das Objekt in einer Wechselbeziehung zu einem handelnden Subjekt erfahren wird,
wird ein beständiger Wandel von kulturellen Werten möglich, die zwar in kontinuierlicher
Art und Weise in Erscheinung treten, jedoch nicht im voraus bestimmt werden können. Das
Objekt ist so betrachtet immer Teil einer kulturellen Wirklichkeit. Seine Verwirklichung
(Produktion) wird aktiv konstruiert und verändert sich durch die Interaktionen, Erzählungen und Darstellungsweisen von einzelnen Subjekten aber auch von einzelnen Gruppen.

Insofern ist nicht mehr ausschließlich die urbane Makroebene von Relevanz, sondern die vielfältig in Erscheinung tretenden lokalen Mikroebenen, die immer wieder neue Beziehungen zum urbanen Kontext (Makroebene) herstellen — wie die 'kleinen und großen Erzählungen', die Lyotard in *Das Postmoderne Wissen* beschrieben hat.

DER ORT ALS TRANSITORISCHER NICHT-ORT

Die Matrix des urbanen Raumgefüges setzt sich heute aus einer Koexistenz von unbezogenen Fragmenten unterschiedlichen Ursprungs zusammen, die dennoch mit einem ständig sich verlagernden Netz von Verkehrs-, Bilder-, Menschen-, Informations- und Warenströmen eine Verzahnung sowohl von lokalen, regionalen als auch globalen Bezügen möglich macht. In diesem transitorischen Raumgeflecht, das sich aus den unterschiedlichsten Strömen zusammensetzt, in dem die Gleichzeitigkeit von Ungleichzeitigem maßgebend geworden ist, ist es zu einer Verschiebung in der Wahrnehmung des Ortes gekommen: Eine ortlose Raumbetrachtung ist von ausschlaggebender Bedeutung und nicht mehr eine ortsgebundene Raumwahrnehmung.

Der Erweiterung eines solchen Blickwinkels folgend ist die Begrifflichkeit des Ortes in der vorliegenden Arbeit als Medium und als Mediator von sozio-kulturellen Prozeßen behandelt worden. Das heißt, der Ort wird gesellschaftlich produziert (Produkt), gleichzeitig ist er aber auch das Medium (Mediator), das gesellschaftliche Beziehungen im urbanen Kontext konkret werden läßt.[795] Angesichts dieser Herangehensweise ist das Objekt nicht mehr ein klar umrissener Ort, sondern dieser wird erst produziert, indem das handelnde Subjekt in eine Wechselbeziehung zu ihm tritt. Der Ort unterliegt damit einer fortwährenden Transformation, die sich zum einen in der Gesellschaft als auch im architektonisch- bzw. städtebaulichen Kontext bemerkbar macht.

In diesem (Spannungs)-Feld wird der Ort als ein kulturelles Phänomen betrachtet, das über das Interaktionsmuster zwischen einem Objekt und Subjekt in einen emergenten und kontextuell bedingten Prozeß der Veränderung eingebunden ist — d.h. er ist weder stabil, immanent, vergleichbar, reproduzierbar noch quantifizierbar. Aus diesem Grund wird der Ort als ein eigenständig agierender Übergangsraum verstanden, der einen bestimmbaren jedoch nicht zuweisbaren Ort im urbanen Raum einnimmt. Er umschreibt, Foucault folgend, einen ortlosen Ort, der sich für die Dauer eines Momentes aus der bestehenden urbanen Ordnung hervorgehoben hat. Das heißt, sowohl die Struktur als auch der Zustand eines jeden Ortes wird hier als eine provisorisch sich ergebende Konfiguration von unterschiedlich in Erscheinung tretenden Relationen betrachtet, die vor dem Hintergrund eines emergenten Ereignisses, sich als eine Unterbrechung im urbanen Gewebe bemerkbar machen — eine Unterbrechung, die nach Bourdieu, de Certeau, Derrida und Foucault mit einem kritischen Ereignis-Punkt gleichzusetzen ist, der aufgrund seines Schwebezustandes einem unzuweisbaren Nicht-Ort entspricht. Diesbezüglich wird die Begrifflichkeit des Nicht-Ortes als ein generisch im Raum auftauchender Ort definiert, der konträr zu Augés Essay *Orte und Nicht-Orte, Vorüberlegungen zu einer Ethnologie der Einsamkeit*, weder einem physisch existierenden Ort entspricht, noch für bestimmte programmatische Zwecke (wie dem eines Bahnhofes oder Flughafens) entworfen worden ist. Der Nicht-Ort stellt vielmehr einen handlungsträchtigen

Transitraum dar, der lokal (Mikroebene) als kontextuelle Randsituation inmitten des urbanen Netzwerk auftaucht. Der Ort als transitorischer Nicht-Ort entspricht damit nicht mehr dem eines Objektes und seiner Figur/Grund-Platzierung. Vielmehr wird seine Existenz an eine Nicht-Platzierung gebunden, die in einer Konvergenz zu einem Objekt/Subjekt steht. In diesem Ereignis kann dann im gesamten urbanen Raum der Nicht-Ort unkontrolliert und immer wieder neu in Erscheinung treten. Das heißt, da wo ein Subjekt oder eine Gruppe von Subjekten mit einem Objekt in eine Wechselbeziehung treten, ereignet sich für die Dauer eines Momentes ein transitorischer Nicht-Ort. Insofern ist der Ort als eine in sich geschlossene bzw. territoriale Entität vor dem hier skizzierten Hintergund nicht mehr bedeutsam, sondern bedeutsam ist vielmehr seine Produktion, also seine Wahrnehmung, Aneignung und attributive Verwirklichung. Somit wird der Ort als eine relativ zu einem Subjekt in Erscheinung tretende Entität verstanden, der nicht mehr in Verbindung zu einem physisch-territorialen Objekt steht.

In diesem Ortsverständnis, wird das Subjekt als Träger verstanden, der kulturelle Phänomene sowohl produziert, transportiert als auch transformiert. Als ein changierender Protagonist zwischen den Gliederungssystemen eines urbanen Kontextes, besetzt das Subjekt einen operativen Zwischenraum, durch den wie Bhaba ausführt, verschiedenartige Differenzen in einem transformativen Durchgangsort ohne eine erkennbare Hierarchie zum Oszillieren gebracht werden. Als Bezogenes ohne Bezug, ist das Subjekt damit nicht nur die Personifizierung einer Differenz, sondern auch die einer Schwelle. Das Subjekt wird unter diesem Gesichtspunkt als ein grenzüberschreitendes Schwellenwesen verstanden, das nach Turner und Park inmitten des urbanen Netzwerkes einen transitorischen Zwischenbereich einnimmt, d.h. es ist weder hier noch da, weder das eine noch das andere — es positioniert sich stets unterschwellig auf einer Schwelle. Es 'be-wohnt' sozusagen einen 'liminalen' Übergangsraum, einen nicht zuweisbaren Ort ohne Adresse, über den es immer wieder neue Positionen im urbanen Raumgefüge sowohl markiert, transformiert als auch aushandelt.[796] Das Subjekt ist daher nicht mehr ein sich auf der Durchreise befindlicher Passagier oder Reisender, der sich im Sinne von Augé für die Dauer einer Reise in einen Nicht-Ort begibt. Vielmehr ist das Subjekt ein Transient, der sich, solange er handelt, auf der Durchreise und damit an einem Nicht-Ort befindet.

Die Produktion des Ortes ist im Rahmen dieser Arbeit also unmittelbar an die Handlungen eines Subjektes und dessen Relation zu seiner unmittelbaren Umgebung gebunden. Diese Aneinanderkopplung fordert zu einem neuen Verständnis sowohl der Wahrnehmung, Positionierung als auch der Verwirklichung von Orten auf. Aristoteles ging in seiner Physik noch davon aus, daß jeder Körper, sich zum einen an seinem angestammten Ort befindet und zum anderen immer dort hinstrebt, wo er naturgemäß hingehört (der leichte nach oben, der schwere nach unten), sofern der Verlauf seiner Bewegung nicht unterbrochen wird. Die vorliegende Studie geht dagegen davon aus, daß jeder Ort zwar an einer bestimmbaren Raumstelle ist, nicht aber an einem zuweisbaren Ort. Obwohl ein Körper stets an seinem Ort ist, ist er dennoch nicht auf einen bestimmten Ort fixierbar. Aus diesem Grund ist es auch möglich, daß sich der Körper in einem Raum, der ebenso viele Richtungen wie Ordnungen umfasst, immer wieder neu mit seinem Kontext verbinden kann. Während Aristoteles noch voraussetzt, daß der Körper durch eine fremd einwirkende Kraft (bzw. höhere und nicht zu beeinflußende Naturgewalt) an seinen Ort gelangt, entspricht die Kraft in dem hier dargelegten Raumverständnis einer zwar auch von 'außen' kommenden, sie ist jedoch nicht mit der einwirkenden Kraft von Aristoteles zu verwechseln. Vielmehr wird sie, wie von Foucault in *Der Wille zum Wissen* dargelegt, als Gegenkraft verstanden, die innerhalb eines Kraftfeldes immer mit anderen Kräften in Verbindung steht. Vor diesem Hintergrund wird jedes sich entwickelnde Kraftverhältnis als ein sozio-kulturelles Machtverhältnis verstanden, das sich von unzähligen Ereignis-Punkten aus und im Spiel ungleicher und beweglicher Beziehungen vollzieht.

Während im architekturtheoretischen Diskurs — und das hat Foucault in seiner Publikation *Überwachen und Strafen, die Geburt des Gefängnisses* beschrieben — das Objekt das primäre Instrumentarium ist, das die Macht auf ein Subjekt überträgt und es durchdringt, instrumentalisiert sich die Macht in dem vorliegenden Kontext nicht mehr über das Objekt, sondern sie agiert als eine produktive Kraft, die sich in der Beziehung zwischen Subjekt und Objekt konstelliert. Macht ist nicht mehr allein auf der Seite des Objektes. Es (hier: das urbane Raumgefüge) fungiert, um mit den Worten von Guy Debord zu sprechen, zwar immer noch als eine Bühne des sozio-kulturellen Spektakels, ist aber nicht mehr primär für das Ausplotten von Ereignissen verantwortlich. Die Macht des urbanen Plots, des urbanen Ereignisverlaufes konzentriert sich in diesem Zusammenhang in den Handlungen der Subjekte und deren Verhältnis zu ihrem unmittelbaren Kontext.

Die hier beschriebene Übergabe der Macht an das Subjekt ist ein Schritt den aus seinen räumlichen Verankerungen gefallenen Ort neu im urbanen Kontext positionieren zu können. Die Auflösung der klassischen symbiotischen Verbindung von Objekt und Ort durch die Einführung des Subjektes erfordert konsequenterweise auch ein Umdenken in der ausschließlich objektbezogenen Sichtweise der anvertrauten Stammdisziplin. Das Objekt ist immer auch in einen gesamtkulturellen Kontext integriert und kann aus diesem Grund nicht aus einem nur architektonisch relevanten Blickwinkel betrachtet werden. Es hat sich somit als äußerst wirksam erwiesen, sich der dargelegten Thematik im interdisziplinären Diskurs zu nähern. Denn parallel zu der Architektur, haben sich sowohl die Philosophie als auch die Natur- und Geisteswissenschaften mit dem Raum und dem Ort bzw. dem Nicht-Ort beschäftigt.

AUSBLICK: DIE KONSEQUENZ EINES TRANSITORISCHEN ORTSVERSTÄNDNIS

Wird der Ort als Nicht-Ort verstanden, hat das Konsequenzen für die Individuen, die Architektur und den Städtebau. Der Ort ist in der Regel an ein Gebäude gebunden — diesen stellen die Architekten als umbauten Raum her. Ein Ort hat seinen Platz und ist somit einer bestimmten Stelle verhaftet, die nach Norberg-Schulz den potentiellen Sinn einer jeden Umgebung hervorhebt.[797] Der Ort ist damit unveränderlich, festgelegt ohne das ein Mensch present sein muß. Dieser Ort kann zur Heimat werden; er ist auffindbar, gleichbleibend, stetig und wird als Rückzugsort aufgesucht. Als Heimat vermittelt er Identität. Der Wunsch nach einem singularen Heimatort entspringt dem menschlichen Grundbedürfnis nach Beständigkeit, Stabilität und Sicherheit.

So verständlich dies auch sein mag, ist ein solches Orts-Verständnis, wie in dieser Arbeit dargelegt wurde, jedoch illusorisch. Weder gibt es etwas Gleichbleibendes, noch einen gleichbleibenden Ort, weder ein gleichbleibendes Gebäude noch ein gleichbleibendes urbanes Raumgefüge. Alles ist der steten Veränderung ausgesetzt und ihr unterworfen – so auch der Ort, er wird zum (un-heim-lichen) Nicht-Ort. Folglich kann auch der Ort nicht durch ein Objekt (Gebäude/ urbanes Raumgefüge) identifiziert werden.

Dies trifft ebenfalls auf den Handlungsrahmen (Handlungsraum) der Individuen zu. Auch er verändert sich: Der Mensch geht immer wieder neue Verbindungen mit seinem Kontext ein und kann deswegen seine Heimat nicht mehr an den Ort binden. Dieses Un-heim-liche kann jedoch zu einer neuen Art von Heimat, einem Zu Hause werden, denn der transitorische Nicht-Ort bildet die Grundbefindlichkeit des Menschen im Raum ab: Kein Individuum kann sich dem Wandel, der Entwicklung und der Vergänglichkeit entziehen. Das heißt, die Bewußtwerdung dieses Faktums führt zwar zu einer Desillusionierung ermöglicht aber eine neue Form der Freiheit und des Selbstverständnisses und Selbstbildes: Der Mensch, wo auch immer er sich aufhält, ist bereits schon Zu Hause. Heimat ist gekoppelt an ihn als Subjekt.

Der Mensch kreiert seine Heimat durch seine Handlungen und seine Beziehungen zu seiner Umwelt. Damit wird der Verlust einer an den Ort gebundenen Heimat entkräftet. Der Mensch kann demzufolge dann auch die Sorge um (s)ein Territorium aufgeben, und sich der inneren Heimat und dem Augenblick widmen, der immer im Fluß ist – im Transit. Dieses in Bewegung sein, hat vermutlich Unsicherheit und Ungewissheit zur Folge, die aber die einzige Gewissheit ist, die der Mensch hat. Ein solches Wissen ermöglicht es, immer schon am Ort zu sein, dem Nicht-Ort, der die eigentliche Heimat ist: Da wo die Sohlen sind, ist auch die Heimat.[798] Dieser Blickwinkel birgt die Aufforderung, das auffällige Gefühl der Heimatlosigkeit in der heutigen Gesellschaft hinter sich zu lassen, indem der Mensch seinen Heimat-Ort jeweils dort kreiert, wo er sich aufhält.

Auch der Architekt kann diese Grundbefindlichkeit des Menschen nicht ändern und den dadurch ausgelösten Prozess nicht aufhalten – auch wenn er, bewußt oder unbewußt, mit dem von ihm umbauten Raum dagegen steuert und gesteuert hat. Der Architekt, der Städtebauer und der Stadtplaner sind aus diesem Grund aufgefordert, den Ort als einen wandelbaren und der Vergänglichkeit unterworfenen zu verstehen.

Eine solche Aufforderung hat Auswirkungen auf den Umgang mit Gebäuden und dem urbanen Raumgefüge: Die Langlebigkeit eines Gebäudes ist nicht mehr maßgebend, die Vergänglichkeit und der Abriss sind in den 'Lebenszyklus' eines Gebäudes integriert; das Gebäude an sich muß nicht mehr festgelegt sein, sondern nur noch die technischen Funktionen in ihm; die Außenfassade resultiert nicht mehr aus dem Innenraum, sondern das Innere und das Äußere eines Gebäudes verwischen sich; die Fassade wird zu einer polyvalenten Projektionsfläche, die das Außen nach Innen und umgekehrt das Innen nach Außen projiziert, die Vergänglichkeit der verwendeten Materialen kann mit einbezogen werden, ihr muß nicht entgegen gesteuert werden; die Nutzung des Programms muß nicht unwiderruflich festgelegt sein, sie ist vielmehr flexibel, variabel und damit offen für potentielle Veränderungen; das Raumgefüge als solches muß nicht mehr durch unveränderbare Leitpläne bestimmt werden, sondern kann sich verwandeln und zwar als Reaktion auf die sich im steten Wandel befindenden kulturellen Handlungen der Menschen. Das Wissen um das 'Sein im Transit' (damals noch im Rahmen der Philosophie) begegnet schon in dem Heraklit zugeschriebenen Satz: Τὰ πάντα ῥεῖ καὶ (Ta panta rhei).

Anmerkungen

1: EINFÜHRUNG IN DIE MATERIE

001. Vgl. Castells Manuel, Die Sozialtheorie des Raumes und die Theorie des Raumes der Ströme, in: Das Informationszeitalter, der Aufstieg der Netzwerkgesellschaft, Leske Budrich Verlag, Opladen, (2003), Seite 467; Der von Castells definierte Begriff 'Ströme', der die "...zweckgerichtete, repetive, progammierbare Sequenzen des Austauschs und der Interaktion zwischen physisch unverbundenen Positionen, die soziale Akteure innerhalb der wirtschaftlichen, politischen und symbolischen Strukturen der Gesellschaft einnehmen..." meint, entspricht auch meinem Ansatz und wurde aus diesem Grund von mir übernommen. **002.** Hubeli Ernst, Saiko Harald & Vöckler Kai, Zur Einleitung, Eine Neudefinition der Europäischen Stadt, in: 100% Stadt, Der Abschied vom Nicht-Städtischen, (Hrsg.Hubeli Ernst, Saiko Harald & Vöckler Kai), Haus der Architektur, Graz, (2003), Seite 10. **003.** Foucault Michel, Andere Räume, in: Aisthesis, Wahrnehmung heute oder Perspektiven einer anderen Ästhetik, Reclam Verlag, Leibzig, (2002). Seite 34. **004.** Vgl. Virilio, Der negative Horizont, Bewegung, Geschwindigkeit, Beschleunigung, (Übers. Weidmann Brigitte), Fischer Verlag, Frankfurt am Main, (1995), Seite 75. **005.** Vgl. Foucault Michel, (2002), Seite 36. **006.** Lévi-Strauss Claude, Das wilde Denken, Suhrkamp Verlag, Frankfurt am Main, (1973), Seite 29. **007.** Vgl. Lévi-Strauss Claude, (1973), Seite 34. **008.** . Ebd., Seite 35. **009.** Vgl. Lévi-Strauss Claude, (1973), Seite 35. **010.** Ebd., Seite 36. **011.** Vgl. Mittelstraß Jürgen, Enzyklopädie, Philosophie und Wissenschaftstheorie, Metzler Verlag, Stuttgart, (2004), Band 4, Seite 296f. **012.** (Im Gespräch mit Wim van den Bergh.) **013.** Giddens Anthony, Konsequenzen der Moderne, Surhrkamp Verlag, Frankfurt am Main, (1996), Seite 29. **014.** Schivelbusch Wolfgang, Geschichte der Eisenbahnreise, Zur Industrialisierung von Raum und Zeit im 19. Jahrhundert, Fischer Verlag, (2000), Seite 43. **015.** Vgl. Lefèbvre Henri, The Production of Space, (Übers. Nicholsen-Smith D.N.), Blackwell Publishers, Malden, MA., (1991), Seite 38. **016.** Läpple Dieter, Thesen zu einem Konzept gesellschaftlicher Räume, in: Die Aufgeräumte Welt, (Hrsg. Mayer-Ries & Jörg Loccum), Rehburg, (1993), Seite 243. **017.** Foucault Michel, (2002), Seite 37. **018.** Vgl. Meyers Neues Lexikon, Bibliographisches Institut, Leibzig, (1972), Seite 336.

019. 19. Bollnow Otto, Mensch und Raum, Kohlhammer Verlag, Stuttgart, (1963), Seite 38. **020.** Sievert Thomas, Zwischenstadt, zwischen Ort und Welt Raum und Zeit Stadt und Land, Bauwelt Fundamente 118, (Hrsg. Conrads Ulrich & Neitzke Peter) Vieweg Verlag, (1999), Seite 38. **021.** Duden, Das Herkunftswörterbuch, Etymologie der deutschen Sprache, Band Sieben, Dudenverlag, Mannheim, (2001), Seite 806. **022.** Bollnow Otto, (1963), Seite 40. **023.** Vgl. Vitruvius Pollo Marcus, Baukunst, Buch I-X, Birkhäuser Verlag, Basel, (1995). **024.** Norberg-Schulz Christian, Genius Loci, Landschaft, Lebensraum, Baukunst, Klett Cotta, Stuttgart, (1982). Seite 18. **025.** Vgl. Aristoteles, Physik, (Hrsg. Zekl, Hans-Günter), Felix Meiner Verlag, Hamburg, (1987), Buch 4, Kapitel 4, Seite 163ff. **026.** Vgl. De Certeau Michel, Kunst des Handelns, (Übers. Voullié Ronald), Merve Verlag, Berlin, (1988), Seite 218. **027.** Vgl. Einstein Albert & Infeld Leopold, Die Evolution der Physik, Rowohlt Verlag, Hamburg, (1995), Seite 136ff. **028.** Vgl. Andritzky Michael & Hauer Thomas, Alles was Netz ist. in: Das Netz. Sinn und Sinnlichkeit vernetzter Systeme, (Hrsg. Andritzky Michael & Beyer Klaus), Wachter Verlag, Heidelberg, (2002), Seite 11. **029.** Krause Joachim, Architektur und »Kommunikation«: der mediatisierte und vernetzte Raum, in: Die Zukunft des Raumes, Campus Verlag, Frankfurt am Main, (1994). Seite 118f.

2: DAS URBANE NETZWERK—EINE GESCHICHTETE LANDSCHAFT IM TRANSIT

030. Böhme Harmut, Netzwerke zur Theorie und Geschichte einer Konstruktion, in: Netzwerke. Eine Kulturgeschichte der Moderne, (Hrsg. Barkhoff Jürgen, Böhme Hartmut, Riou Jeanne), Böhlau Verlag, Köln, (2004), Seite 22. **031.** Ebd., Seite 22. **032.** Ebd., Seite 22. **033.** Rötzer Florian, Urbanität in Netzen, Vom Take-Over der Städte, in: Mythos Metropole, (Hrsg. Fuchs Gotthard, Moltmann Bernhard & Prigge Walter), Suhrkamp Verlag, Frankfurt am Main, (1995), Seite 195. **034.** Ebd., Seite 195. **035.** Meurer Bernd, Die Zukunft des Raumes, in: Die Zukunft des Raumes, Campus Verlag, Frankfurt am Main, (1994), Seite 29. **036.** Prigge Walter, Vier Fragen zur Auflösung der Städte, in: Peripherie ist überall, (Hrsg. Prigge Walter), Campus Verlag, Frankfurt am Main, (1998), Seite 6. **037.** Sieverts Thomas, Die »Zwischenstadt« als Feld metropolitaner Kultur- eine neue Aufgabe, in: Perspektiven metropolitaner Kultur, (Hrsg. Keller Ursula), Suhrkamp Verlag, Frankfurt am Main, (2000), Seite 193. **038.** Siebel Walter, Strukturwandel der europäischen Stadt, die emanzipierte Kraft des Urbanen, in: 100% Stadt, Der Abschied vom Nicht-Städtischen, (Hrsg. Hubeli Ernst, Saiko Harald & Vöckler Kai), Haus der Architektur, Graz, (2003), Seite 29. **039.** Lyotard Jean François, Zone, in: Perspektiven metropolitaner Kultur, (Hrsg. Keller Ursula), Suhrkamp Verlag, Frankfurt am Main, (2000), Seite 121. **040.** Lyotard Jean François, (2000), Seite 119. **041.** Corboz André, Auf der Suche nach »dem« Raum", in: Werk, Bauen und Wohnen, Nr. 03, (1996), Seite 13. **042.** Meurer Bernd, Transformation zum Interaktionsraum, in: Werk, Bauen und Wohnen, Nr. 03, (1996), Seite 18. **043.** Rötzer Florian, Telepolis, Abschied von der Stadt, in: Perspektiven metropolitaner Kultur, (Hrsg. Keller Ursula), Suhrkamp Verlag, Frankfurt am Main, (2000), Seite 26. **044.** Meurer Bernd, (1994), Seite 24. **045.** Aristoteles, Politik, DTV Verlag, Frankfurt am Main, (1973). **046.** Siehe dazu:

Gottmann Jean, Megalopolis; The Urbanized Northeastern Seaboard Of The United States, Plimpton Press, Norwood, (1961), Mumford Lewis, Megalopolis, Gesicht und Seele der Gross-Stadt, (Übers. Ensslen Veronica), Bauverlag GMBH., Wiesbaden, (1951). **047.** Roger Brunet hat im Jahre 1989 das von Jean Gottmann analysierte Gebilde des 'Urbanen Korridors', weiter entwickelt. Das von ihm benannte Model der 'Blauen Banane' bezieht sich auf den zentral europäischen Großraum und hat ihr nördliches Ende in den Stahl- und Kohleindustriezentren um Manchester und Birmingham, verläuft dann südwärts über den Großraum London, setzt sich dann auf dem europäischen Festland über Belgien, die Niederlande (Randstaad), Deutschland (Rhein-Ruhrgebiet und Rhein-Maingebiet, Stuttgart), die Schweiz fort und endet dann im nördlichen Teil von Italien (Mailand, Turin, Genoa). Dieses Studie wurde dann im Jahre 1991 von Alain Sallez und Pierre Verot erweitert (IAURIF- Institut d. Aménagement et d'Urbanisme de la Région d'île de France). Das von IAURIF erarbeitete Konzept entspricht dabei eher dem Bild eines Sternes, auch unter dem Namen 'Blauer Stern' bekannt und stellt das Konzept der Blauen Banane in den Grundzügen noch dar, bezieht jedoch weitere Gebiete wie zum Beispiel Paris, Valencia oder Genua in ihren Einzugsbereich mit ein.
Siehe dazu: Brunet Roger, Les Villes Européennes, Rapport pour la DATAR, Reclus, Montpellier, Mai (1989), Sallez Alain & Verot Pierre, Strategies for Cities to face Competiton in the Framework of European Integration, in Ekistics 350, September/Oktober (1991), Seite 292 ff., Global City Regions, Their Emerging Forms, (Hrsg. Hack Gary & Simmonds Roger) Spon Press, London, (2000). **048.** Meurer Bernd, (1994), Seite 24. **049.** Rötzer Florian, (1995), Seite 196. **050.** Schroer Markus, Räume, Orte, Grenzen, Auf dem Weg zu einer Soziologie des Raums, Suhrkamp Verlag, Frankfurt am Main, (2006), Seite 242. **051.** Hannes Böhringer, Peripherie bedeutet wortwörtlich herumtragen, in: Peripherie ist überall, (Hrsg. Prigge Walter), Campus Verlag, Edition Bauhaus, Band I., Frankfurt am Main, (1998), Seite 362. **052.** Sieverts Thomas, Die Kultivierung von Suburbia, in: Die europäische Stadt, (Hrsg. Siebel Walter) Suhrkamp Verlag, Frankfurt am Main, (2004), Seite 87. **053.** Meurer Bernd, (1994), Seite 22. **054.** Schroer Markus, (1995), Seite 244. **055.** Luchsinger Christoph, Urbanität, Funktionalität; Wirklichkeit oder Simulakrum? Fragmentierung des Raumes; Architektur ohne Form; ausgewählte Schlüsseltexte, in: Werk, Bauen und Wohnen, Nr. 12, (1999), Seite 44. **056.** Ein Beispiel für diesen Flexibilisierungsprozess ist die von Konrad Wachsmann in den fünziger Jahren entwickelte konstruktive Trennung von Wand und Decke oder Stütze und Träger. Aber auch die Flächentragwerke von Frei Otto und das Centre Pompidou von Renzo Piano und Richard Rogers sind ein Beleg dieses räumlichen Strukturwandels. Vgl. Meurer Bernd, Transformation zum Interaktionsraum, in: Werk, Bauen und Wohnen, Nr. 3, (1996), Seite 17. **057.** Huber Joachim, Urbane Topologie, Universitätsverlag der Bauhaus Universität Weimar, Weimar, (2002), Seite 143. **058.** Vgl. Luchsinger Christoph, (1999), Seite 44. **059.** Vgl. Rötzer Florian, (1995), Seite 195. **060.**Siehe dazu: Robert Fishmann hat in seiner Veröffentlichung "Urban Utopias in the Twentieth Century" die von Le Corbusier (Ville Radieuse), Frank Lloyd Wright (Broadacre City) und Ebenezer Howard (Gartenstadt) entwickelten Visionen recht anschaulich zusammengefaßt; MIT Press, Cambridge, (1982), Hilbersheimer Ludwig, The new regional pattern; industries and gardens, workshops and farms, Chicago Press, Chicago, (1949). **061.**

Vgl. Corboz André, (1996), Seite 7. **062.** Hubeli Ernst, Saiko Harald & Vöckler Kai, (2003), Seite 10. **063.** Angelil Marc, (2000), Seite 34. **064.** Manzke Dirk, Vorläufige Orte, in: Peripherie ist überall, (Hrsg. Prigge Walter), Campus Verlag, Frankfurt am Main, (1998), Seite 305. **065.** Ebd., Seite 305. **066.** Rötzer Florian, (2000), Seite 23. **067.** Ebd., Seite 24. **068.** Foucault Michel, (2002), Seite 36. **069.** Rötzer Florian, (2000), Seite 24. **070.** Ebd., Seite 24. **071.** Ebd., Seite 25. **072.** McLuhan Marshall, Die Magischen Kanäle. Understanding Media, ADMOS Media, Dresden, Basel, (1996), Seite 21+146, hier aus: Huber Joachim, (2002), Seite 46. **073.** Rötzer Florian, (2000), Seite 25. **074.** Ebd., Seite 25. **075.** McLuhan Marshall, (1996), Seite 21+146, Huber Joachim, (2002), Seite 46. **076.** Foucault Michel, (2002), Seite 34. **077.** Bittner Regina, Raum ohne Eigenschaften, in: Peripherie ist überall, (Hrsg. Prigge Walter), Campus Verlag, Frankfurt am Main, (1998), Seite 365. **078.** Rötzer Florian, (2000), Seite 21. **079.** Luchsinger Christoph, (1999), Seite 46. **080.** Ebd., Seite 46f. **081.** Corboz André, (1996), Seite 7. **082.** Luchsinger Christoph, (1999), Seite 47. **083.** Vgl. Luchsinger Christoph, (1999), Seite 47. **084.** Hauser Susanne, Stadt ohne Bild, zur Wahrnehmung der Agglomeration, in: 100% Stadt, Der Abschied vom Nicht-Städtischen, (Hrsg. Hubeli Ernst, Saiko Harald & Vöckler Kai), Haus der Architektur, Graz, (2003), Seite 106. **085.** Hannes Böhringer, (1998), Seite 362. **086.** Angelil Marc, (2000), Seite 29. **087.** Luchsinger Christoph, (1999), Seite 48. **088.** Prigge Walter, (1998), Seite 6. **089.** Luchsinger Christoph, (1999), Seite 48. **090.** Rötzer Florian, Auszug aus der Stadt, in: Werk, Bauen und Wohnen, Nr. 3, (1996), Seite 28. **091.** Meurer Bernd, (1994), Seite 29. **092.** Ebd., Seite 29. **093.** Rötzer Florian, (1995), Seite 197. **094.** Flusser Vilém, Von der Freiheit des Migranten. Einsprüche gegen den Nationalismus, (Hrsg. Bollmann Stefan), Bollmann Verlag, Düsseldorf, (1994), Seite 67. **095.** Meurer Bernd, (1994), Seite 29. **096.** Ebd., Seite 33. **097.** Braun Reinhard, Befreiung von Architektur?, (Hrsg. Schmidt-Wulffen Stephan & Steiner Barbara) in: In Bewegung. Denkmodelle zur Veränderung von Architektur und bildender Kunst, Oktagon Verlag, Hamburg, (1994), Seite 104. **098.** Vgl. Lyotard Jean François, (2000). **099.** Rötzer Florian, (1995), Seite 200. **100.** Serres Michael, Die Legende der Engel, Insel Verlag, Frankfurt am Main, (1995), Rötzer Florian, (1996), Seite 27. **101.** Lyotard Jean François, (2000), Seite 122. **102.** Ebd., (2000), Seite 121. **103.** Hubeli Ernst, (2003), Seite 49. **104.** Meurer Bernd, (1994), Seite 33. **105.** Rötzer Florian, (1995), Seite 197. **106.** Hubeli Ernst, (2003), Seite 48. **107.** Ebd., Seite 48. **108.** Schroer Markus, (2006), Seite 234. **109.** Hubeli Ernst, (2003), Seite 48. **110.** Rötzer Florian, (1995), Seite 203. **111.** Braun Reinhard, (1994), Seite 99. **112.** Ebd., Seite 101. **113.** Braun Reinhard, (1994), Seite 102. **114.** Ebd., Seite 103. **115.** Rötzer Florian, (1996), Seite 28. **116.** Prigge Walter, (1998), Seite 7. **117.** Meurer Bernd, (1994), Seite 34. **118.** Ebd., Seite 35. **119.** Schroer Markus, (2006), Seite 234. **120.** Vgl. Schroer Markus, Sehen, Beobachten, Überwachen. Beitrag zu einer Soziologie der Aufmerksamkeit, (Hrsg. Hempel Leon & Metelmann Jörg) in: Bild, Raum, Kontrolle, Suhrkamp Verlag, Frankfurt am Main, (2005). **121.** Schroer Markus, (2006), Seite 234. **122.** Vgl. Hubeli Ernst, (2003), Seite 50. **123.** Vgl. Sennett Richard, The Fall of Public Man, W.W. Norton Company, New York, (1992). **124.** Rötzer Florian, (1995), Seite 197. **125.** Foucault Michel, (2002), Seite 36. **126.** Ebd., Seite 36.

127. Kuhnert Nikolaus, Wir fahren, fahren, fahren auf der Autobahn, in: Arch+ No.109/110, Dezember (1991), Seite 40. **128.** Ebd., Seite 41. **129.** Kuhnert Nikolaus, (1991), Seite 41. **130.** Rosa Hartmut, (2005), Seite 161. **131.** Ebd., Seite 160. **132.** Rosa Hartmut, (2005), Seite 161. **133.** Virilio Paul, (1995), Seite 87. **134.** Ebd., Seite 75. **135.** Koselleck Reinhart, Zeitschichten. Studien zur Historik, Suhrkamp Verlag, Frankfurt am Main, (2000), Seite 157f. **136.** Rosa Hartmut, (2005), Seite 162. **137.** Ebd., Seite 162. **138.** Giddens Anthony, (1996), Seite 31. **139.** Ebd., Seite 29. **140.** Rosa Hartmut, (2005), Seite 163. **141.** Kwinter Sanford, Das Komplexe und das Singuläre, in: Arch+ No. 119/120, Berlin, Dezember (1993b), Seite 84. **142.** Rosa Hartmut, (2005), Seite 163. **143.** Giddens Anthony, (1996), Seite 31f. **144.** Kuhnert Nikolaus, (1991), Seite 41. **145.** Ebd., Seite 41. **146.** Ebd., Seite 40. **147.** Virilio Paul, Rasender Stillstand, (Übers. Wilczek Bernd), Fischer Verlag, Frankfurt am Main, (2002), Seite 42. **148.** Rosa Hartmut, (2005), Seite 167. **149.** Koselleck Reinhart, (2000), Seite 160, Rosa Hartmut, (2005), Seite 164. **150.** Rosa Hartmut, (2005), Seite 164. **151.** Vgl. Schmitz Stefan, Revolutionen der Erreichbarkeit, Gesellschaft, Raum und Verkehr, Leske Budrich Verlag, Opladen, (2001). **152.** Rosa Hartmut, (2005), Seite 164. **153.** Die Benennnung 'time-space compression' stammt von David Harvey; Harvey David, The Condition of Postmodernity, Blackwell Verlag, Cambridge, (1990), Seite 240 ff. **154.** Rosa Hartmut, (2005), Seite 164. **155.** Ebd., Seite 164f. **156.** Ebd., Seite 165. **157.** Virilio Paul, (1995), Seite 112. **158.** Hubeli Ernst, (2003), Seite 10. **159.** Schmitz Stefan, (2001), Seite 113. **160.** Ebd., Seite 113. **161.** Ebd., Seite 113. **162.** Rosa Hartmut, (2005), Seite 354. **163.** Rosa Hartmut, (2005), Seite 356. **164.** Siehe dazu: Durkheim Émile, Über soziale Arbeitsteilung, Suhrkamp Verlag, Frankfurt am Main, (2004), Marx Karl, Das Kapital, Kritik der politischen Ökonomie, Band I&II, Dietz Verlag, Berlin, (1989), Simmel Georg, Die Großstädte und das Geistesleben, in: Aufsätze und Abhandlungen 1901-1908, (Hrsg. Rammstedt Otthein), Band I, Suhrkamp Verlag, Frankfurt am Main, (1995), Simmel Georg, Soziologie, Untersuchungen über die Formen der Vergesellschaftung, (Hrsg. Rammstedt Otthein), Band II, Suhrkamp Verlag, Frankfurt am Main, (1992), Weber Max, Wirtschaft und Gesellschaft. Grundriß der verstehenden Soziologie, (Hrsg. Winckelmann Johannes), Mohr Siebeck Verlag, (1980). **165.** Rosa Hartmut, (2005), Seite 98. **166.** Ebd., Seite 100+156. **167.** Siehe dazu: Beck Ulrich, Risikogesellschaft, Auf dem Weg in eine andere Moderne, Suhrkamp Verlag, Frankfurt am Main, (1986), Beck Ulrich, Riskante Freiheiten, Suhrkamp Verlag, Frankfurt am Main, (1994). -Beck Ulrich, Jenseits von Klasse und Stand, in: Soziale Ungleichheiten, (Hrsg. Kreckel Reinhard), Nomos Verlag, (1983). **168.** Rosa Hartmut, (2005), Seite 362. **169.** Prigge Walter, (1998), Seite 7. **170.** Rosa Hartmut, (2005), Seite 357. **171.** Price Cedric, Das Ungewisse- Die Freude am Unbekannten, in: Arch+ No.109/110, Dezember (1991), Seite 51. **172.** Rosa Hartmut, (2005), Seite 362. **173.** Beck Ulrich, (1994), Seite 13. **174.** Rosa Hartmut, (2005), Seite 363. **175.** Bauman Zygmunt, Wir sind wie Landstreicher—Die Moral im Zeitalter der Beliebigkeit, in: Süddeutsche Zeitung, 16/17 II. (1993), Seite 17, hier aus: Beck Ulrich, (1994), Seite 13. **176.** Virilio Paul, (1995), Seite 113. **177.** Ebd., Seite 113. **178.** Ebd., Seite 113. **179.** Ebd., Seite 114. **180.** Bauman Zygmunt, Flüchtige Moderne, (Übers. Kreissl Reinhard), Suhrkamp Verlag, (2003). **181.** Schmitz Stefan, (2001), Seite 118. **182.** Schmitz Stefan, (2001), Seite 118.

183. Ebd., Seite 118. **184.** Ebd., Seite 131. **185.** Dansik, D. Städtebauprojekte des Office for Metropolitan Architecture in Frankreich, in: Ohne Leitbild? Städtebau in Deutschland und Europa, Karl Krämer Verlag, Stuttgart+Zürich, (1999), Seite 411. **186.** Rosemann, J. Leitbild oder Strategie? Zur Diskussion der städtebaulichen Planung in den Niederlanden, in: Ohne Leitbild? Städtebau in Deutschland und Europa, Karl Krämer Verlag, Stuttgart+Zürich, (1999), Seite 349. **187.** Raumpolitscher Orientierungsrahmen, Leitbilder für die Räumliche Entwicklung der Bundesrepublik Deutschland, in (BM-Bau) Bundesministerium für Raumordnung, Bauwesen und Städtebau (Hrsg.), (1993), Abschnitt 1.3 Städtenetze. **188.** Das Städtenetz Prignitz. Modellvorhaben im ExWoSt-Forschungsfeld 'Städtenetze', (1995). **189.** KOM, Generaldirektion XVI: European Cooperation Networks, Brüssel, (1992). Das Funktionale Städtenetz besteht aus einem Zusammenschluß von Städten einer Region, einem Land, oder von Europa, die von generellen Funktionen wie die Versorgung der Bevölkerung mit Waren bis zu spezialisierten Funktionen im Dienstleistungssektor reichen. Das Physische Städtenetz umfasst alle infrastrukturellen Netze, wie die der Straßen und Bahnlinien, der Fluglinien und Wasserstraßen, der Telekommunikation als auch der Energieversorgung. Das Kooperative Städtenetz beschreibt den Zusammenschluss von Städten, die auf der gemeinsamen Basis Projekte miteinander durchführen. Das Kommunikative Städtenetz umfasst die unterschiedlichen Akteure, die bei der strategischen Durchsetzung von lokalen Politiken nötig sind. **190.** Kunzmann Klaus, Zur Entwicklung der Stadtsysteme in Europa, in: Mitteilungen der österreichischen geographischen Gesellschaft 134, (1992), Seite 25ff. **191.** Vgl. Kunzmann Klaus, (1992), Seite 25ff. **192.** Siehe dazu: Brunet Roger, Les Villes Européennes, Rapport pour la DATAR, Reclus, Montpellier, Mai (1989), Christaller Walter, Das Grundgerüst der räumlichen Ordnung in Europa, in: Frankfurter Geographische Hefte, Frankfurt am Main, 24 Jg. Heft 1, (1950), Graham Stephen & Marvin Simon, Splintering Urbanism, Routledge Verlag, London, (2001), Häußermann Hartmut und Siebel Walter, Neue Urbanität, Suhrkamp Verlag, Frankfurt am Main, (1987), Global City Regions, Their Emerging Forms, (Hrsg. Hack Gary & Simmonds Roger) Spon Press, London, (2000), Krätke Stefan, Medienstadt. Urban Cluster und Urbane Zentren der Kulturproduktion, Leske+Budrich Verlag, Opladen, (2002), Kunzmann Klaus, The Regional City, in: Mastering the City I+II, North European City Planning 1900-2000, (Hrsg. Bosma Koos, Hellinga Helma) NAI Publishers, Rotterdam, (1998), Sassen Saskia, Metropolen des Weltmarkts, Die Neue Rolle der Global Cities, Campus Verlag, Frankfurt am Main, (1996), Sievert Thomas, (1999). **192.** Lefèbvre Henri, Die Revolution der Städte, (Übers. Röckl Ulrike), Paul List Verlag, München, (1972), Seite 131. **193.** Lefèbvre Henri, (1972), Seite 131. **194.** Lefèbvre Henri, (1972), Seite 131. **195.** Angélil Marc, (2000), Seite 29. **196.** Kwinter Sanford, Landschaften des Wandels, Boccinis 'Stati d'animo' als allgemeine Modelltheorie, in: Arch+ No. 119/120, Berlin, Dezember (1993a), Seite 99. **197.** Siehe dazu: Baccini Peter & Oswald Franz, Netzstadt,Transdiszpilinäre Methoden zum Umbau urbaner Systeme, Vdf-Hochschulverlag AG. an der ETH Zürich, (1999), Baccini Peter, Der Metabolismus urbaner Systeme: Metaphern, Modelle und Methoden, in: Strategischer Raum, Urbanität im 21. Jahrhundert, Internationales Forum für Gestaltung Ulm, Anabas Verlag, Frankfurt am Main, (2000), Baccini Peter & Oswald Franz, Netzstadt, Designing the Urban, Birkhäuser, Basel, (2003).

198.. Baccini Peter, (2000), Seite 24. **199.** Siehe dazu: Christaller Walter, Die Zentralen Orte in Süddeutschland, Wissenschaftliche Buchgesellschaft, Darmstadt, (1968), Lynch A. Kevin, A Theory of Good City Form, MIT Press, Cambridge MA, (1981), Alexander Christopher, The City is not a Tree, in: Architectural Forum, London, April/ Mai (1965), Koetter Fred & Rowe Colin, Collage City, Birkhäuser Verlag, Basel, 1984, Sieverts Thomas, (1999). **200.** Meurer Bernd, (1994), Seite 22. **201.** De Cauter Lieven, The Smithsons: the independent ensemble of an urban model, The rise of the mobility society, from utopia to heterotopia, in: Archis Nr. 2, Feb. (2000), Seite 15, Huber Joachim, (2002), Seite 435. **202.** Kwinter Sanford, (1993b), Seite 79. **203.** Schroer Markus, (2006), Seite 237. **204.** Angélil Marc, (2000), Seite 29. **205.** Sennett Richard, Civitas, die Großstadt und die Kultur des Unterschieds, Fischer Verlag, Frankfurt, (1991), Seite 120. **206.** Baudrillard Jean, Kool Killer oder der Aufstand der Zeichen, (Übers. Metzger Hans-Joachim), Merve Verlag, Berlin, (1978), Seite 20. **207.** Angélil Marc, (2000), Seite 33. **208.** Lefèbvre Henri, (1972), Seite 129. **209.** Foucault Michel, (2002), Seite 36. **210.** Vgl. Schmitz Stefan, (2001), Seite 121. **211.** Musil Robert, Der Mann ohne Eigenschaften, Rowohlt Verlag, Hamburg, (2002), Seite 32. **212.** Virilio Paul, (1995), Seite 114. **213.** Ebd., Seite 114. **214.** Vgl. Virilio, (1995). Seite 75. **215.** Solá-Morales Ignasi, Differences: Topographies of Contemporary Architecture, MIT Press, Cambridge, (1997), Seite 103. **216.** Ebd., Seite 103. **217.** Braun Reinhard, (1994), Seite 96. **218.** Ebd., Seite 105. **219.** Ebd., Seite 105f. **220.** Baudrillard Jean, Architektur: Wahrheit oder Radikalität, (Übers. Fournier Colin u.a.), Literaturverlag Droschl, Graz-Wien, (1999), Seite 30. **221.** Virilio Paul, (1995), Seite 114+121. **222.** Vgl. Huber Joachim, (2002), Seite 347. **223.** Augé Marc, Orte und Nicht-Orte, Vorüberlegungen zu einer Ethnologie der Einsamkeit, (Übers. Bischoff Michael), Fischer Verlag, Frankfurt am Main, (1994), Seite 44+110. **224.** Ebd., Seite 93. **225.** Augé Marc, (1994), Seite 93. **226.** Ebd., Seite 92. **227.** Ebd., Seite 53. **228.** Ebd., Seite 64. **229.** Augé Marc, (1994), Seite 66. **230.** Ebd., Seite 66. **231.** Ebd., Seite 44. **232.** Ebd., 66+68. **233.** Augé Marc, (1994), Seite 66. **234.** Ebd., Seite 44. **235.** Ebd., Seite 44. **236.** Ebd., Seite 93. **237.** Ebd., Seite 93. **238.** Ebd., Seite 92. **239.** Augé Marc, (1994), Seite 125f. **240.** Ebd., Seite 93+125. **241.** Ebd., Seite 125. **242.** Ebd., Seite 94. **243.** Virilio Paul, (1995), Seite 114. **244.** Ebd., Seite 114. **245.** Augé Marc, (1994), Seite 111. **246.** Popcorn Faith, "Cocooning in a New Decade", in: The Popcorn Report, Harper Business Edition, New York, (1992), Seite 27. (Im Gespräch mit Joachim Huber). **247.** Augé Marc, (1994), Seite 130. **248.** Ebd., Seite 119. **249.** Ebd., Seite 112. **250.** Ebd., Seite 110+113. **251.** Ebd., Seite 121. **252.** Ebd., Seite 121. **253.** Augé Marc, (1994), Seite 109+121. **254.** Ebd., Seite 120. **255.** Ebd., Seite 121. **256.** Ebd., Seite 8. **257.** Augé Marc, (1994), Seite 94. **258.** Virilio Paul, (1995), Seite 120. **259.** Serres Michel, Die Legende der Engel, hier aus: Rötzer Florian, Auszug aus der Stadt, in: Werk, Bauen und Wohnen, Nr. 3, (1996), Seite 27. **260.** Augé Marc, (1994), Seite 114f. **261.** Ebd., Seite 126. **262.** Ebd., Seite 100. **263.** Ebd., Seite 101. **264.** Ebd., Seite 101f. **265.** Augé Marc, (1994), Seite 102. **266.** Ebd., Seite 102. **267.** Ebd., Seite 104. **268.** Ebd., Seite 103. **269.** Ebd., Seite 109. **270.** Augé Marc, (1994), Seite 121f. **271** Ebd., Seite 122f. **272.** Ebd., Seite 104. **273.** Ebd., Seite 104. **274.** Ebd., Seite 123.

275. Ebd., Seite 126. **276.** Ebd., Seite 126. **277.** Augé Marc, (1994), Seite 128. **278.** Ebd., Seite 128. **279.** Ebd., Seite 128. **280.** Ebd., Seite 127. **281.** Ebd., Seite 127. **282.** Augé Marc, (1994), Seite 44+103+110. **283.** Ebd., Seite 44+54. **284.** Wiechens Peter, Nicht-Orte, Kulturtheorie im Hinblick auf Slavoj Zizek, Ernst Bloch und Marc Augé, in: Postmoderne Kultur?, Soziologische und philosophische Perspektiven, (Hrsg. Rademacher Claudia, Schweppenhäuser Gerhard), Westdeutscher Verlag, Opladen, (1997), Seite 114. **285.** Wiechens Peter, (1997), Seite 114. **286.** Ebd., Seite 123. **287.** Ebd., Seite 122. **288.** Ebd., Seite 122. **289.** Ebd., Seite 129. **290.** Ebd., Seite 130. **291.** Baudrillard Jean (1999), Seite 18. **292.** Wiechens Peter, (1997), Seite 130. **293.** Ebd., Seite 132. **294.** Wiechens Peter, (1997), Seite 124.

3: VON DER MACHT, DEN GRENZEN UND DEN GRENZ(ÜBER)GÄNGERN

295. Makropoulos Michael, Modernität als Kontingenzkultur, Konturen eines Konzepts, (Hrsg. v. Grävenitz Gerhart & Marquard Odo) in: Poetik und Hermeneutik, Band 17, Kontingenz, Fink Verlag, (1998), Seite 55. **296.** Braudel Ferdinand, Das Meer, (Hrsg. Braudel Ferdinand, Duby Georges & Aymard Maurice) in: Die Welt des Mittelmeeres. Zur Geschichte und Geographie und kultureller Lebensformen, Fischer Verlag, Frankfurt am Main, (2006), Seite 37. **297.** Makropoulos Michael, (1998), Seite 55. **298.** Vgl. Braudel Ferdinand, (2006), Seite 37+51ff. **299.** Fuller Buckminster, Bedienungsanleitung für das Raumschiff Erde, (Hrsg. Krause Joachim), Fundus Verlag, (1998), Seite 24. **300.** Makropoulos Michael, (1998), Seite 56. **301.** Ebd., Seite 56. **302.** Foucault Michel, Die Heterotopien- Der utopische Körper, (Übers. Bischoff Michael), Suhrkamp Verlag, Frankfurt am Main, (2005), Seite 21. **303.** Makropoulos Michael, (1998), Seite 56. **304.** Fuller Buckminster, (1998), Seite 22. **305.** De Certeau Michel, Kunst des Handelns, (Übers. Voullié Ronald), Merve Verlag, Berlin, (1988), Seite 235. **306.** De Chateaubriand Viscountin, Itineraire De Paris a Jerusalem, Edition Flammarion, (1964), Augé Marc, (1994), Seite 105f. **307.** Makropoulos Michael, (1998), Seite 70. **308.** Foucault Michel, (2002), Seite 36. **309.** Makropoulos Michael, (1998), Seite 58. **310.** Ebd., Seite 58. **311.** Ebd., Seite 57. **312.** Ebd., Seite 58. **313.** Blumberg Hans, Schiffbruch mit Zuschauer, Suhrkamp Verlag, Frankfurt am Main, (1997), Seite 24. **314.** Foucault Michel, (2005), Seite 21. **316.** Ebd., Seite 21. **316.** Auf die Thematik des Horizonts kann im Rahmen dieses Abschnittes nicht weiter eingegangen werden. Wichtig ist jedoch, daß der Begriff des Horizonts in der Neuzeit nicht mehr dazu dient, dem Menschen einen Platz im Kosmos zuzuweisen, sondern er erweist sich vielmehr durch das jeweilige Bewußtseinserlebnis eines einzelnen Individuums aus. Metzler Philosophie Lexikon, Begriffe und Definitionen (Hrsg. Burkard Franz-Peter & Prechtl Peter) Verlag J.B. Metzler, Stuttgart, (1999), Weimar, Seite 25; Siehe dazu auch: Koschorke Albrecht, Geschichte des Horizonts, Suhrkamp Verlag, Frankfurt am Main, (1998); De Certeau Michel, (1988); Schivelbusch Wolfgang, Die Geschichte der Eisenbahnreise, Fischer Verlag, (2000); Schwarzer Mitchell, Zoomscape:Architecture in Motion and Media, Princeton Architectural Press, (2004). **317.** Makropoulos Michael, (1998), Seite 58. **318.** De Certeau Michel, (1988), Seite 233. **319.** Schroer Markus, (2006), Seite 223.

320. De Certeau Michel, (1988), Seite 236f. **321.** Huber Joachim, (2002), Seite 274. **322.** Foucault Michel, (2005), Seite 11. **323.** Ebd., Seite 11. **324.** Foucault Michel, (2002), Seite 39. **325.** Ebd., Seite 9. **326.** Teyssot Georges, Geregelte Architektur und gerichtete Städte, in: Idee, Prozess und Ergebnis. Die Reparatur und Rekonstruktion der Stadt, Internationale Bauausstellung Berlin (1984), Frölich und Kaufmann, Berlin, 1984, Seite 342. **327.** Ebd., Seite 342. **328.** Foucault Michel, (2005a), Seite 10f. **329.** Foucault Michel, (2002), Seite 40. **330.** Ebd., Seite 41. **331.** Ebd., Seite 42. **332.** Ebd., Seite 44. **333.** Turner Victor, Das Ritual, Stuktur und Antistruktur, (Übers. Schomburg-Scherf Sylvia), Campus Verlag, Frankfurt am Main, (2005), Seite 95. **334.** Foucault Michel, (2002), Seite 45. **335.** Ebd., Seite 45. **336.** Ebd., Seite 45. **337.** Ebd., Seite 39. **338.** Defert Daniel, Raum zum Hören, in: Die Heterotopien - Der utopische Kör-per, Suhrkamp Verlag, Frankfurt am Main, (2005), Seite 76. **339.** Foucault Michel, (2005a), Seite 21f. **340.** Foucault Michel, (2002), Seite 46. **341.** De Certeau Michel, (1988), Seite 212. **342.** Foucault Michel, (2002), Seite 38. **343.** Metzler Philosophie Lexikon, Begriffe und Definitionen, (1999), Seite 25. **344.** Ebd., Seite 111. **345.** Ebd., Seite 111. **346.** Metzler Philosophie Lexikon, Begriffe und Definitionen, (1999), Seite 111. **347.** Ebd., Seite 111. **348.** Ebd., Seite 111. **349.** Ebd., Seite 111. **350.** Ebd., Seite 25. **351.** Dreyfus Hubert & Rabinow Paul, Michel Foucault Jenseits von Strukturalismus und Hermeneutik, (Übers. Rath Claus & Raulff Ulrich), Beltz Verlag, Weinheim, (1994), Seite 35. **352.** Deleuze Gilles, Foucault, (Übers. Kocyba Hermann), Suhrkamp Verlag, Frankfurt am Main, (1987), Seite 64. **353.** Ebd., Seite 65. **354.** Ebd., Seite 120. **355.** Ebd., Seite 99. **356.** Ebd., Seite 120f. **357.** Deleuze Gilles, (1987), Seite 121. **358.** Ebd., Seite 119. **359.** Ebd., Seite 122. **360.** Foucault Michel, Der Wille zum Wissen. Sexualität und Wahrheit 1, (Übers. Raulff Ulrich u.a.), Suhrkamp Verlag, Frankfurt am Main, (1983), Seite 93f. **361.** Foucault Michel, (2005a), Seite 25. **362.** Husserl Edmund, Ding und Raum, Vorlesungen 1907, Meiner Verlag,Hamburg, (1991), Seite 80. **363.** Foucault Michel, (2005a), Seite 25f. **364.** Ebd., Seite 25. **365.** Ebd., Seite 25f. **366.** Vgl. Husserl Edmund, (1991), Seite 87. **367.** Foucault Michel, (2005a), Seite 34. **368.** Huber Joachim, (2002), Seite 205. **369.** Ebd., Seite 205. **370.** Ebd., Seite 205. **371.** Foucault Michel, (2005a), Seite 34f. **372.** Ebd., Seite 35. **373.** Ebd., Seite 76. **374.** Dreyfus Hubert & Rabinow Paul, (1994), Seite 258. **375.** Foucault Michel, (1983), Seite 94. **376.** Ebd., Seite 93. **377.** Foucault Michel, (1983), Seite 94. **378.** Foucault Michel, (2002), Seite 34. **379.** Foucault Michel, (2002), Seite 34+38. **380.** Foucault Michel, (1983), Seite 94. **381.** Deleuze Gilles, (1987), Seite 120. **382.** Ebd., Seite 118f. **383.** Ebd., Seite 119. **384.** Foucault Michel, (1983), Seite 94. **385.** Dreyfus Hubert & Rabinow Paul, (1994), Seite 217. Vgl. Foucault Michel, (1977), Seite 114; Dreyfus Hubert & Rabinow Paul, (1994), Seite 219. Vgl. Deleuze Gilles, (1987), Seite 100. **386.** Foucault Michel, (1977), Seite 250. **387.** Vgl. Foucault Michel, Maschen der Macht, in: Schriften in vier Bänden-Dits et Ecrits 4. 1980-1988, Suhrkamp Verlag, Frankfurt am Main, (2005b)., Vgl. Marx Karl, Das Kapital, Kritik der politischen Ökono-mie, Buch II: Der Zirkulationsprozess des Kapitals, (Hrsg. Engels Friedrich), Hamburg, (1893) **388.** Deleuze Gilles, (1987), Seite 100. **389.** Foucault Michel, (1983), Seite 94. **390.** Ebd., Seite 96. **391.** Ebd., Seite 97. **392.** Ebd., Seite 96.

393. Foucault Michel, (1983), Seite 96. **394.** Dreyfus Hubert & Rabinow Paul, (1994), Seite 258. **395.** Ebd., Seite 259f. **396.** Ebd., Seite 260. **397.** Foucault Michel, (1983), Seite 96. **398.** Dreyfus Hubert & Rabinow Paul, (1994), Seite 254. **399.** In Überwachen und Strafen zeigt Foucault anhand des Benthamschen Panoptikons, wie man über die Technik der Selbstdisziplin, Macht auf ein Subjekt ausüben kann. Das Panoptikon von Bentham, schreibt Foucault, besteht aus einem Hof mit einem Turm in der Mitte, der von einem ringförmigen Gebäude umgeben ist, das wiederum in Stockwerke und Zellen unterteilt sind. Jede Zelle enthält zwei Fenster: eines läßt das Licht von außen herein, das andere ist dem Turm gegenüber angeordnet. Somit ist jeder Insaße vor dem Blick des Aufsehers sichtbar. Er wird gesehen, ohne selber zu sehen. Das heißt, da der Insaße nicht weiß, ob der Wärter im Turm ist oder nicht, muß er sich so verhalten als sei der Überwacher ständig präsent. Die Architektur des Panoptikons ist so wirkungsvoll, daß der Machtapparat auch dann seine Wirkung behält, wenn der Wärter nicht zugegen ist. Die Macht entfaltet sich hier also über den Körper, der mittels raumstrukturierter Techniken zur Selbstdisziplin gezwungen wird. Vgl. Foucault Michel, Überwachen und Strafen, Die Geburt des Gefängnisses, (Übers. Seitter Walter), Suhrkamp Verlag, Frankfurt am Main, (1977). **400.** Dreyfus Hubert & Rabinow Paul, (1994), Seite 221. **401.** Ebd., Seite 222. **402.** Ebd., Seite 256. **403.** Vergil, Aeneis, Reclam Leibzig, (1982). **404.** Raunig Gerald, Charon, Eine Ästhetik der Grenzübertragung, Passagenverlag, Wien, (1999), Seite 109. **405.** Ebd., Seite 109. **406.** Ebd., Seite 109. **407.** Ebd., Seite 112. **408.** Ebd., Seite 116. **409.** Hooks Bell, Yearning: Race, Gender and Cultural Politics, South End Press, Boston, (1990), Seite 149, hier aus Raunig Gerald, (1999), Seite 115. **410.** Raunig Gerald, (1999), Seite 115. **411.** Ebd., Seite 115. **412.** Bhabha K. Homi, Verortungen der Kultur, (Hrsg. Bronfen Elisabeth, Steffen Therese & Marius Benjamin) in: Hybride Kulturen. Beiträge zur anglo-amerikanischen Multikulturismusdebatte, Stauffenburg Verlag, (1997), Seite 127. **413.** Bhabha K. Homi, The Third Space, (Hrsg. Rutherford Jonathan) in: Identity, community, culture, difference, Lawrence and Wishart, London, (1990), Seite 211. **414.** Vgl. Soja Edward W. Thirdspace, Journeys To Los Angeles and other Real-And-Imagined Places, Blackwell Publishers, Malden MA, 1996. Vgl. Raunig Gerald, (1999), Seite 117. **415.** Foucault Michel, (2002), Seite 38. **416.** Wex Corell, Lefèbvres Raum: Körper, Macht und Raumproduktion, (Hrsg. Fecht Tom & Kamper Dietmar) in: Umzug ins Offene, Springer Verlag, Wien/New York, (2000), Seite 35. **417.** Vgl. Lefèbvre Henri, Die Produktion des städtischen Raums, in: Arch+, No. 34, Berlin, (1977). **418.** Vgl. Lefèbvre Henri, (1991), Seite 33. **419.** Ebd., Seite 163+366. **420.** Wex Corell, (2000), Seite 35. **421.** Ebd., Seite 35. **422.** Lefèbvre Henri, (1991), Seite 174. **423.** Wex Corell, (1991), Seite 36. **424.** Ebd., Seite 36. **425.** Lefèbvre Henri, (1991), Seite 39. **426.** Borden Ian, Machines of Possibilities: City Life with Henri Lefebvre, in: Archis No. 1, Stichting Wonen, Amsterdam, Januar (2000), Seite 63f. **427.** Borden Ian, (2000), Seite 64. **428.** Lefèbvre Henri, (1991), Seite 26. **429.** Ebd., Seite 93f. **430.** Lefèbvre Henri, (1991), Seite 163+366. **431.** Foucault Michel, (2005a), Seite 10. **432.** Lefèbvre Henri, (1977), Seite 55. **433.** De Certeau Michel, (1988), Seite 212. **434.** 434. Vgl. Ohrt Roberto, Der Beginn einer Epoche, Texte der Situationisten, Edition Nautilus, Hamburg, (1995), Seite 41.

435. De Certeau Michel, (1988), Seite 188. **436.** Ebd., Seite 182. **437.** Baudrillard Jean, (1999), Seite 10f. **438.** De Certeau Michel, (1988), Seite 188. **439.** De Certeau Michel, (1988), Seite 188. **440.** Ebd., Seite 198. **441.** Ebd., Seite 73. **442.** Ebd., Seite 191f. **443.** De Certeau Michel, (1988), Seite 191. **444.** Ebd., Seite 216. **445.** Ebd., Seite 192. **446.** Ebd., Seite,192. **447.** Ebd., Seite 190. **448.** Ebd., Seite 191. **449.** Ebd., Seite 191. **450.** Ebd., Seite 189. **451.** De Certeau Michel, (1988), Seite 218. **452.** Ebd., Seite 218. **453.** Ebd., Seite 218. **454.** Ebd., Seite 218. **455.** De Certeau Michel, (1988), Seite 43. **456.** Ebd., Seite 239. **457.** Ebd., Seite 115. **458.** Ebd., Seite 219. **459.** Ebd., Seite 218. **460.** Ebd., Seite 215. **461.** De Certeau Michel, (1988), Seite 218. **462.** Ebd., Seite 220. **463.** Ebd., Seite 220. **464.** Ebd., Seite 197. **465.** Ebd., Seite 198. **466.** Ebd., Seite 198. **467.** Ebd., Seite 198. **468.** De Certeau Michel, (1988), Seite 198f. **469.** Ebd., Seite 199. **470.** Ebd., Seite 199. **471.** Ebd., Seite 200. **472.** Ebd., Seite 201. **473.** Ebd., Seite 88. **474.** De Certeau Michel, (1988), Seite 201. **475.** Ebd., Seite 215. **476.** Ebd., Seite 220. **477.** Ebd., Seite 233. **478.** Ebd.; Seite 230. **479.** Ebd., Seite 236. **480.** De Certeau Michel, (1988), Seite 237. **481.** Ebd., Seite 231. **482.** Ebd., Seite 236. **483.** Ebd., Seite 229. **484.** Ebd., Seite 205. **485.** Ebd., Seite 233. **486.** Ebd., Seite 232. **487.** De Certeau Michel, (1988), Seite 235. **488.** Ebd., Seite 235. **489.** Ebd., Seite 235. **490.** Ebd., Seite 235. **491.** Vgl. Heidegger Martin, Bauen, Wohnen, Denken, in: Mensch und Raum/ Das Darmstädter Gespräch, Vieweg Verlag, Tübingen, (1951). **492.** Ebd., Seite 94. **493.** Ebd., Seite 96. **494.** Vgl. Heidegger Martin, (1951), Seite 94. **495.** Makropoulos Michael, Robert Ezra, Modernität zwischen Urbanität und Grenzidentität, in: Culture Club, (Hrsg. Hofmann Martin, Korta Tobias, Niekisch Sibylle), Suhrkamp Verlag, Frankfurt am Main, (2004), Seite 54. **496.** Makropoulos Michael, (2004), Seite 54. **497.** "Dennoch drängt sich die Vorstellung seiner Randständigkeit dort auf, wo Park die Entstehung dieser Gestalt historisch hergeleitet hat. Parks "...marginal man war der emanzipierte europäische Jude." Makropoulos Michael, (2004), Seite 55. **498.** Simmel Georg, Soziologie, Untersuchungen über die Form der Vergesellschaftung, Suhrkamp Verlag, Frankfurt am Main, (1992), Seite 767. **499.** Makropoulos Michael, (2004), Seite 57. **500.** Makropoulos Michael, (2004), Seite 57. **501.** Ebd., Seite 58. **502.** Vgl. Park Ezra Robert, Human Migration and the Marginal Man, in: Race and Cultures, Glencoe Free Press, Illionois, (1950), Seite 355. **503.** Vgl. Park Ezra Robert, (1950), Seite 355. **504.** Makropoulos Michael, (2004), Seite 59. **505.** Makropoulos Michael, (2004), Seite 59. **506.** Deleuze Gilles, Logik des Sinns, Suhrkamp Verlag, Frankfurt am Main, (1993), Seite 136. **507.** Turner Victor, (1989), Seite 95. **508.** Ebd., Seite 94. **509.** Vgl. Mauss Marcel, Die Techniken des Körpers, in: Soziologie und Anthropologie II. Gabentausch. Todesvorstellung, Körpertechniken, (Hrsg. Mauss Marcel), Hanser Verlag, München, (1975). **510.** Lindner Rolf, Die Entdeckung der Stadtkultur. Soziologie aus der Erfahrung der Reportage, Suhrkamp Verlag, Frankfurt am Main, (1990), Seite 211. **511.** Park Robert Ezra u.a., The City, Chicago, University of Chicago Press, (1925), Seite 22. **512.** Makropoulos Michael, (2004), Seite 61. **513.** Ebd., Seite 61. **514.** Park Robert Ezra u.a., (1925), Seite 40. **515.** Ebd., Seite 40. **516.** Vgl. Knaller-Vlay Bernd, Limes Gemeinschaft, eine Gemeinschaft am kritischen Punkt, in: Spaces of Solitude (Hrsg. Ritter Roland) HDA Dokumente zur Architektur 9, Graz, (1997), Seite 52, Huber Joachim, (2002), Seite 253. **517.** Park Robert Ezra u.a., (1925), Seite 40. **518.** Makropoulos Michael, (2004), Seite 62. **519.** Park Robert Ezra u.a., (1925), Seite 41. **520.** Makropoulos Michael, (2004), Seite 65. **521.** Vgl. De Certeau Michel, (1988), Seite 236. **522.** Wiechens Peter, (1997), Seite 114. **523.**Ebd., Seite 122. **524.** Ebd., Seite 114. **525.** Ebd., Seite 124. **526.** Ebd., Seite 130. **527.** Deleuze Gilles, (1987), Seite 121. **528.** McAnulty Robert, Body Troubles, in: Strategies in Architectural Thinking, (Editors: Burdett Richard, Kipnis Jeffrey, Whiteman John), Chicago Institute for Architecture and Urbanism, Cambridge MA., (1992), Seite 184. **529.** Deleuze Gilles, (1987), Seite 117. **530.** Augé Marc, (1994), Seite 109. **531.** Habermas Jürgen, Theorie des kommunikativen Handelns, Suhrkamp Verlag, Frankfurt am Main, (1981). **532.** Ebd., Seite 206. **533.** Ebd., Seite 201. **534.** Lyotard Jean Francois, Das postmoderne Wissen. Ein Bericht, Passagenverlag, Wien (2005). **535.** De Certeau Michel, (1988), Seite 231. **536.** Ebd., Seite 230. **537.** Serres Michel, (1981), Seite 379. **538.** Ebd., Seite 379. **539.** De Certeau Michel, (1988), Seite 231. Die Schaffung eines Feldes hing im alten Rom, wie de Certeau ausführt, noch von den Priestern (fetialen) ab. Das heißt, vor einer Kriegserklärung, einer militärischen Expedition oder dem Verbündnis mit einer anderen Nation, wurden diese ausgesandt, um einen Kontakt herzustellen. Diese Kontaktaufnahme bestand "...aus einer Art Prozession in drei zentrifugalen Abschnitten...": zuerst innerhalb, aber in der Nähe der Grenze, dann auf der Grenze und schließlich jenseits der Grenze auf dem fremden Gebiet..." Dabei ging die rituelle Handlung "...jeder zivilen oder militärischen Aktion voraus..." Sie sollte das Feld schaffen, "...das für politische oder kriegerische Aktivitäten notwendig..." war. Das heißt, "...der Gang oder 'der Marsch' der fetialen öffnete den militärischen, diplomatischen oder geschäftlichen Aktivitäten, die außerhalb der Grenzen gewagt wurden, einen Raum und verschaffte ihnen somit eine Grundlage." Eine Grundlage, die einer Zone bzw. einem Feld entsprach, auf dem "...der Kampf stattfinden..." sollte. Siehe: De Certeau Michel, (1988), Seite 229.

4: VON DEN FELDERN, DEN BRÜCHEN UND DEM KRITISCHEN PUNKT DER (ORTS)-VERSCHIEBUNG

540. Hubeli Ernst, Saiko Harald & Vöckler Kai, (2003), Seite 10. **541.** Mey Harald, Studien zur Anwendung des Feldbegriffs in den Sozialwissenschaften, R. Piper & Co. Verlag, München, (1965), Seite 11. **542.** Forgas Joseph, Soziale Interaktion und Kommunikation: eine Einführung in die Sozialpsychologie, Beltz, Psychologie Verlags Union, Weinheim, (1995), Seite 54. **543.** Corboz André, Die Kunst, Stadt und Land zum Sprechen zu bringen, (Hrsg. Conrad Ulrich, Neitzke Peter) Bauwelt Fundamente, Birkhäuser Verlag, (2001), Seite 154. **544.** Benevolo Leonardo, Die Geschichte der Stadt, Campus Verlag, Frankfurt am Main, (1991), Seite 687. **545.** Meurer Bernd, (1996), Seite 16. **546.** Vgl. Hilpert Thilo, Le Corbusiers »Charta von Athen«, Bauwelt Fundamente, Birkhäuser Verlag, Braunschweig, (1984). **547.** Corboz André, (1996), Seite 7. **548.** Ebd., Seite 7. **549.** Vgl. Lynch A. Kevin. The Image of the City, MIT Press, Cambridge MA., (1960). **550.** Vgl. Wieczorek Daniel, Camillo Sitte et les débuts de l'urbanisme moderne, P. Mardaga, Brüssel, (1981), Corboz André, Auf der Suche nach »dem« Raum, in: Werk, Bauen und Wohnen, Nr. 03, (1996). **551.** Kwinter Sanford, Città Nuova: Modernity and Continuity, (Hrsg. Hays K. Michael), in: Architecture Theory since 1968, MIT Press, Cambridge, MA., London, (2000), Seite 599. **552.** Ebd., Seite 605. **553.** Ebd., Seite 605. **554.** Kwinter Sanford, (2000), Seite 601. **555.** Ebd., Seite 599+602. **556.** Ebd., Seite 591.

557. Vgl. Koetter Fred & Rowe Colin, (1984). **558.** Vgl. Tschumi Bernard, The Manhattan Transcripts, Academy Edition, London, (1994). **559.** Smithson Alison & Peter, Where to walk and where to ride in our bouncy new cars and our shiny new clothes, in: The Emergence of Team X out of CIAM, Architectural Association Quarterly, (1982), Seite 90. **560.** Tschumi Bernard, The Architecture of the Event, Modern Pluralism, (Editor Papadakis Andreas), in: Architectural Design Profile No. 95, Vol. 62 1-2, Academy Group, W. Sussex, England, (1992), Seite 26. **561.** Libeskind Daniel, Radix-Matrix, (Hrsg. Schneider Bernhard & Taylor Marc), Prestl Verlag, London, (1997). **562.** Huber Joachim, (2002), Seite 378. **563.** Ebd., Seite 381. **564.** Sieverts Thomas, Zwischenstadt, Vieweg Verlag, 1 Aufl.(1997), Braunschweig/ Wiesbaden, 3.Aufl. (1999), Seite 106. Allen Stanley, From Object to Field, in: Architecture after Geometry, (Editor. Toy Maggy, Bates Donald & Davidson Peter) Architecture after Geometry, Architectural Design Profile No. 127, Academy Group, W. Sussex, England, (1997), Seite 31. **565.** Ebd., Seite 31. **567.** Ebd., Seite 28. **568.** Ebd., Seite 28. **569.** Der Begriff 'Vektor' ist ein lateinisches Wort und steht für die Bezeichnung eines Trägers. Allgemein wird ein Vektor in einem n-dimensionalen Raum durch n-Komponenten v1, v1, v3...vn bezüglich eines Koordinatensystems festgelegt, die ein geordnetes n-tupel von n-reelen Zahlen bilden. Dem Begriff des Vektors liegt die anschauliche Vorstellung von Objekten zugrunde, die eine Länge und eine Richtung tragen, zum Beispiel Geschwindigkeiten, Beschleunigungen oder Kräfte. **570.** Einstein Albert, Über die spezielle und allgemeine Relativitätstheorie, (1. Aufl. 1986, Vieweg Verlag), Springer Verlag, (23te Aufl. 2001), Seite 13 ff.; Die Relativitätstheorie befaßt sich mit der Struktur von Raum und Zeit sowie mit dem Wesen der Gravitation. Sie besteht aus zwei physikalischen Theorien, der 1905 veröffentlichten speziellen Relativitätstheorie und der 1915 erschienenn allgemeinen Relativitätstheorie. Die spezielle beschreibt das Verhalten von Raum und Zeit aus der Sicht von Beobachtern, die sich relativ zueinander bewegen, und die damit verbundenen Phänomene. Darauf aufbauend führt die allgemeine Relativitätstheorie die Gravitation auf eine Krümmung von Raum und Zeit zurück, die unter anderem durch die beteiligten Massen verursacht wird. **571.** D.h. der Raum in der modernen Physik ist damit auch nicht mehr als homogen anzusehen, denn jede Raumstelle hat einen anderen physikalischen Charakter. **572.** Gosztonyi, Alexander, Der Raum: Geschichte seiner Probleme in Philosophie und Wissenschaft, (Erste Aufl.), Karl Alber Verlag, Band I+II, Freiburg (i. Brsg.), (1976), Seite 602. **573.** Minkowski hat eine neuartige Geometrie geschaffen, in der nun der Zeit ebenfalls eine Größe zugestanden wird. Diese Erkenntnis beruhte auf der Tatsache, daß der Ort eines Körpers zwar über die Raumkoordinaten angegeben werden konnte, jedoch nicht aber dessen Bewegung, wie zum Beispiel die Geschwindigkeit oder gar die Beschleunigung. D.h. jeder Ortswechsel, also jede Bewegung des

Körpers ist an die Zeit gebunden. Die Einführung einer vierten Koordinate bedeutet jedoch nicht, daß damit der euklidische Raum aufgegeben werden muß. Aufgrund der Tatsache, daß die Zeitkoordinate imaginär ist, war es möglich den dreidimensionalen, euklidischen Raum beizubehalten. Dieser vierdimensionale Raum von Minkowski, den er auch 'Welt' genannt hat, ist ein flacher, krümmungsfreier Raum, der dem euklidischen Raum sehr ähnlich ist. D.h. Der Raum der speziellen Relativitätstheorie ist zwar isotrop und homogen, verliert diesen Charakter jedoch, wenn er mathematisch gedeutet wird (siehe Minkowskis Welt). Dieser Verlust kommt aufgrund der Verschmelzung von Raum und Zeit zustande. Einstein Albert, (2001), Seite 81.; Gosztonyi, Alexander, (1976), Seite 582ff+593ff. **574.** Kwinter Sanford, (2000), Seite 590. **575.** Ebd., Seite 590. **576.** Vgl. Einstein Albert, (2001), Seite 17. **577.** Vgl. Ebd., Seite 17; Vgl. Gosztonyi, Alexander, (1976), Seite 605. **578.** Kwinter Sanford, (2000), Seite 590. **579.** Ebd., Seite 591. **580.** Die Lorentz-Transformation-auch Lorentzkontraktion genannt ist aus der Maxwell-Lorentzschen Theorie der elektromagnetischen Erscheinungen herauskristallisiert worden. Vgl. Einstein Albert, (2001), Seite 19ff.; Gosztonyi, Alexander, (1976), Seite 608. **581.** Kwinter Sanford, (2000), Seite 591. **582.** Ebd., Seite 591. **583.** Seine feldtheoretischen Ansätze stammen nicht aus der Psychologie, sie bilden sich aus seinen Kriegserfahrungen. **584.** Siehe dazu: Deutsch M. Field theory in social psychology, in Handbook of social psychology (Hrsg. Lindzey Gardner), Volume 1, Addison-Welsey, Cambridge, MA. (1954)., Lewin Kurt, Feldtheorie in den Sozialwissenschaften, (Hrsg. Cartwright Dorwin), Huber, Bern, Stuttgart (1963)., Lewin Kurt, Principles of topological psychology, Mc Graw Hill, New York, (1936)., De Rivera Joseph, Field theory as human-science: contributions of Lewin's Berlin group, Gardner Press, New York, (1976)., Solle R. Der feldtheoretische Ansatz, in: Handbuch der Psychologie, (Hrsg. Gottschald Kurt), Verlag für Psychologie Hogrefe, Band 7, Göttingen, (1969). **585.** Mey Harald, (1965), Seite 45. **586.** Ebd., Seite 39. **587.** Ebd., Seite 39. **588.** Ebd., Seite 39. **589.** Ebd., Seite 53. **590.** Huber Joachim, (2002), Seite 342. **591.** Mey Harald, (1965), Seite 52f. **592.** Ebd., Seite 51. **593.** Enzyklopädie und Wissenschaftstheorie, (Hrsg. Mittelstraß Jürgen), J.B. Metzler Verlag, Stuttgart, (2004), Seite 602. **594.** Ritter Joachim, Historisches Wörterbuch der Philosophie, Bd. 2, Schwabe Verlag, Stuttgart, (1989), Huber Joachim, (2002), Seite 329. **595.** Bourdieu Pierre & Wacquant Loïc J. D., Reflexive Anthropologie, Suhrkamp Verlag, Frankfurt am Main, (2006), Seite 126. **596.** Siehe dazu: Jurt Joseph, Pierre Bourdieu, Eine Soziologie der symbolischen Güter, in: Culture Club, (Hrsg. Hofmann Martin, Korta Tobias, Niekisch Sibylle), Suhrkamp Verlag, Frankfurt am Main, (2004)., Schwingel Markus, Pierre Bourdieu zur Einführung, Junius Verlag, Hamburg, (2005)., Lewin Kurt, Der Begriff der Genese in Physik, Biologie und Entwicklungsgeschichte, Berlin, Springer Verlag, Berlin, (1922). **597.** Bourdieu Pierre, Sozialer Raum und "Klassen", Suhrkamp Verlag, Frankfurt am Main, (1995), Seite 9. **598.** 598. Jurt Joseph, (2004), Seite 211. **599.** Ebd., Seite 212. **600.** Bourdieu Pierre, Zur Soziologie der symbolischen Formen, Suhrkamp Verlag, Frankfurt am Main, (2000), Seite 76. **601.** Vgl. De Saussure Ferdinand, Grundlagen der allgemeinen Sprachwissenschaft, de Gruyter, Berlin, (2001). **602.** Bourdieu Pierre & Wacquant Loïc J. D., (2006), Seite 127. **603.** Ebd., Seite 13.

604. Ein Gedanke den auch Gille Deleuze und Felix Guattari mit dem 'nicht-gerichteten' und dem 'gerichteten glatten' Raum verfolgen. **605.** Huber Joachim, (2002), Seite 363. **606.** Ebd., Seite 360. **607.** Bourdieu Pierre & Wacquant Loïc J. D., (2006), Seite 135f. **608.** Vgl. Elias Norbert, Die Gesellschaft der Individuen, Suhrkamp Verlag, Frankfurt am Main, (1999); Elias Norbert, Über den Prozess der Zivilisation, Suhrkamp Verlag, Frankfurt am Main, (2001). **609.** Bourdieu Pierre, Entwurf einer Theorie der Praxis auf der ethnologischen Grundlage der kabylischen Gesellschaft, Suhrkamp Verlag, Frankfurt am Main, (1976), Seite 165. **610.** Schaut man sich einmal die eigenen sozialen Interaktionen genauer an, dann wird deutlich, daß diese sich ebenfalls nicht im Rahmen starrer Regeln bewegen. Was jedoch nicht heißt, daß das Handeln einen Akt der freien Entscheidung darstellt: unsere Handlungmöglichkeiten werden zwangsläufig durch 'obejektive' Zwänge bestimmt. **611.** Huber Joachim, (2002), Seite 360. **612.** Schwingel Markus, (2005), Seite 66. **613.** Bourdieu Pierre, Sozialer Sinn: Kritik der theoretischen Vernunft, Suhrkamp Verlag, Frankfurt am Main, (1987), Seite 101. **614.** Bourdieu Pierre, (1987), Seite 101. **615.** Schwingel Markus, (2005), Seite 62. **616.** Huber Joachim, (2002), Seite 361. **617.** Bourdieu Pierre, (2000) Seite 101. **618.** Bourdieu Pierre & Wacquant Loïc J. D. (2006), Seite 139. **619.** Bourdieu Pierre, (1976), Seite 190. **620.** Bourdieu Pierre & Wacquant Loïc J. D. (2006), Seite 127f. **621.** Huber Joachim, (2002), Seite 361. **622.** Ebd., Seite 361. **623.** Bourdieu Pierre, Praktische Vernunft, Zur Theorie des Handelns, Suhrkamp Verlag, Frankfurt am Main, (1998), Seite 72. **624.** Huber Joachim, (2002), Seite 362. **625.** Ebd., Seite 362. Bourdieu bezieht sich mit dem Begriff des 'Kapitals' auf die Publikation Das Kapital, Kritik der politischen Ökonomie von Karl Marx. Dabei unterscheidet er zwischen ökonomischem, kulturellem, sozialem und symbolischem Kapital- wobei die hierarchische Ordnung der einzelnen Kapitalarten von Feld zu Feld verschieden sind. Eine weitere Ausarbeitung dieses Begriffes ist im Rahmen dieses Kapitels nicht möglich. Ich verweise auf folgende Quelle: Hillmann, Karl-Heinz, Wörterbuch der Soziologie, Kröner Verlag, 1994; Käsler Dirk, Klassiker der Soziologie, von Talcott Parsons bis Anthony Giddens, Beck Verlag, 2006; Schwingel Markus, (2005). **626.** Huber Joachim, (2002), Seite 362. **627.** Bourdieu Pierre & Wacquant Loïc J. D. (2006), Seite 135. **628.** Deleuze Gilles, (1992), Seite 99 ff. **629.** Vgl. Altweg Jürg & Schmidt Aurel, Französische Denker der Gegenwart, C.H. Beck Verlag, München, (1988), Seite 83. **630.** Dreyfus Hubert & Rabinow Paul, (1994), Seite 53. **631.** Foucault Michel, (2005a), Seite 34. **632.** Vgl. Deleuze Gilles, Woran erkennt man Strukturalismus, (Übers. Brückner-Pfaffenberger Eva u.a.), Merve Verlag, Berlin, (1992); Deleuze Gilles, Logik des Sinns, (Übers. Dieckmann Bernhard), Suhrkamp Verlag, Frankfurt am Main, (1993). **633.** Deleuze Gilles, (1993), Seite 135. **634.** Ebd., Seite 135f. **635.** Deleuze Gilles & Guattari Felix, Tausend Plateaus, Kapitalismus und Schizophrenie, (Übers. Ricke Gabriele & Voullié Ronald), Merve Verlag, Berlin, (1992), Seite 36. **636.** Deleuze Gilles & Guattari Felix, (1992), Seite 36. **637.** Ebd., Seite 36. **638.** Ebd., Seite 36. **639.** Deleuze Gilles & Guattari Felix, (1992), Seite 16. **640.** Ebd., Seite 36. **641.** Ebd., Seite 17. **642.** Ebd., Seite 17. **644.** Angélil Marc, (2000), Seite 29. **645.** Ebd., Seite 18. **645.** Ebd., Seite 37. **646.** Deleuze Gilles & Guattari Felix, (1992), Seite 19. **647.** Ebd., Seite 31. **648.** Ebd., Seite 34. **649.** Ebd., Seite 37.

650. Angélil Marc, (2000), Seite 34.**651.** Deleuze Gilles & Guattari Felix, (1992), Seite 662. **652.** Ebd., Seite 662. **653.** Ebd., Seite 662. **654.** Ebd., Seite 663. **655.** Deleuze Gilles & Guattari Felix, (1992), Seite 658. **656.** Ebd., Seite 510. **657.** Ebd., Seite 663. **658.** Deleuze Gilles & Guattari Felix, (1992), Seite 689. **659.** Ebd., Seite 662. **660.** Wobei das Haptische nicht über einen unbeweglichen Hintergrund, eine Fläche oder gar über einen Umriß definiert werden kann: "...es ist bereits ein Mischzustand, bei dem das Haptische zum Einkerben dient und sich seiner glatten Komponenten nur noch bedient, um sie in einen anderen Raum zu übertragen. Die haptische Funktion und die Nahsicht setzen zunächst das Glatte voraus, das weder Hintergrund, Fläche noch Umriß enthält, sondern Richtungsänderungen und Annäherungen von lokalen Teilen." Deleuze Gilles & Guattari Felix, (1992), Seite 687. **661.** Ebd., Seite 682. **662.** Laut der Autoren gibt es ein 'nomadisches Absolutum', das sich in Form einer lokale Integration äußert. Es unterliegt einer ständigen Richtungsänderung und bezieht sich auf einen Punkt der wiederum zu einem weiteren Punkt führt. Das Absolute wird hier als ein Prozeß des Werdens verstanden, d.h. das Absolute ist ein Übergang, ein Ort, der nicht begrenzt. Siehe Deleuze Gilles & Guattari Felix, (1992), Seite 684. **663.** Ebd., Seite 526. **664.** Ebd., Seite 527.**665.** Ebd., Seite 664. **666.** Deleuze Gilles & Guattari Felix, (1992), Seite 529. **667.** Ebd., Seite 524. **668.** Ebd., Seite 508. **669.** Ebd., Seite 508. **670.** Ebd., Seite 509. **671.** Deleuze Gilles & Guattari Felix, (1992), Seite 526. **672.** Ebd., Seite 662. **673.** Deleuze Gilles & Guattari Felix, (1992), Seite 666. **674.** Ebd., Seite 684f. **675.** Für Heidegger ist der Raum und der Ort etwas grundverschiedenes. Aus diesem Grund kann der Raum auch immer erst dann enstehen, wenn eine Verortung bereits stattgefunden hat. Deleuze und Guattari zielen in eine ähnliche Richtung: der 'absolut lokale Ort' ist für sie ebenfalls ein Vehikel, daß den glatten mit dem gekerbten Raum konvergieren läßt, jedoch lassen sie eine 'Rück-Verwandlung' zu. **676.** Deleuze Gilles & Guattari Felix, (1992), Seite 665f. **677.** Ebd., Seite 667. **678.** Boulez Pierre, Musikdenken Heute, Schott Verlag, Mainz, (1963), Seite 72ff. **679.** Virilio Paul, L'insécurité du territoire, Galilée Verlag, (1993). **680.** Deleuze Gilles & Guattari Felix, (1992), Seite 668. **681.** Ebd., Seite 668. "Da eine Intensität selber eine Differenz darstellt, teilt diese sich einer Ordnung entsprechend, in der sich jeder Teilungsprozeß voneinander unterscheidet. Der Abstand bezieht sich dabei auf eine Reihe von geordneten Differenzen, in dem der eine Abstand von dem anderen umschlossen wird, so daß man unabhängig von einer exakten Größe, den kleinsten und den größten bestimmen kann [...]. Man kann zum Beispiel eine Bewegung in Galopp, Trab und Schritt zerlegen, wobei das Geteilte allerdings in jedem Moment der Teilung sein Wesen ändert, ohne daß einer dieser Momente in die Zusammensetzung des anderen eingeht. In diesem Sinne sind die Mannigfaltigkeiten des 'Abstandes' untrennbar von einem Prozeß kontinuierlicher Variation, während sich die Mannigfaltigkeiten der 'Größe' dagegen in Konstanten und Variablen aufteilen." Deleuze Gilles & Guattari Felix, (1992), Seite 670. In eine ähnliche Richtung zielt auch Henri Bergsons Theorie von der Dauer. Die Dauer, die für ihn ebenfalls einer Mannigfaltigkeit entspricht, kann ebenfalls nicht als eine Größe gesehen gesehen werden, denn sie kann ohne weiteres geteilt werden. Dabei verändert sie bei jeder vorgenommen Teilung ebenfalls ihr Wesen. Bergson entdeckte also zwei sehr unterschiedliche Mannigfaltigkeiten, eine qualitative, also stetige und homogene und eine verschmelzende, die numerisch und unstetig ist. "Nicht nur das das was einen glatten Raum bevölkert, ist eine Mannigfaltigkeit, die ihr Wesen verändert, sondern auch der glatte Raum selber (Wüste, Steppe, Meer oder ewiges Eis) ist eine Mannigfaltigkeit dieser Art, also nicht metrisch, azentriert, gerichtet." Deleuze Gilles & Guattari Felix, (1992), Seite 671. **682.** Deleuze Gilles & Guattari Felix, (1992), Seite 668. **683.** Ebd., Seite 669. **684.** Merleau-Ponty Maurice, Die Phänomenologie der Wahrnehmung, (Übers. Böhm Rudolf-Walter) de Gruyter & Co., Berlin, (1966), Seite 85. **685.** Ebd., Seite 254. **686.** Merleau-Ponty Maurice, Das Sichtbare und das Unsichtbare: gefolgt von Arbeitsnotizen, (Übers. Regula Giuliani & Bernhard Waldenfels), Fink Verlag, München, (1994), Seite 233. **687.** Deleuze Gilles & Guattari Felix, (1992), Seite 522. **688.** Ebd., Seite 683. **689.** Ebd., Seite 683. **690.** Ebd., Seite 523. **691.** Deleuze Gilles & Guattari Felix, (1992), Seite 544. **692.** Ebd., Seite 525. **693.** Ebd., Seite 527. **694.** Ebd., Seite 44. **695.** Vgl. Lacan Jacques, Schriften Band 1, Quadriga, Berlin, (1996). **696.** Deleuze Gilles, (1992), Seite 45. **697.** Ebd., Seite 44. **698.** Deleuze Gilles & Guattari Felix, (1992), Seite 45. **699.** Deleuze Gilles & Guattari Felix, (1992), Seite 51. **700.** Ebd., Seite 51. **701.** Ebd., Seite 52. **702.** Ebd., Seite 45. **703.** Ebd., Seite 47. **704** Derrida Jacques, Die différance, ausgewählte Texte, Reclam Verlag, Stuttgart, (2004), Seite 145. Derridas Intention ist es die traditionelle Philosophie der 'westlichen' Metaphysik, die von Sokrates begründet worden ist, von innen heraus aufzubrechen. **705.** Dabei ist im Rahmen dieser Arbeit Levinas Gedanke des 'Anderen', Heideggers Frage nach dem Sein und Ferdinand de Saussure (1857-1913) entwickelte Zeichentheorie von Bedeutung. Ergänzend sei hier ebenfalls noch erwähnt, daß Heideggers Verfahren der 'Destruktion' als eine Art Vorläufer zu Derridas Methode der 'Dekonstruktion' darstellt. Derrida befaßt sich dabei vorwiegend mit Heideggers Denkansatz des Seins, das selbst nichts Seiendes also ein Nichts ist. Vgl. Heidegger Martin, Zur Seinsfrage, Klostermann Verlag, Frankfurt am Main, (1956) Seite 30ff. **706.** De Saussures Semiotik weist auf, daß sowohl das Signifkant (Laut/ Schriftbild) als auch das Signifikat (Vorstellung/ Gedanke) von ein und derselben Sache sind. Trotzalledem bleibt er der westlichen Metaphysik verhaftet, in dem er nicht wirklich die Dualität zwischen dem Laut und dem Gedanken auflöst- obwohl er deutlich macht, daß das Zeichen als Laut nicht durch sich alleine existieren kann. Es würde hier zu weit gehen, de Saussures Gedankengang bis in das Detail darlegen zu wollen; ich verweise aus diesem Grund auf seine Publikation: Vgl. De Saussure Ferdinand, Grundlagen der allgemeinen Sprachwissenschaft, Walter de Gruyter Verlag, Berlin, (Hrsg. Bally Charles & Sechehaye Joachim), (Übers. Lommel Hermann), 2. Aufl., (1967). **707.** Derrida Jacques, Semiologie und Grammatologie, in: Postmoderne und Dekonstruktion, (Hrsg. Engelmann Peter), Reclam Verlag, Stuttgart, (1990), Seite 150. **708.** Bei de Saussure war die 'langue' (Sprachsystem) noch zeitlos konzipiert und nur die parôle (Sprechakt) war in der Zeit verankert. Vgl. De Saussure Ferdinand, (1967). **709.** Derrida Jacques, Die Schrift und die Differenz, Suhrkamp Verlag, Frankfurt am Main, (1972), Huber Joachim, (2002), Seite 346. **710.** Ebd., Seite 423. **711.** Ebd., Seite 422. **712.** Derrida Jacques, (2002), Seite 423. **713.** Ebd., Seite 423. **714.** Ebd., Seite 424. **715.** Ebd., Seite 424. **716.** Ebd., Seite 424.

717. Derrida Jacques, (1976), Seite 424. **718.** Derrida Jacques, (2004), Seite 118. **719.** Da Derrida die Möglichkeit eines metaphysischen Rückschlußes vermeiden hat wollen, kann das 'Spiel der différance' demnach dann weder Aktiv noch Passiv sein. Denn wäre die différance etwas aktives, würde sofort die Frage nach dem Subjekt der Aktivität aufkommen und wäre die différance passiv, stellt sich die Frage nach einem Begründer. Die différance bewegt sich somit also zwischen dem Subjekt und dem Objekt. **720.** Derrida Jacques, (2004), Seite 112f. **721.** Ebd., Seite 113. **722.** Mussil Stephan, Wahrheit und Methode in Differenzen, Systemtheorie zwischen Dekonstruktion und Konstruktivismus, (Hrsg. de Berg Henk und Prangel Matthias), Francke Verlag, Tübingen, Basel, (1995), Seite 68. **723.** Derrida Jacques, (2004), Seite 125. **724.** Derridas Hinweis auf das "Andere" ist von dem Philosophen Emmanuel Lévinas (1906-1995) inspiriert, dessen Kerngedanke sich auf die Beziehung des Anderen beruft. Derrida sieht in diesem Denken eine Möglichkeit für die Dekonstruktion und die 'Bezeichnung', die er in den Schriften der différance aufzudeckt—wobei er sich nicht wie das bei Lévinas noch der Fall ist, sich auschließlich auf den Menschen beschränkt. **725.** Derrida Jacques, (2004), Seite 114. **726.** Heidegger hat als erster in der Publikation "Zur Seinsfrage" das Präsens durchgestrichen. Er hat mit dieser Durchstreichung darauf hinweisen wollen, daß das Sein nicht eine Vorstellung des Menschen ist, die er von außen heraus beherrschen kann. Das Sein, daß selbst nichts Seiendes, also ein Nichts ist, entspringt vielmehr durch das Erscheinen eines Seienden. Heidegger hat mit der Seinsfrage die Dekonstruktion der Metaphysik eingeleitet, doch ist es ihm dabei nicht gelungen, die Präsenz des Präsens zu tilgen. Vgl. Heidegger Martin, (1956), Seite 30ff. **727.** Derrida Jacques, (2004), Seite 119. **728.** Ebd., Seite 124. **729.** Derrida Jacques, (2004), Seite 122. **730.** Ebd., Seite 125f. **731.** Ebd., Seite 138. **732.** Dies setzt jedoch einen völlig neuen Begriff der Schrift voraus. Das heißt, sie kann nicht mehr länger als ein System von Zeichen aufgefaßt werden. Sie ist vielmehr zu einer lesbaren Spur geworden, deren Bedeutung sich ständig verändert und damit in immer neuen Zusammenhängen sowohl verstanden als auch erfaßt werden muß. Demnach muß der Begriff der Schrift dann auch weiter gefaßt werden. Das bedeutet, daß die Produktion 'lesbarer' Spuren wie das Aufzeichen von Buchstaben nur eine Form des Spuren lesens darstellt. Spuren in der Landschaft oder das Markieren durch Objekte, wie das von den Künstlern Richard Long und Tony Smith in den sechziger Jahren zum Beispiel praktiziert wurde, sind ebenfalls Spuren, die 'lesbar' sind. **733.** Derrida Jacques, (2004), Seite 126. **734.** Derrida Jacques, (1990), Seite 153. **735.** Derrida Jacques, (2004), Seite 134. **736.** Ebd., Seite 124. **737.** Derrida Jacques, (1976), Seite 424. **738.** Derrida Jacques, (1976), Seite 124. **739.** Derrida Jacques, (1990), Seite 153. **740.** Derrida Jacques, (1990), Seite 145. **741.** Derrida, Jacques, Am Nullpunkt der Verrücktheit—Jetzt die Architektur, in: ARCH+ No. 96/97 Dekonstruktive Architektur, November/Dezember (1988), Absatz 3, Seite 55. **742.** Vgl. Aristoteles, Physik, Hg. Zekl, Hans Günter, Felix Meiner Verlag, Hamburg, (1987). **743.** Derrida, Jacques, (1988), Absatz 3, Seite 55. **744.** Ebd., Absatz 9, Seite 59. **745.** Vgl. De Certeau Michel, (1988), Seite 229. **746.** Derrida, Jacques, (1988), Absatz 9, Seite 59. **747.** Kwinter Sanford, (1993b), Seite 80. **748.** Kwinter Sanford, (1993b), Seite 80. **749.** Ebd., Seite 80. **750.** Ebd., Seite 80. **751.** Ebd., Seite 86.

146

752. Kwinter Sanford, (1993b), Seite 86. **753.** Derrida, Jacques, (1988), Absatz 10, Seite 59. **754.** Casey, Edward, The Fate of Place, A Philosophical History, University of California Press, Berkley, (1997), Seite 315f. **755.** Derrida, Jacques, (1988), Absatz 15, Seite 61. **756.** Derrida, Jacques, (1988), Seite 61. **757.** Ebd., Seite 61. **758.** Ebd., Seite 61. **759.** Ebd., Seite 61. **760.** Ebd., Seite 61. **761.** Casey, Edward, (1997), Seite 317. **762.** Kwinter Sanford, (1993b), Seite 78. **763.** Vgl. Enzyklopädie, Philosophie und Wissenschaftstheorie, (Hrsg. Mittelstraß Jürgen), Verlag J.B.Metzler, Stuttgart, Weimar, (2004), Seite 568. **764.** Vgl. Huber Joachim, (2002), Seite 399. **765.** Huber Joachim, (2002), Seite 399. **766.** Ebd., Seite 399. **767.** Kwinter Sanford, (1993a), Seite 98. **768.** Ebd., Seite 98. **769.** Kwinter Sanford, (1993a), Seite 98. **770.** Kwinter Sanford, (1993b), Seite 79. **772.** Ebd., Seite 84. **773.** Kwinter Sanford, (1993b), Seite 84. **774.** Vgl. Einstein Albert, (2001), Seite 17. **775.** Kwinter Sanford, (1993b), Seite 86. **776.** Ebd., Seite 87. **777.** Kwinter Sanford, (1993b), Seite 77. **778.** Ebd., Seite 77. **779.** Tschumi Bernard, (1992), Seite 26. **780.** Deleuze Gilles & Guattari Felix, Was ist Philosophie?, Suhrkamp Verlag, (Übers. Schwibs Bernd & Vogl Joseph), Frankfurt am Main, (2000), Seite 111. Vgl. Foucault Michel, (2005a), Seite 34. **781.** Deleuze Gilles, (1993), Seite 136. **782.** Vgl. Deleuze Gilles & Guattari Felix, (1992), Seite 510. **783.** Deleuze Gilles & Guattari Felix, (1992), Seite 668. **784.** Vgl. De Certeau Michel, (1988), Seite 218. **785.** Nitschke Günter, Ma-Place, Space, Void, From Shinto to Ando, Studies in Architectural Anthropology in Japan, in: Architectural Design, Academy Edtitions, London, (1993). Seite 49. Diese Orts-Beschreibung bildet die Basis des japanischen und chinesischen Raum-Verständnisses: Ma. **786.** McAnulty Robert, Body Troubles, in: Strategies in Architectural Thinking, (Editors: Burdett Richard, Kipnis Jeffrey, Whiteman John), Chicago Institute for Architecture and Urbanism, Cambridge MA., (1992), Seite 187. **787.** Vgl. De Certeau Michel, (1988), Seite 198. **788.** Vgl. Deleuze Felix, (1992), Seite 91ff. **789.** Deleuze Gilles, (1992), Seite 45. **790.** Derrida, Jacques, (1988), Seite 55. **791.** Baudrillard Jean, (1999), Seite 17. Vgl. Derrida, Jacques, (1988). **792.** Pitzke Christine, Nächste Nähe weit entfernt, Jung und Jung Verlag, Salzburg, (2007), Seite 88.

5: BILANZ: (K)EIN ORT NIRGENDS, DER TRANSITRAUM IM URBANEN NETZWERK

793. Featherstone Mike, Globale Stadt, Informationstechnologie und Öffentlichkeit, (Hrsg. Rademacher Claudia, Schroer Markus, Wiechens Peter) in: Spiel ohne Grenzen? Ambivalenzen der Globalisierung, Westdeutscher Verlag, Opladen, (1999), Seite 251. **794.** Baudrillard Jean, (1999), Seite 18. **795.** (Im Gespräch mit Alex Wall.) **796.** Der Begriff 'liminal' ist ein aus dem Lateinischen stammendes Wort und bedeutet so viel wie die Besetzung einer Position. Es impliziert aber auch die Begrifflichkeit einer Schwelle, einer Grenze.

Literaturverzeichnis

· Angélil Marc, Urbane Entropie—Der rhizomorphe Raum der Stadt, in: Stategischer Raum, Urbanität im 21. Jahrhundert, Internationales Forum für Gestaltung Ulm, Anabas Verlag, Frankfurt am Main, (2000).

· Albers Gerd, Zur Entwicklung der Stadtplanung in Europa, Vieweg Verlag, Braunschweig, (1997).

· Allen Stanley, From Object to Field, in: Architecture after Geometry, (Hrsg. Toy Maggy, Bates Donald & Davidson Peter), Architectural Design Profile No. 127, Academy Group, W. Sussex, England, (1997).

· Altweg Jürg & Schmidt Aurel, Französische Denker der Gegenwart, C.H. Beck Verlag, München, (1988).

· Andritzky Michael & Hauer Thomas, Alles, was Netz ist. in: Das Netz. Sinn und Sinnlichkeit vernetzter Systeme, (Hrsg. Andritzky Michael & Beyer Klaus), Wachter Verlag, Heidelberg, (2002).

· Aristoteles, Politik, DTV Verlag, Frankfurt am Main, (1973).

· Aristoteles, Physik, (Hrsg. Zekl, Hans-Günter), Felix Meiner Verlag, Hamburg, (1987).

· Augé Marc, Orte und Nicht-Orte, Vorüberlegungen zu einer Ethnologie der Einsamkeit, (Übers. Bischoff Michael), Fischer Verlag, Frankfurt am Main, (1994).

· Baccini Peter & Oswald Franz, Netzstadt,Transdiszpilinäre Methoden zum Umbau urbaner Systeme, Vdf-Hochschulverlag AG. an der ETH Zürich, (1999).

· Baccini Peter & Oswald Franz, Netzstadt, Designing the Urban, Birkhäuser, Basel, (2003).

· Baccini Peter, Der Metabolismus urbaner Systeme: Metaphern, Modelle und Methoden, in: Stategischer Raum, Urbanität im 21. Jahrhundert, Internationales Forum für Gestaltung Ulm, Anabas Verlag, Frankfurt am Main, (2000).

· Bachelard Gaston, Poetik des Raumes, Fischer Verlag, Frankfurt am Main, (2001).

· Bachmann-Medick Doris, Cultural Turns, Neuorientierungen in den Kulturwissenschaften, Rowohlt Verlag, (2007).

· Baudrillard Jean, Architektur: Wahrheit oder Radikalität, (Übers. Fournier Colin u.a.), Literaturverlag Droschl, Graz/ Wien, (1999).

· Baudrillard Jean, Oublier Foucault, Raben Verlag, München, (1983).

· Baudrillard Jean, Kool Killer oder der Aufstand der Zeichen, (Übers. Metzger Hans-Joachim), Merve Verlag, Berin, (1978).

· Bauman Zygmunt, Flüchtige Moderne, (Übers. Kreissl Reinhard), Suhrkamp Verlag, Frankfurt am Main, (2003).

· Bittner Regina, Raum ohne Eigenschaften, in: Peripherie ist überall, (Hrsg. Prigge Walter), Campus Verlag, Frankfurt am Main, (1998).

· Beck Ulrich, Risikogesellschaft, Auf dem Weg in eine andere Moderne, Suhrkamp Verlag, Frankfurt am Main, (1986).

· Beck Ulrich, Riskante Freiheiten, Suhrkamp Verlag, Frankfurt am Main, (1994).

· Beck Ulrich, Jenseits von Klasse und Stand, in: Soziale Ungleichheiten, (Hrsg. Kreckel Reinhard), Nomos Verlag, (1983).

· Benevolo Leonardo, Die Geschichte der Stadt, Campus Verlag, Frankfurt am Main, (1991).

· Bentham Jeremy, The Panopticon Writings, (Hrsg. Boziovici Miran) Verso Verlag, London, (1995).

· Bergson Henry, Matter and Memory, (Übers. Paul N.M. & Palmer W.S.), Zone Books, New York, (1988).

· Berry B.J.L., Cities as systems within systems of cities, Papers and Proceedings of the Regional Science Association 13, (1964).

· Bhabha K. Homi, Verortungen der Kultur, (Hrsg. Bronfen Elisabeth, Steffen Therese & Marius Benjamin) in: Hybride Kulturen. Beiträge zur anglo-amerikanischen Multikulturismusdebatte, Stauffenburg Verlag, (1997).

· Bhabha K. Homi, The Third Space, (Hrsg. Rutherford Jonathan) in: Identity, Community, Culture, Difference, Lawrence and Wishart, London, (1990).

· Blumberg Hans, Schiffbruch mit Zuschauer. Paradigma eines Daseinsmetapher, Suhrkamp Verlag, Frankfurt am Main, (1997).

· Borden Ian, Machines of Possibilities: City Life with Henri Lefebvre, Archis No. 1, Stichting Wonen, Amsterdam, Januar (2000).

· Böhme Harmut, Netzwerke zur Theorie und Geschichte einer Konstruktion, in: Netzwerke. Eine Kulturgeschichte der Moderne, (Hrsg. Barkhoff Jürgen, Böhme Hartmut, Riou Jeanne, Böhlau Verlag, Köln, (2004).

Böhringer Hannes, Peripherie bedeutet wortwörtlich herumtragen, in: Peripherie ist überall, (Hrsg. Prigge Walter), Campus Verlag, Edition Bauhaus, Band I., Frankfurt am Main, (1998).

· Bollnow Otto, Mensch und Raum, Kohlhammer Verlag, Stuttgart, (1963).

· Bourdieu Pierre, Praktische Vernunft, Zur Theorie des Handelns, Suhrkamp Verlag, Frankfurt am Main, (1998).

· Bourdieu Pierre, Entwurf einer Theorie der Praxis auf der ethnologischen Grundlage der kabylischen Gesellschaft, Suhrkamp Verlag, Frankfurt am Main, (1976).

· Bourdieu Pierre, Sozialer Sinn: Kritik der theoretischen Vernunft, Suhrkamp Verlag, Frankfurt am Main, (1987).

· Bourdieu Pierre, Field of Cultural Production: Essays on Art and Literature, (Hrsg. Johnson Randal), Columbia University Press, New York, (1993).

150

· Bourdieu Pierre, Sozialer Raum und "Klassen", Suhrkamp Verlag, Frankfurt am Main, (1995).
· Bourdieu Pierre, Praktische Vernunft, Zur Theorie des Handelns, Suhrkamp Verlag, Frankfurt am Main, (1998).
· Bourdieu Pierre, Zur Soziologie der symbolischen Formen, Suhrkamp Verlag, Frankfurt am Main, (2000).
· Bourdieu Pierre & Wacquant Loïc J. D., Reflexive Anthropologie, Suhrkamp Verlag, Frankfurt am Main, (2006).
· Braudel Ferdinand, Das Meer, (Hrsg. Braudel Ferdinand, Duby Georges & Aymard Maurice) in: Die Welt des Mittelmeeres. Zur Geschichte und Geographie und kultureller Lebensformen, Fischer Verlag, Frankfurt am Main, (2006).
· Braun Reinhard, Befreiung von Architektur?, (Hrsg. Schmidt-Wulffen Stephan & Steiner Barbara) in: In Bewegung. Denkmodelle zur Veränderung von Architektur und bildender Kunst, Oktagon Verlag, Hamburg, (1994).
· Brentano Franz, Philosophische Untersuchungen zu Raum, Zeit und Kontiuum, Felix Meiner Verlag, Hamburg, (1976).
· Brüggemann Heinz, Architekturen des Augenblicks, Raum-Bilder und Bild-Räume einer urbanen Moderne in Literatur, Kunst und Architektur des 20. Jahrhunderts, Offizin Verlag, Hannover, (2002).
· Brunet Roger, Les Villes Européennes, Rapport pour la DATAR, Reclus, Montpellier, (Mai 1989).
· Bunschoten Raoul, Metaspaces, Black Dog Publisher, London, (1998).
· Bunschoten Raoul, Urban Floatsam, 010 Publishers, Rotterdam, (2001).
· Capek Milic, Concepts of Space and Time: their Structure and their Development, Springer Verlag, (1975).
· Casey Edwards, The Fate of Place, A Philosophical History, University of California Press, Berkley, (1997).
· Castell Manuel, The Informational City, Information Technology, Economic Restructring and the Urban-Regional Process, Blackwell Publishers, Oxford, (1989).
· Castell Manuel, Das Informationszeitalter I, der Aufstieg der Netzwerkgesellschaft, Leske+Budrich Verlag, Opladen, (2003).
· Corboz André, Auf der Suche nach »dem« Raum, in: Werk, Bauen und Wohnen, Nr. 03, (1996).
· Corboz André, Die Kunst, Stadt und Land zum Sprechen zu bringen, (Hrsg. Conrad Ulrich, Neitzke Peter) Bauwelt Fundamente, Birkhäuser Verlag, (2001).
· Christaller Walter, Die Zentralen Orte in Süddeutschland, Wissenschaftliche Buchgesellschaft, Darmstadt, (1968).
· Christaller Walter, Das Grundgerüst der räumlichen Ordnung in Europa, in: Frankfurter Geographische Hefte, Frankfurt am Main, 24 Jg. Heft 1, (1950).
· Christopher Alexander, A City is Not a Tree, in: Architectural Forum, New York, April/Mai (1965).
· Damette F. The Regional Framework of Monopoly Exploitation, in: Regions in Crisis: New Perspectives in European Regional Theory, Beckenbam: Croo Helm, (1980).

· De Certeau Michel, Kunst des Handelns, (Übers. Voullié Ronald), Merve Verlag, Berlin, (1988).

· De Saussure Ferdinand, Grundlagen der allgemeinen Sprachwissenschaft, (Hrsg. Bally Charles & Sechehaye Joachim), (Übers. Lommel Hermann), Walter de Gruyter Verlag, Berlin, 2. Aufl., (1967).

· Deleuze Gilles & Guattari Felix, Tausend Plateaus, Kapitalismus und Schizophrenie, (Übers. Ricke Gabriele & Voullié Ronald), Merve Verlag, Berlin, (1992).

· Deleuze Gilles & Guattari Felix, Was ist Philosophie?, (Übers. Schwibs Bernd & Vogl Joseph), Suhrkamp Verlag, Frankfurt am Main, (2000).

· Deleuze Gilles, Woran erkennt man Strukturalismus, (Übers. Brückner-Pfaffenberge Eva u.a.) Merve Verlag, Berlin, (1992).

· Deleuze Gilles, Foucault, (Übers. Kocyba Hermann), Suhrkamp Verlag, Frankfurt am Main, (1987).

· Deleuze Gilles, Logik des Sinns, (Übers. Dieckmann Bernhard), Suhrkamp Verlag, Frankfurt am Main, (1993).

· Derrida Jacques, Die différance, ausgewählte Texte, Reclam Verlag, Stuttgart, (2004).

· Derrida Jacques, Die Schrift und die Differenz, (Übers. Gasché Rodolphe), Suhrkamp Verlag, Frankfurt am Main, (1976).

· Derrida Jacques, Am Nullpunkt der Verrücktheit—Jetzt die Architektur, in: ARCH+ No. 96/97 Dekonstruktive Architektur, November/Dezember (1988).

· Derrida Jacques, Semiologie und Grammatologie, in: Postmoderne und Dekonstruktion,(Hrsg. Peter Engelmann), Reclam Verlag, Stuttgart, (1990).

· Dorner Alexander, The Supraspatial Reality of Pure Energies, in: The Way Beyon "Art", New York University Press, New York, (1958).

· Dreyfus Hubert & Rabinow Paul, Michel Foucault Jenseits von Strukturalismus und Hermeneutik, (Übers. Rath Claus & Raulff Ulrich), Beltz Verlag, Weinheim, (1994).

· Durkheim Émile, Über soziale Arbeitsteilung, Suhrkamp Verlag, Frankfurt am Main, (2004).

· Elias Norbert, Die Gesellschaft der Individuen, Suhrkamp Verlag, Frankfurt am Main, (1991).

· Elias Norbert, Über den Prozess der Zivilisation, Suhrkamp Verlag, Frankfurt am Main, (2001).

· Einstein Albert & Infeld Leopold, Die Evolution der Physik, Rowohlt Verlag, Hamburg, (2005).

· Einstein Albert, Über die spezielle und allgemeine Relativitätstheorie, Springer Verlag, (2001).

· Featherstone Mike, Globale Stadt, Informationstechnologie und Öffentlichkeit, (Hrsg. Rademacher Claudia, Schroer Markus, Wiechens Peter) in: Spiel ohne Grenzen? Ambivalenzen der Globalisierung, Westdeutscher Verlag, Opladen, (1999).

Fink-Eitel Hinrich, Foucault zur Einführung, Junius Verlag, Hamburg, (2002).

· Fishmann Robert, Urban Utopias in the Twentieth Century, MIT Press, Cambridge, (1982).

· Flusser Vilém, Von der Freiheit des Migranten. Einsprüche gegen den Nationalismus, (Hrsg. Bollmann Stefan) Bollmann Verlag, Düsseldorf, (1994).

· Forgas Joseph, Soziale Interaktion und Kommunikation: eine Einführung in die Sozial-psychologie, Beltz, Psychologie Verlags Union, Weinheim, (1995).

· Foucault Michel, Der Wille zum Wissen. Sexualitaet und Wahrheit 1, (Übers. Raulff Ulrich u.a.) Suhrkamp Verlag, Frankfurt am Main, (1983).

· Foucault Michel, Archäologie des Wissens, Suhrkamp Verlag, Frankfurt am Main, (1973).

· Foucault Michel, Wahnsinn und Gesellschaft, (Übers. Köppen Ulrich), Suhrkamp Verlag, Frankfurt am Main, (2001).

· Foucault Michel, Die Ordnung der Dinge, Suhrkamp Verlag, Frankfurt am Main, (1984).

· Foucault Michel, Andere Räume, in: Aisthesis, Wahrnehmung heute oder Perspektiven einer anderen Ästhetik, Reclam Verlag, Leibzig, (2002).

· Foucault Michel, Überwachen und Strafen, Die Geburt des Gefängnisses, (Übers. Seitter Walter), Suhrkamp Verlag, Frankfurt am Main, (1977).

· Foucault Michel, Die Heterotopien - Der utopische Körper, (Übers. Bischoff Michael), Suhrkamp Verlag, Frankfurt am Main, (2005a).

· Foucault Michel, Maschen der Macht, in: Schriften in vier Bänden- Dits et Ecrits 4. 1980-1988, Suhrkamp Verlag, Frankfurt am Main, (2005b).

· Fuller Buckminster, Bedienungsanleitung für das Raumschiff Erde, (Hrsg. Krause Joachim), Fundus Verlag, Amsterdam, (1998).

· Garreau Joel, Edge City, Life in the new Frontier, Anchor Verlag, New York, (1991).

· Giddens Anthony, Moderne Zeit und Raum, in: Konsequenzen der Moderne, (Übers. Schulte Joachim), Suhrkamp Verlag, Frankfurt am Main, (1996).

· Giedion Siegfried, Raum Zeit Architektur: Die Entstehung einer neuen Tradition, 1. Aufl.1941, Zürich, München (5. Auflage), (1996).

· Gosztonyi, Alexander, Der Raum: Geschichte seiner Probleme in Philosophie und Wissenschaft, Karl Alber Verlag, Band I+II, Freiburg i. Brsg., (1976).

· Gottmann Jean, Megalopolis; The Urbanized Northeastern Seaboard Of The United States, Plimpton Press, Norwood, (1961).

· Graham Stephen & Marvin Simon, Splintering Urbanism, Routledge Verlag, London, (2001).

· Gross Peter, Die Multioptionsgesellschaft, Suhrkamp Verlag, Frankfurt am Main, (1994).

· Habermas Jürgen, Theorie des kommunikativen Handelns, Suhrkamp Verlag, Frankfurt am Main, (1981).

· Global City Regions, Their Emerging Forms, (Hrsg. Hack Gary & Simmonds Roger) Spon Press, London, (2000).

· Harries Karsten, The Ethical Function of Architecture, MIT Press, Cambridge, (1998).

· Hauser Susanne, Stadt ohne Bild, zur Wahrnehmung der Agglomeration, in: 100% Stadt, Der Abschied vom Nicht-Städtischen, (Hrsg. Hubeli Ernst, Saiko Harald & Vöckler Kai), Haus der Architektur, Graz, (2003).

· Häußermann Hartmut & Siebel Walter, Neue Urbanität, Suhrkamp Verlag, Frankfurt am Main, (1987).

· Harvey David, The Condition of Postmodernity, Blackwell Verlag, Cambridge, (1990).

· Heidegger Martin, Bauen Wohnen Denken, in: Mensch und Raum/ Das Darmstädter Gespräch, Vieweg Verlag, Braunschweig, (1951).

· Heidegger Martin, Sein und Zeit, Max Niemayer Verlag, Tübingen, (1993).

· Heidegger Martin, Zur Seinsfrage, Klostermann Verlag, Frankfurt am Main, (1956).

· Heineberg Heinz, Grundriß Allgemeine Geographie: Stadtgeographie, Schönigh Verlag, München, (2001).

· Hensel Michael, Ruptures, Fluctuations and Exchange: Speculations on Gradient Threshold Models, in: Strategischer Raum, Urbanität im 21. Jahrhundert, Internationales Forum für Gestaltung Ulm, Anabas Verlag, Frankfurt am Main, (2000).

· Hilbersheimer Ludwig, The new regional pattern; industries and gardens, workshops and farms, Chicago Press, Chicago, (1949).

· Hilbert Thilo, Le Corbusiers »Charta von Athen«, Vieweg Verlag, Braunschweig, (1984).

· Horn Eva, Kaufmann Stefan & Bröckling Ulrich, Grenzverletzer, von Schmugglern, Spionen und anderen subversiven Gestalten, Band 6, Kulturverlag Kadmos, Berlin, (2002).

· Hubeli Ernst, Saiko Harald & Vöckler Kai, Einleitung: Eine Neudefinition der Europäischen Stadt, in: 100% Stadt, Der Abschied vom Nicht-Städtischen, Ders. (Hrsg.), Haus der Architektur, Graz, (2003).

· Huber Joachim, Urbane Topologie als Mediatisierung, in: Peripherie ist überall, (Hrsg. Prigge Walter), Campus Verlag, Frankfurt am Main, (1998).

· Huber Joachim, Urbane Topologie, Universitätsverlag der Bauhaus Universität Weimar, Weimar, (2002).

· Husserl Edmund, Ding und Raum, Vorlesungen 1907, Meiner Verlag, Hamburg, (1991).

· Jackson John Brinckerhoff, A Sense Of Place A Sense Of Time, Yale University Press, New Haven, (1994).

· Jammer Max, Das Problem des Raumes, Die Entwicklungen der Raumtheorien, (1. Aufl. 1954), Wissenschaftliche Buchgesellschaft, Darmstadt, 2. erw. Aufl. (1980).

· Jormakka Kari. Genius Locomotionis, Edition Selene, Wien, (2005).

· Jurt Joseph, Pierre Bourdieu, Eine Soziologie der symbolischen Güter, in: Culture Club, (Hrsg. Hofmann Martin, Korta Tobias, Niekisch Sibylle), Suhrkamp Verlag, Frankfurt am Main, (2004).

· Käsler Dirk, Klassiker der Soziologie, von Talcott Parsons bis Anthony Giddens, C.H. Beck Verlag, München, (2006).

· Koselleck Reinhart, Zeitschichten. Studien zur Historik, Suhrkamp Verlag, Frankfurt am Main, (2000).

· Koschorke Albrecht, Geschichte des Horizonts, Suhrkamp Verlag, Frankfurt am Main, (1998).

· Kostof Spiro, Das Gesicht der Stadt, Campus Verlag, Frankfurt am Main, (1991).

· Koetter Fred & Rowe Colin, Collage City, Birkhäuser Verlag, Basel, (1984).

· Krause Joachim, Architektur und »Kommunikationen«: der mediatisierte und vernetzte Raum, in: Die Zukunft des Raumes, (Hrsg. Meurer Bernd), Campus Verlag, Frankfurt am Main, (1994).

· Krätke Stefan, Medienstadt. Urban Cluster und Urbane Zentren der Kulturproduktion, Leske+Budrich Verlag, Opladen, (2002).

· Kruse Lenelis, Raum und Bewegung, in: Ökologische Psychologie: ein Handbuch in Schlüsselbegriffen, (Hrsg. Kruse Lenelis), Beltz Verlag, Weinheim, (1996).

· Kuhnert Nikolaus, Wir fahren, fahren, fahren auf der Autobahn, in: Arch+ No.109/110, Berlin, Dezember (1991).

· Kunzmann Klaus, Zur Entwicklung der Stadtsysteme in Europa , in: Mitteilungen der österreichischen geographischen Gesellschaft 134, (1992).

· Kunzmann Klaus, The Regional City, in: Mastering the City I+II, North European City Planning 1900-2000, (Hrsg. Bosma Koos, Hellinga Helma) NAI Publishers, Rotterdam, (1998).

· Kwinter Sanford, Architecure of Times, MIT Press, Cambridge, MA., (2002).

· Kwinter Sanford, Landschaften des Wandels, Boccinis 'Stati d'animo' als allgemeine Modelltheorie, in: Arch+ No. 119/120, Berlin, Dezember (1993a).

· Kwinter Sanford, Das Komplexe und das Singuläre, in: Arch+ No. 119/120, Berlin, Dezember (1993b).

· Kwinter Sanford, Città Nuova: Modernity and Continuity, (Hrsg. Hays K. Michael), in: Architecture Theory since 1968, MIT Press, Cambridge, MA., (2000).

· Lacan Jacques, Schriften Band 1, Quadriga, Berlin, (1996).

· Läpple Dieter, Thesen zu einem Konzept gesellschaftlicher Räume, in: Die Aufgeräumte Welt, (Hrsg. Mayer-Ries, Jörg) Loccum, Rehburg, (1993).

Lefèbvre Henri, Die Revolution der Städte, (Übers. Röckl Ulrike), Paul List Verlag, München, (1972).

· Lefèbvre Henri, Die Produktion des städtischen Raums, in: Arch+, No. 34, Berlin, (1977).

· Lefèbvre Henri, The Production of Space, (Übers. Nicholsen-Smith D.N.), Blackwell Publishers, Malden, MA., (1991).

· Lévi-Strauss Claude, Das wilde Denken, Suhrkamp Verlag, Frankfurt am Main, (1973).

· Lewin Kurt, Der Begriff der Genese in Physik, Biologie und Entwicklungsgeschichte, Berlin, Springer Verlag, Berlin, (1922).

· Libeskind Daniel, Radix-Matrix, (Hrsg. Schneider Bernhard & Taylor Marc), Prestl Verlag, London, (1997).

· Lindner Rolf, Die Entdeckung der Stadtkultur. Soziologie aus der Erfahrung der Reportage, Suhrkamp Verlag, Frankfurt am Main, (1990).

· Luchsinger Christoph, Urbanität, Funktionalität; Wirklichkeit oder Simulakrum? Fragmentierung des Raumes; Architektur ohne Form; ausgewählte Schlüsseltexte, in: Werk, Bauen und Wohnen, Nr. 12, (1999).

· Lynch A. Kevin, A Theory of Good City Form, MIT Press, Cambridge MA., (1981).

· Lynch A. Kevin, The Image of the City, MIT Press, Cambridge MA., (1960).

· Lyotard Jean François, Zone, in: Perspektiven metropolitaner Kultur, (Hrsg. Keller Ursula), Suhrkamp Verlag, Frankfurt am Main, (2000).

· Lyotard Jean François, Das postmoderne Wissen. Ein Bericht, Passagenverlag, Wien (2005).

155

· Makropoulos Michael, Modernität als Kontingenzkultur, Konturen eines Konzepts, (Hrsg. v. Grävenitz Gerhart & Marquard Odo) in: Poetik und Hermeneutik, Band 17, Kontingenz, Fink Verlag, (1998).

· Makropoulos Michael, Foucaults Moderne, in: Zeitgenössische französische Denker: eine Bilanz, (Hrsg. Jurt Joseph), Rombach Litterae, Freiburg i. Brsg., (2002).

· Makropoulos Michael, Robert Ezra, Modernität zwischen Urbanität und Grenzidentitaet, in Culture Club, (Hrsg. Hofmann Martin, Korta Tobias, Niekisch Sibylle), Suhrkamp Verlag, Frankfurt am Main, (2004).

· Manzke Dirk, Vorläufige Orte, in: Peripherie ist überall, (Hrsg. Prigge Walter), Campus Verlag, Frankfurt am Main, (1998).

· Marx Karl, Das Kapital, Kritik der politischen Ökonomie, Band I&II, Dietz Verlag, Berlin, (1989)

· Mauss Marcel, Die Techniken des Körpers, in: Soziologie und Anthropologie II. Gabentausch. Todesvorstellung, Körpertechniken, (Hrsg. Mauss Marcel), Hanser Verlag, München, (1975).

· Mastering the City I+II, (Hrsg. Bosma Koos und Hellinga Helma), Nai Publishers, Rotterdam, (1997).

· McAnulty Robert, Body Troubles, in: Strategies in Architectural Thinking, (Hrsg. Burdett
· Richard, Kipnis Jeffrey, Whiteman John), Chicago Institute for Architecture and Urbanism, Cambridge MA., (1992).

· McLuhan Marshall, Die Magischen Kanäle. Understanding Media, ADMOS Media, Dresden, Basel, (1996).

· Mey Harald, Studien zur Anwendung des Feldbegriffs in den Sozialwissenschaften, R. Piper & Co. Verlag, München, (1965).

· Merleau-Ponty Maurice, Die Phänomenologie der Wahrnehmung, (Übers. Böhm Rudolf Walter) de Gruyter & Co., Berlin, (1966).

· Meurer Bernd, Die Zukunft des Raumes, in: Die Zukunft des Raumes, Campus Verlag, Frankfurt am Main, (1994).

· Meurer Bernd, Transformation zum Interaktionsraum, in: Werk, Bauen und Wohnen, Nr. 03, (1996).

· Mitten am Rand, (Hrsg. Böllig Lars & Sieverts Thomas), Verlag Müller+Busman, Wuppertal, (2004).

· Mittelstraß Jürgen, Enzyklopädie, Philosophie und Wissenschaftstheorie, Metzler Verlag, Stuttgart, (2004).

· Mumford Lewis, Megalopolis, Gesicht und Seele der Gross-Stadt, (Übers. Ensslen Veronica), Bauverlag GMBH., Wiesbaden, (1951).

· Musil Robert, Der Mann ohne Eigenschaften, Rowohlt Verlag, Hamburg, (2002).

· Mussil Stephan, Wahrheit und Methode in: Differenzen, Systemtheorie zwischen Dekonstruktion und Konstruktivismus, (Hrsg. de Berg Henk und Prangel Matthias) Francke Verlag, Tübingen, Basel, (1995).

· Mythos Metropole, (Hrsg. Fuchs Gotthard u.a.), Suhrkamp Verlag, Frankfurt am Main, (1995).

· Nitschke Günter, Ma-Place, Space, Void, From Shinto to Ando, Studies in Architectural Anthropology in Japan, in: Architectural Design, Academy Edtitions, London, (1993).

· Norberg-Schulz Christian, Genius Loci, Landschaft, Lebensraum, Baukunst, Klett Cotta, Stuttgart, (1982).

· Ohrt Roberto, Der Beginn einer Epoche, Texte der Situationisten, Edition Nautilus, Hamburg, (1995).

· Park Robert Ezra u.a., The City, Chicago, University of Chicago Press, Chicago, (1925).

· Park Robert Ezra, Human Migration and the Marginal Man, (Hrsg. Sennett Richard),in: Classic Essays On The Culture of Cities, Appelton Century Crofts, New York, (1969).

· Pitzke Christine, Nächste Nähe weit entfernt, Jung und Jung Verlag, Salzburg, (2007).

· Popcorn Faith, Cocooning in a New Decade, in: The Popcorn Report, Harper Business Edition, Harper-Collins Verlag, New York, (1992).

· Price Cedric, Das Ungewisse- Die Freude am Unbekannten, in: Arch+ No.109/110, Berlin, (Dezember 1991).

· Prigge Walter, Raumdebatten in Deutschland seit 1945, in: Vier Versuche über den Raum, (Hrsg. Fecht Tom & Dietmar Kamper), Springer Verlag, Wien, (1998).

· Prigge Walter, Vier Fragen zur Auflösung der Städte, in: Peripherie ist überall, (Hrsg. Prigge Walter), Campus Verlag, Frankfurt am Main, (1998).

· Raunig Gerald, Charon, Eine Ästhetik der Grenzübertragung, Passagenverlag, Wien, (1999).

· Rötzer Florian, Urbanität in Netzen, Vom Take-Over der Städte, in: Mythos Metropole, (Hrsg. Fuchs Gotthard, Moltmann Bernhard & Prigge Walter) Suhrkamp Verlag, Frankfurt am Main, (1995).

· Rötzer Florian, Auszug aus der Stadt, in: Werk, Bauen und Wohnen, Nr. 3, (1996).

· Rötzer Florian, Telepolis, Abschied von der Stadt, in: Perspektiven metropolitaner Kultur (Hrsg. Keller Ursula), Suhrkamp Verlag, Frankfurt am Main, (2000)

· Rosa Hartmut, Beschleunigung Die Veränderung der Zeitstrukturen in der Moderne, Suhrkamp Verlag, Fankfurt am Main, (2005).

· Ruby Andreas, Space Time Architecture, in: Vier Versuche über den Raum, (Hrsg. Fecht Tom & Dietmar Kamper), Springer Verlag, Wien, (1998).

· Sallez Alain & Verot Pierre, Strategies for Cities to face Competiton in the Framework of European Integration, in: Ekistics 350, September/Oktober (1991).

· Sartre Jean-Paul, Das Sein und das Nichts, Versuch einer phänomenologischen Ontologie, Rowohlt Verlag, Reinbek bei Hamburg, (1994).

· Sassen Saskia, The Global City, New York, London, Tokyo, Princeton University Press, Princeton, (1991).

· Sassen Saskia, Metropolen des Weltmarkts, Die Neue Rolle der Global Cities, Campus Verlag, Frankfurt am Main, (1996).

· Schivelbusch Wolfgang, Geschichte der Eisenbahnreise, Zur Industrialisierung von Raum und Zeit im 19. Jahrhundert, Fischer Verlag, Frankfurt am Main, (2000).·

· Schmitz Stefan, Revolutionen der Erreichbarkeit, Gesellschaft, Raum und Verkehr, Leske Budrich Verlag, Opladen, (2001).

· Schroer Markus, Räume, Orte, Grenzen, Auf dem Weg zu einer Soziologie des Raums, Suhrkamp Verlag, Frankfurt am Main, (2006).

· Schumacher Fritz, Sinnhafte Wirkungen des baulichen Kunstwerks, in: Der Geist der Baukunst, Deutsche Verlags-Anstalt, Stuttgart, (1938).

· Schwarzer Mitchell, Zoomscape, Princeton Architectural Press, New York, (2004).

· Schwingel Markus, Pierre Bourdieu zur Einführung, Junius Verlag, Hamburg, (2005).

· Sennett Richard, Civitas, die Großstadt und die Kultur des Unterschieds, Fischer Verlag, Frankfurt, (1991).

· Sennett Richard, The Fall of Public Man, W.W. Norton Company, New York, (1992).

· Sennett Richard, Der flexible Mensch, die Kultur des neuen Kapitalismus, Siedler Verlag, Berlin, (2000).

· Serres Michel, Der Parasit, (Übers. Bischoff Michael), Suhrkamp Verlag, Frankfurt am Main, (1981).

· Serres Michel, Die Legende der Engel, Insel Verlag, Frankfurt am Main, (1995).

· Simmel Georg, Soziologie, Untersuchungen über die Form der Vergesellschaftung, Suhrkamp Verlag, Frankfurt am Main, (1992).

· Simmel Georg, Die Großstädte und das Geistesleben, in: Aufsätze und Abhandlungen 1901-1908, (Hrsg. Rammstedt Otthein), Band I, Suhrkamp Verlag, Frankfurt am Main, (1995).

· Sieverts Thomas, Die »Zwischenstadt« als Feld metropolitaner Kultur- eine neue Aufgabe, in: Perspektiven metropolitaner Kultur, (Hrsg. Keller Ursula), Suhrkamp Verlag, Frankfurt am Main, (2000).

· Sieverts Thomas, Zwischenstadt, Vieweg Verlag, 1 Aufl.1997, Braunschweig/Wiesbaden, 3.Aufl., (1999).

· Sieverts Thomas, Die Kultivierung von Suburbia, Die europäische Stadt, · (Hrsg. Siebel Walter) Suhrkamp Verlag, Frankfurt am Main, (2004).

· Siebel Walter, Strukturwandel der europaeischen Stadt, die emanzipierte Kraft des Urbanen, in: 100% Stadt, Der Abschied vom Nicht-Städtischen, (Hrsg. Hubeli

· Ernst, Saiko Harald & Vöckler Kai), Haus der Architektur, Graz, (2003).

· Sitte Camillo, Der Städtebau nach seinen künstlerischen Grundsätzen, Birkhäuser Verlag, Basel, (2002)

· Smithson Allison & Peter, Where to walk and where to ride in our bouncy new cars and our shiny new clothes, The Emergence of Team X out of CIAM, in: Architectural Association Quarterly, (1982).

· Solá-Morales Ignasi, Differences: Topographies of Contemporary Architecture, MIT Press, Cambridge, (1997).

· Soja Edward W. Thirdspace, Journeys To Los Angeles and other Real-And-Imagined Places, Blackwell Publishers, Malden MA., (1996).

· Teyssot Georges, Geregelte Architektur und gerichtete Städte, in: Idee, Prozess und Ergebnis. Die Reparatur und Rekonstruktion der Stadt, Internationale Bauausstellung Berlin 1987, Frölich und Kaufmann, Berlin, (1987).

· Theobald Paul, Vision in Motion by László Moholy-Nagy, Cuneo Press, Wisconsin, (1947).

· Thurnher Rainer, Lebenswelt und gelebter Raum, in: Die Aufgeräumte Welt, (Hrsg. Mayer-Ries & Jörg Loccum), Rehburg, (1992).

· Tschumi Bernard, The Architecture of the Event, in: Modern Pluralism, (Hrsg. Papadakis Andreas) Architectural Design Profile No. 95, Vol. 62 1-2, Academy Group, W. Sussex, England, (1992).

· Tschumi Bernard, The Manhattan Transcripts, Academy Edition, London, (1994).

· Tschumi Bernard, Die Aktivierung des Raumes, in: Arch+ No. 119/120, Berlin, (Dezember 1993).

· Turner Victor, Das Ritual, Stuktur und Antistruktur, (Übers. Schomburg-Scherf Sylvia), Campus Verlag, Frankfurt am Main, (1989).

· Vergil, Aeneis, Reclam Verlag, Leibzig, (1982).

· Vester Frederic, Unsere Welt ein vernetztes System, DTV Verlag, (2002).

· Vidler Anthony, Warped Space, Art, Architecture, and Anxiety in Modern Culture , MIT Press, Cambridge, MA., (2002).

· Virilio Paul, Revolutionen der Geschwindigkeit, Merve Verlag, Berlin, (1993).

· Virilio Paul, Der negative Horizont, Bewegung, Geschwindigkeit, Beschleunigung, (Übers. Weidmann Brigitte), Fischer Verlag, Frankfurt am Main, (1995).

· Virilio Paul, Rasender Stillstand, (Übers. Wilczek Bernd), Fischer Verlag, Frankfurt am Main, (2002).

· Vitruvius Pollo, Marcus, Baukunst, Buch I-X, Birkhäuser Verlag, Basel, (1995).

· Waldenfels Bernard, Topographien des Fremden, Suhrkamp Verlag, Frankfurt am Main, (1997).

· Wallerstein Immanuel, The Moderen World-System II, Academic Press, New York, (1980).

· Weber Max, Wirtschaft und Gesellschaft. Grundriß der verstehenden Soziologie, (Hrsg. Winckelmann Johannes), Mohr Siebeck Verlag, (1980).

· Webber Melvin, The urban place and the non place urban realm, in: Explorations into Urban Structure, (Hrsg. Webber Melvin u.a.) University of Pennsylvania Press, Philadelphia, (1964).

· Wegener Michael, Erkundungen zukünftiger Raumstrukturen, Institut für Raumplanung (IRPUD), Blaue Reihe No. 84, Dortmund, (1998).

· Wex Corell, Lefevbres Raum: Körper, Macht und Raumproduktion, (Hrsg. Fecht Tom & Kamper Dietmar) in: Umzug ins Offene, Springer Verlag, Wien/New York, (2000).

· Wiechens Peter, Nicht-Orte, Kulturtheorie im Hinblick auf Slavoj Zizek, Ernst Bloch und Marc Augé, in: Postmoderne Kultur?, Soziologische und philosophische Perspektiven, (Hrsg. Rademacher Claudia, Schweppenhäuser Gerhard), Westdeutscher Verlag, Opladen, (1997).

Abbildungsverzeichnis

ABBILDUNGEN:

Alle Abbildungen stammen von Jeffrey Scher. Jeffrey lebt und arbeitet als Filmemacher in Brooklyn, NY. Seine Arbeiten sind in der permanenten Kollektion des Museums of Modern Art in New York City und im Hirshhorn Museum in Washington, DC. zu sehen, neben unzähligen Ausstellungen in Gallerien in den Vereinigten Staaten und Europa. Er betreibt neben seiner Tätigikeit als Künstler einen monatlichen blog mit dem Namen „the animated life", der von der New York Times gesponsert wird. Jeffrey unterrichtet Film im MFA-Progam an der New York University (NYU).